MITTEN DRIN

Ein Kölner Polizist erzählt

von
Volker Lange und Tim Stinauer

LEMPERTZ

Impressum

Math. Lempertz GmbH
Hauptstr. 354
53639 Königswinter
Tel.: 02223-900036
Fax: 02223-900038
info@edition-lempertz.de
www.edition-lempertz.de

1. Auflage – August 2021
© 2021 Math. Lempertz GmbH
Produktion: NEOGRAFIA, a.s., Slowakei, www.neografia.sk

ISBN: 978-3-96058-402-5

Umschlaggestaltung: Kerstin Pfeiffer
Satz: Hilga Pauli
Lektorat: Philipp Gierenstein, Eva Weigelt

Bildnachweis:
Titelbild: © Adobe Stock: dietwalther
Klappen: © Volker Lange und © Tim Stinauer
Fotos Innenteil: © Volker Lange
Außer:
S. 74: © Peter Hanau
S. 94: © #CR110 Carsten Rust
S. 111: © Klaus Michels
S. 142: © U. Nockemann, Polizei Köln
S. 151: © Adnan Akyüz
S. 194: © Stadt Köln: Flyer „Mehr Spaß ohne Glas"
S. 204: © Peter Rakoczy
S. 207: © dauckgrafik

INHALT

Vorwort

Der 4. November 2008 ist ein milder Wintertag in Köln, ein Dienstag. Um kurz nach neun Uhr bricht in der Innenstadt Hektik aus. Die Polizei sperrt Straßen rund um den Friesenplatz, zieht rot-weißes Flatterband von Laternenmast zu Laternenmast. Ein Hubschrauber kreist über dem Hotel Pullman an der Magnusstraße. Aus Vans mit verdunkelten Scheiben steigen vermummte Beamte eines Spezialeinsatzkommandos (SEK). Der Grund für die Aufregung: Zeugen haben auf dem Dach des Hotels eine Person bemerkt, die etwas in der Hand hielt, das für sie aussah wie ein Gewehr. Ein Heckenschütze? Ein Terrorist? Ein Selbstmörder? Die Zeugen wählen den Notruf. Und es ist, wie es eigentlich immer ist, wenn die Polizei in der Medienstadt Köln zu einem größeren Einsatz ausrückt: Es spricht sich rasch herum, auch die ersten Journalisten sind schnell vor Ort.

Ein paar Stunden später, nach Einsatzende, treffen wir zum ersten Mal aufeinander. Auf dem Gehweg gegenüber des Pullman-Hotels steht Einsatzleiter Volker Lange den wartenden Journalisten Rede und Antwort – unter ihnen Tim Stinauer, Polizeireporter beim „Kölner Stadt-Anzeiger".

In den folgenden Jahren bis zu Langes Pensionierung 2021 begegnen wir uns immer wieder – an Einsatzorten, auf Pressekonferenzen oder bei Hintergrundgesprächen zu verschiedenen Themen, die die Arbeit der Polizei betreffen. Bei diesen Gelegenheiten lernen wir zunehmend auch die Perspektive des anderen kennen. Denn es ist ja so: Vielfach existieren zwar große Schnittmengen, mitunter arbeiten Polizei und Medien eng zusammen, zum Beispiel bei Öffentlichkeitsfahndungen nach Straftätern oder wenn es darum geht, Präventionstipps an die Öffentlichkeit zu vermitteln. Aber: Es gibt eben auch viele Situationen, in denen Journalisten und Polizisten nicht dasselbe Ziel verfolgen – und das auch nicht tun sollten. Denn neben der sachlichen Abbildung polizeilicher Arbeit ist es auch Aufgabe von Journalismus, interne Abläufe und Methoden bei der Polizei wachsam zu begleiten und kritisch zu kommentieren.

In mehr als 10 Jahren unserer Zusammenarbeit hat sich ein gegenseitiger Respekt aufgebaut sowie eine Akzeptanz für unsere unterschiedlichen Rollen und Aufgaben – und nicht zuletzt die gemeinsame Überzeugung:

Volker Lange hat in seinen 43 Dienstjahren bei der Polizei NRW, davon 40 in Köln, so viel erlebt, dass man ein Buch darüber schreiben kann. Schreiben muss. Also machten wir uns an die Arbeit.

Ein paar Seiten hatte Volker Lange in den vergangenen Jahren selbst schon aufgeschrieben. Es sind Aufzeichnungen über Einsätze, die ihn nie losgelassen haben, aus völlig verschiedenen Gründen. Das meiste Material aber haben wir gemeinsam über ein komplettes Jahr in vielen, stundenlangen Gesprächen zusammengetragen. Der Polizist hat erzählt, der Journalist hat aufgezeichnet, Fakten geprüft und alles in Form gebracht – jedenfalls ein bisschen. Denn wir hielten es für wichtig, möglichst wenig von der Sprache zu verändern, die Volker Lange eigen ist und für die er unter seinen Kolleginnen und Kollegen im ganzen Land bekannt ist: direkt, ehrlich und authentisch.

Und wer ihn kennt, der weiß: Genau so wie er spricht, so ist er auch. Volker Lange war nie ein Chef, der sich im stillen Kämmerlein verschanzt und Einsatzkonzepte und Strategiepapiere geschrieben hat, um damit in Besprechungen zu glänzen. Er war und ist Teamplayer – und am liebsten draußen auf der Straße. Ob anfangs als Streifenpolizist oder später als Kommandoführer eines SEK und Leiter von Großeinsätzen: Volker Lange war immer am liebsten mittendrin in der Lage, wie man bei der Polizei so sagt. Er wollte die Stimmungen spüren, die jeder Einsatz mit sich bringt, und er suchte wann immer es möglich war die persönliche Begegnung und das offene Wort mit allen Beteiligten – seien es Polizisten, Rocker, Fußballhooligans, Verbrechensopfer, politisch Verantwortliche oder Journalisten.

Wer nun vielleicht erwartet, dass hier ein erfahrener Polizeidirektor nach dem Ende seiner Laufbahn auf 208 Seiten „auspackt", geheime Interna ausplaudert oder aus Frust mit dem „Apparat Polizei" oder mit einzelnen Weggefährtinnen und Weggefährten abrechnet, der muss allerdings enttäuscht werden. Denn darum geht es nicht. Kritik, auch Selbstkritik, wo sie im Rückblick angebracht ist – ja, die wird man in diesem Buch finden. Aber Angriffe oder ein Nachtreten gegen ehemalige Kolleginnen oder Kollegen nicht. Vertrauliche Einsatzdetails, die unter Verschluss stehen, ebenso wenig.

Zu einer Abrechnung gäbe es auch gar keinen Grund, denn zum einen ist Volker Lange 43 Jahre lang mit voller Überzeugung und mit vollem Engagement Polizist gewesen; Meinungsverschiedenheiten mit Vorgesetzten oder Mitarbeitenden gab es natürlich, Verärgerung über interne Vorgänge oder Fehler im Einsatz ebenso, aber Frust ist nie zurückgeblieben.

Und zweitens ist ein Schutzmannsleben in einer Millionenstadt nach mehr als 4 Jahrzehnten so reich an Erlebnissen und Erfahrungen, dass es keine sensationsheischende Enthüllungsstory braucht. Die Geschichten in diesem Buch beweisen das. In 19 Kapiteln werden Sie auf Abseitiges stoßen, auf schwer zu Glaubendes, auf Komisches, Trauriges, Dramatisches und in hohem Grad Rührendes. Und alles, was Sie gleich lesen werden, ist wahr und genau so geschehen. Nur an manchen Stellen haben wir Namen oder biografische Details leicht verändert, um bestimmte Personen nicht erkennbar zu machen.

Und warum auch zuspitzen? Die Realität ist spannender und berührender als jeder Krimi, und kaum ein Beruf ist derart abwechslungsreich wie der des Polizeibeamten – oder der Polizeibeamtin.

Damit wären wir bei einem weiteren Thema, das uns beim Schreiben umgetrieben hat: Gendern wir? Dass wir jedes Mal, wenn wir in diesem Buch ganz allgemein von Polizisten, Politikern, Straftätern oder Kölnern sprechen, nicht nur Männer, sondern grundsätzlich alle meinen, die diesen Gruppen angehören, versteht sich für uns eigentlich von selbst. Aber sollten wir das dann nicht auch über die Sprache transportieren? Und falls ja, wie? Reicht es, von Mitarbeiterinnen und Mitarbeitern, Beamtinnen und Beamten zu sprechen – oder müsste es nicht auch Rockerinnen und Rocker heißen, Gewalttäterinnen und Gewalttäter, Fußballstörerinnen und Fußballstörer, Zuhälterinnen und Zuhälter? Konsequenterweise schon, aber manches klingt einfach irgendwie schräg. Wir haben uns daher entschieden, wo immer es geht, sowohl die maskuline als auch die feminine Form zu verwenden oder genderneutrale Begriffe zu benutzen. Wo wir darüber hinaus in allgemeinen Zusammenhängen nur die maskuline Form verwendet haben, so ist dies einzig aus Gründen des Leseflusses und der besseren Lesbarkeit geschehen. Wir meinen aber ausdrücklich immer alle Menschen, die den genannten Gruppen angehören.

Dieses Buch gibt einen tiefen, unverstellten Einblick in die tägliche Arbeit der Polizei in einer Millionenstadt. Wer Kommissarin oder Kommissar werden möchte, schwört in seinem Diensteid, dass sie oder er die Verfassung und die Gesetze befolgen und verteidigen wird, alle Pflichten gewissenhaft erfüllen und Gerechtigkeit gegen jedermann üben wird. Das ist einigermaßen leicht gesagt.

Dass das auch bedeutet, hinlaufen zu müssen, wenn andere wegrennen, Lösungen finden zu müssen, während andere in Angst erstarren, und aushalten zu müssen, dass manchmal aller persönlicher Einsatz vergebens ist – auch davon erzählt dieses Buch.

Volker Lange und Tim Stinauer

Volker Lange beim Schießtraining 1993.

Grußwort Peter Hanau

Autobiografien, eigene Lebensbeschreibungen, von Polizeibeamten sind selten. Hier ist nun eine von einem Polizisten mit Leib und Seele. Seine beruflichen Erlebnisse sind ihm so gegenwärtig, dass er sie ohne Hilfe eines Tagebuchs mit allen Einzelheiten wiedergeben kann, sodass Leser (oder Hörer) meinen können, sie seien dabei gewesen.

Die hohen Anforderungen und die Härten des Polizeidienstes werden dadurch eindrucksvoll, oft auch beklemmend, deutlich.

Dabei zeigt sich während seiner ganzen Laufbahn dieselbe Persönlichkeit: stets einsatzbereit, aber nicht überhastet; engagiert, aber nicht einseitig; im Kampf für das Recht mutig, aber auch besonnen.

Dies zeigte sich schon 1988/89 bei seinem Einsatz in der Universität zu Köln, den ich als Rektor aus der Nähe beobachten konnte und der mir ein Gefühl der Sicherheit gab.

Sicherheit und Schutz hat er auch vielen und vielem anderen gegeben, wie dieses Buch belegt. Großen Dank!

Prof. Dr. Dres. h. c. Peter Hanau (em.)

1

Papa macht neu

Tod unter der Hochbahn

Der Junge, der unter der Hochbahntrasse spielt, trägt einen hellblauen und etwas zu großen Pullover. Er wirkt fröhlich und rennt mit anderen Kindern umher, sie rufen sich unverständliche Dinge zu, lachen und schreien. Der Junge läuft zur Bordsteinkante. Das Auto, das von links kommt, sieht er nicht.

Frühes Sonnenlicht dringt durch das Fenster und wirft Schatten an die Zimmerdecke. Ich wache noch vor dem Wecker auf und freue mich auf einen schönen Sonntag im Frühsommer. Es ist kurz vor fünf. In zwei Stunden beginnt die Frühschicht. Bis 14 Uhr werde ich heute Motorradstreife im Kölner Norden fahren. Eine angenehme Aussicht. Sonntags ist für gewöhnlich weniger Hektik auf den Straßen; während der Fahrt kann ich den Blick schweifen und meinen Gedanken freien Lauf lassen.

Nach Dienstende werde ich mich mit meiner Freundin treffen. Sie studiert in Bielefeld, ich werde sie vom Bahnhof abholen. Ein pünktlicher Feierabend steht heute also hoch im Kurs.

Ich stelle mein Auto auf einem Mitarbeiterparkplatz in der Garage ab, nehme die frisch gewaschenen, gefalteten Uniformhemden in der Papiertüte vom Rücksitz und betrete die Wache. Ich bin bester Laune. Mal sehen, ob mich mein eher konservativer Wachdienstführer auch heute wieder auf den Heckaufkleber auf meinem Auto anspricht: *„Es ist besser, unsere Jugend besetzt leer stehende Häuser als fremde Länder!"*

Ich begrüße die müden Kolleginnen und Kollegen der Nachtschicht, sie müssen jetzt bei schönstem Wetter zur Ruhe kommen und sich ausschlafen. Um 22 Uhr geht es für sie weiter.

Der Dienstgruppenleiter informiert knapp über die wichtigsten Einsätze der vergangenen Stunden, dann streife ich meine schwarz-grüne Lederkombi über, steige in die geputzten Stiefel und nehme den Helm und die Handschuhe mit. Aus dem Waffenschrank hole ich meine SIG-Sauer-Pistole. Überprüfe sie und befestige sie im Gürtelholster, den Schlagstock stecke ich in den rechten Stiefel. In der Garage steht die schwere BMW. Ein kurzer Check: Luft, Bremsen, Öl, Funkgerät – alles in Ordnung, es kann losgehen.

Mit dem Motorrad fahre ich gerne an jene Orte, wo ich mit dem Streifenwagen nicht gut hinkomme: zu den Hundespaziergängern auf den Rheinwiesen, den Anglern am Strom, zu den Kletterern an der Kaimauer oder durch den üppig blühenden Rheinpark zwischen Deutz und Mülheim, dem alten Schauplatz der Bundesgartenschau von 1957. Unterwegs bleibe ich stehen, schaue Menschen zu, höre mir ihre Sorgen an, bekomme Hinweise auf wilde Müllkippen oder verdächtige Fahrzeuge.

An diesem Sonntagmorgen rolle ich zuerst nach Norden, grobe Richtung: Weidenpesch, Pferderennbahn. Auf der Neusser Straße fällt mir ein roter Kleinwagen auf. Der Fahrer heizt über das Kopfsteinpflaster der Straßenbahnschienen, überholt trotz des Überholverbots. Ich halte ihn an. Ein verspäteter Nachtschwärmer, wie sich herausstellt. Seine Alkoholfahne schlägt mir entgegen. Ich lasse mir Führerschein und Fahrzeugschein geben und bitte ihn, kurz zu warten.

Neben ihm sitzt eine junge Frau, sie lächelt. Während ich die Daten überprüfe, bestelle ich über den Polizeifunk einen Streifenwagen hinzu. Der Fahranfänger muss gleich mit zur Blutprobe auf die Polizeiwache, und ich kann ihn schlecht auf dem Sozius mitnehmen. Dass die Fahrt für ihn hier zu Ende ist, soll er erst erfahren, wenn meine Kollegen da sind. Der Tag ist zu schön für unnötigen Stress.

Seine Tanznacht kann das junge Paar vorerst nicht wie geplant fortsetzen. Ich fühle mich ein bisschen wie ein Spielverderber. Während ich der Frau den Weg zur nahen Straßenbahnhaltestelle weise, steigt ihr Begleiter in den Streifenwagen ein; ich fahre mit dem Motorrad hinterher.

Auf der Wache macht der Autofahrer freiwillig ein paar Tests unter Anleitung des Blutproben-Docs: auf der Fuge des grauen Linoleums geradeaus gehen, mit geschlossenen Augen einen Zeigefinger zur Nasenspitze führen, ein paar Worte nachsprechen. Der Arzt entnimmt ihm eine Blutprobe und füllt den „Torkelbogen" aus. Ich schreibe die Anzeige und behalte den Führerschein ein. Für die Heimfahrt bestelle ich dem jungen Mann ein Taxi. Ich entlasse ihn durch die schwere Glastür aus der Wache. Beim Verabschieden überlege ich noch, wie mein freundlich gemeintes „Auf Wiedersehen" auf ihn wirken muss. Ich werde mir wohl für solche Fälle eine andere Redewendung überlegen müssen.

Es ist wärmer geworden, zunehmend sind mehr Menschen auf der Straße unterwegs. Ich fahre wieder Richtung Norden. Ein paar Kinder spielen unter der Hochbahntrasse. Ein Junge springt an den Straßenrand. Er trägt einen zu großen hellblauen Pullover, ist nicht älter als fünf Jahre. An der Bordsteinkante bleibt er stehen und blickt nach rechts in meine Richtung. Von links nähert sich ein rotes Auto. Der Junge sieht es nicht, er tritt auf die Straße, der Fahrer versucht noch zu bremsen, aber es ist zu spät – das Kind prallt gegen die Stoßstange.

Wie in Zeitlupe sehe ich, wie der Kleine stürzt und auf dem Boden aufschlägt. Der Fahrer war zum Glück nicht so schnell wie der angetrunkene Nachtschwärmer. Das Kind wurde nicht überrollt, sein Oberkörper liegt vor dem Auto, die Beine darunter. Vielleicht, hoffe ich, hat der Junge Glück gehabt.

Über Funk setze ich einen Notruf ab, nenne die Straße, fordere einen Notarzt und einen Rettungswagen und weitere Kollegen zur Unterstützung an. Meine Stimme klingt anders als üblich, aufgeregter, fast überdreht, merke ich. Der Schreck steckt mir in den Gliedern. Ich bremse, stelle das Motorrad auf den Seitenständer und hocke mich neben den Jungen auf den Boden.

Der Motor des Autos strahlt große Wärme ab, es stinkt nach Benzin und Öl. Der Junge lebt, er sieht mich aus großen schwarzen Augen an und zittert am ganzen Körper. Er spricht kein Wort.

Ich versuche, ihn zu beruhigen, obwohl ich selber zittere. Ich ziehe meine Handschuhe aus, nehme meinen Motorradhelm ab und lege dem Jungen meinen Arm um. Sein Kopf lehnt an meinem schwarzen Stiefel. Um uns herum sammeln sich immer mehr Kinder- und Erwachsenenfüße, die Körper darüber nehme ich gar nicht wahr. Ich konzentriere mich nur auf den Jungen. Spreche ihn an, tröste ihn, erkläre ihm, dass schon ein Arzt unterwegs ist, der ihm gleich helfen wird.

Der Autofahrer kommt hinzu. Er ist außer sich, macht sich Vorwürfe. Er spricht in einer fremden Sprache, ich kann mir trotzdem vorstellen, wie ihm zumute ist. Er tut mir leid – er hatte keine Chance, den Unfall zu vermeiden.

Das Warten auf die Kollegen und den Notarzt ist quälend. Die Zeit kommt mir vor wie eine Ewigkeit. Ich höre nicht auf zu zittern. Der Junge scheint unter der Fahrzeugfront eingeklemmt zu sein. Ich traue mich nicht, ihn zu bewegen, etwas zu verändern. Stattdessen rede ich weiter auf ihn ein und versuche, ihn zu beruhigen.

Wann kommt endlich Hilfe?

Ein paar Passanten stehen mir bei, andere spekulieren lauthals darüber, ob der Kleine die Verletzungen wohl überlebt. Ich hätte große Lust, sie anzuschreien.

Die Kinder um uns herum sind neugierig, sie stellen mir Fragen, ich verstehe sie nicht richtig. Plötzlich sagt der Bruder des Jungen einen Satz, den ich bis heute nicht vergessen kann: „Ist nicht so schlimm. Papa macht neu.“

Ich bin geschockt, ich möchte mich am liebsten unter dem Auto verkriechen. Die sich nähernden Sirenen der Feuerwehr lenken mich ab. Und dann geht alles ganz schnell. Rettungskräfte befreien das Kind, unsere Blicke trennen sich. Mit schweren Verletzungen wird es in die Kinderklinik an der Amsterdamer Straße eingeliefert. Ob es überleben wird, ist nicht sicher.

Ich unterstütze die Kollegen bei der Unfallaufnahme, schildere ihnen, was ich gesehen habe. Die weiteren Ermittlungen im Krankenhaus und die Benachrichtigung der Eltern übernehmen zum Glück andere.

Am Mittag lenke ich das Motorrad zurück in die Polizeigarage und schreibe meinen Streifenbeleg. Mache eine kurze Aussage zum Unfallhergang. Das so lange ersehnte Wochenende mit meiner Freundin ist für mich gelaufen.

Als ich am Mittwochabend zum Nachtdienst erscheine, erkundige ich mich zuallererst, wie es dem Jungen geht. Er hat es leider nicht geschafft. Die inneren Verletzungen waren zu schwer. Mir kommen die Worte seines Bruders in Erinnerung. *Ist nicht so schlimm. Papa macht neu.* Tränen schießen mir in die Augen. In dieser Nacht mache ich Innendienst.

2

Die Balletttänzerin

Ein unmoralisches Angebot

*D*en Tag der Arbeit verbringt Melania Regner allein in ihrer Wohnung. Es ist ein warmer Vormittag. In den Straßencafés sitzen die Kölner beim Brunch in der Sonne, ein paar tausend ziehen pfeifend mit Transparenten auf der traditionellen Maidemo durch die City.

Melania Regner ist eine attraktive Frau. Anfang dreißig, grazil, gepflegt. Ihrer betörenden Wirkung ist sie sich sehr wohl bewusst. Wenn sie einen Mann verführen will, setzt sie einen leichten, fast federnden Gang auf. Sie scheint dann zu schweben, wie eine Balletttänzerin. Gegen Mittag greift Melania Regner zum Telefon.

Ich stehe neben meinem Motorrad, den Helm auf dem Sitz abgelegt. Mit meinem Kollegen Andreas regele ich den Verkehr rund um die Maidemonstration – nichts Besonderes, Service für den Bürger. Ehrlich gesagt habe ich mein Geld schon schwerer verdient.

Volker Lange 1981 als Streifenbeamter in Köln-Nippes.

15

Für Polizisten in einer Großstadt gibt es auch an Feiertagen wie dem 1. Mai jede Menge Arbeit. Ob die Großdemo der Gewerkschaften oder ausuferndes Freizeitverhalten mit reichlich Alkohol – als Polizist sind deine Auftragsbücher immer prall gefüllt. Uns drohen keine Werksschließungen.

Auf dem Rückweg vom Ebertplatz zur Polizeiwache erreicht uns ein Funkspruch: „Fahrt mal nach Nippes, Hilfeersuchen bei Frau Regner." Die Adresse liegt auf dem Weg zur Wache, also schnell noch erledigen, denke ich, und dann zur Dienstbesprechung. „Verstanden, sind unterwegs", melde ich der Leitstelle zurück.

Wir biegen in die Straße mit den herrlichen Jugendstilhäusern ein; das Haus, in dem Frau Regner wohnt, liegt auf der linken Seite. Ein wunderschönes Mehrfamilienhaus, die Fassade geschmackvoll begrünt. In der Lederkombi mit dem Helm unterm Arm Treppen zu steigen, ist immer schweißtreibend – und für Polizisten scheint es ein ungeschriebenes Gesetz zu geben: Einsätze in Mehrfamilienhäusern ohne Aufzug haben grundsätzlich in der obersten Etage stattzufinden. Das so genannte Schutzmannsparterre. Aber diesmal haben wir Glück, Frau Regner wohnt im ersten Stock.

Um was mag es wohl gehen beim diesem „Hilfeersuchen", frage ich mich, während ich das Motorrad abstelle. Obwohl „Hilfeersuchen" für viele, die nichts mit Polizei zu tun haben, womöglich erst einmal dramatisch klingt, reihen sich solche Einsätze fast immer am unteren Ende der Dringlichkeit ein. Bei der Polizei unterscheiden wir zwischen mehr als hundert verschiedenen Stichwörtern, nach denen die Leitstelle die Einsätze kategorisiert: von „Verkehrsunfall mit Blechschaden" über „Diebstahl" bis zu „Geiselnahme" und „Totschlag". Ein „Hilfeersuchen" ist eher so die Kategorie „Katze auf dem Baum" oder „Vogel ausgebüxt". Nichts Schlimmes also. Auch die Leitstelle hat keine genaueren Informationen. Frau Regner – so viel scheint jedenfalls sicher – schwebt nicht in Lebensgefahr.

In diesem Moment trifft Andreas eine Bekannte auf dem Bürgersteig, die beiden fangen an zu plaudern. Ich deute Andreas mit einem Kopfnicken an, dass ich schon mal hoch gehe, nehme mein Handfunkgerät, klemme es in die Halterung am Gürtel und drücke auf die Türklingel neben dem Namensschild, M. Regner. Eine schöne alte Glocke ertönt.

Nach einigen Sekunden wird die Tür aufgedrückt. Ich schiebe die schwere Haustür auf und trete in einen halbdunklen, kühlen Hausflur. Der Steinboden ist aufwändig verziert, die hohe Decke mit Stuck dekoriert. Die breite, uralte Steintreppe zeugt noch heute von den guten Vermögensverhältnissen der Erbauer. Auf dem Boden steht ein schwerer Kupferkessel, der mit rankenden Blumen bepflanzt ist. Es riecht nach Frühling.

Im ersten Obergeschoss gibt es nur *eine* Wohnung; es steht kein Name an der Tür, nur ein metallener Klopfer ist montiert. Die Tür ist angelehnt, ich höre nichts, aus der Wohnung strömt ein frischer Duft. Ich betätige den Klopfer, drücke die Tür weiter auf und blicke in einen großzügigen Flur. Vorsichtig trete ich ein. Soweit ich es im Halbdunkel erkennen kann, ist er geschmackvoll eingerichtet. Farbenfroh, viele Blumen, Kerzen in großen Windlichtern – alles passt zum altehrwürdigen Haus.

Ich gebe mich als Polizist zu erkennen und rufe nach Frau Regner. Ein Luftzug streicht durch die Wohnung. Geradeaus scheint die Sonne durch eine große zweiflügelige Glastür mit weißem Rahmen, rechts und links gehen je zwei Zimmer ab.

Hinter mir fällt die Wohnungstür ins Schloss. Ich drehe mich um und traue meinen Augen nicht. Mit weit ausgebreiteten Armen steht jemand vor dem Ausgang. In dem diffusen Licht erinnert mich die Person an die berühmte Figur von Leonardo da Vinci: der vitruvianische Mensch.

Auf den zweiten Blick erkenne ich, dass es eine Frau ist. Sie ist splitternackt. Mit angenehm leiser und heller Stimme bittet sie mich nach links in das Zimmer. Ich bleibe stehen und überdenke die Situation – oder wie wir Polizisten sagen: Ich beurteile die Lage.

Vor mir steht eine attraktive nackte Frau, schätzungsweise Anfang 30, zehn Jahre älter als ich.

Soweit ich das auf den ersten Blick erkennen kann, ist sie weder betrunken noch berauscht von irgendwelchen Drogen. Ich frage sie nach dem Grund ihres Notrufs. Sie lächelt, stößt sich leicht von der Tür ab und kommt mit federndem Gang auf mich zu. Sie scheint zu schweben, sie erinnert mich an eine Balletttänzerin. Als sie vor mir steht und sanft versucht, mir den Motorradhelm aus der Hand zu nehmen, wird mir klar, dass es hier um ein sehr persönliches Hilfeersuchen gehen soll.

Ich spüre, wie ihre Aura mich in ihren Bann zieht. Eine faszinierende Situation. Und ein angenehmes Gefühl, das muss ich zugeben. Ich fühle mich geschmeichelt.

Eine knarzende Durchsage aus dem Handfunkgerät unterbricht die angespannt prickelnde Stille. Ich zucke zusammen und werde mir schlagartig bewusst, dass ich mich in einer *mission impossible* befinde. Gedanken schwirren mir durch den Kopf, ich bin hin- und hergerissen. Im Gegensatz zu mir wirkt Frau Regner völlig unbeeindruckt, schelmisch lächelt sie mich an. Ich müsste nur den Knopf meines Funkgerätes drehen und alles weitere geschehen lassen.

Im Landesbeamtengesetz steht etwas von „voller Hingabe bei der Aufgabenerledigung". Ich vermute aber, das ist damit nicht gemeint. Ich beschließe zu kneifen. Dienst ist Dienst, und Schnaps ist Schnaps. Aber wie entkomme ich der Situation?

Freundlich weise ich die Anruferin darauf hin, dass mein Kollege Andreas unten vor der Tür steht. Ich erkläre der Dame, dass ich ihn informieren müsse. Er mache sich sicher schon Sorgen. Mit einem Finger streicht Frau Regner sanft über mein Gesicht und bittet mich, Andreas ebenfalls hochzuholen. Zum Schein gehe ich darauf ein. Erleichtert verlasse ich die Wohnung. Während ich aufs Motorrad steige, erkläre ich dem Kollegen: „Hilfeersuchen erledigt." Ich setze den Helm auf und starte. Andreas stellt keine Fragen. Er verabschiedet sich von seiner Bekannten und folgt mir.

In der folgenden Dienstbesprechung bin ich etwas unkonzentriert. Die Gerüche, die Bilder im Kopf und der Gedanke an die vergebene Chance lassen mich nicht los. Erst Tage später erzähle ich Kollegen von dem speziellen Hilfeersuchen und ernte ein geteiltes Echo – viele hätten genauso gehandelt wie ich, andere eher nicht. Die Anschrift von Frau Regner habe ich vorsichtshalber für mich behalten.

3

Ein Nationalspieler auf Abwegen

Schreck auf der Pferderennbahn

Und entrüstet ruft mein Kollege Thomas noch: „Stopp! Anhalten!" Aber der junge Autofahrer mit dem rosafarbenen Polohemd und der golden umrahmten Sonnenbrille denkt gar nicht daran. Er scheint Thomas gar nicht wahrzunehmen. Sein schweres 500er Daimler Coupé rollt langsam weiter – direkt auf den Polizisten zu.

Es ist ein herrlicher, warmer Sonntag im August, großer Renntag auf der Galopprennbahn in Weidenpesch; der Verein für Vollblutzucht hat geladen. Hier wird sich heute alles treffen, was Rang und Namen hat – auch Prominente und solche, die sich dafür halten.

Mein Kollege Thomas und ich beginnen unseren Spätdienst schon um elf Uhr, gut zwei Stunden vor der normalen Anfangszeit. Thomas ist kurzfristig für einen anderen Kollegen eingesprungen. Eher unverhofft hat er heute Zeit. Als passionierter Fußballer hätte er eigentlich ein Spiel gehabt, aber eine leichte Zerrung der Muskulatur hindert ihn daran.

Wir satteln unsere schweren Dienstmaschinen und rollen langsam und entspannt über die Scheibenstraße in Richtung Rennbahn. Ich bin gerne in dieser Gegend, am liebsten früh morgens um fünf, zum Ende des Nachtdienstes, wenn mit den Pferden gearbeitet wird – und eher nicht wie heute, wenn Schicki und Micki regieren.

Viele Seitenstraßen sind schon am Vormittag zugeparkt mit Autos, deren Besitzer ihr Geld ganz offensichtlich lieber zu den Wettschaltern bringen, als Gebühren für den Parkplatz zu bezahlen. Auf unserer ersten Streifenrunde sind wir noch großzügig. Wir lassen fünfe gerade sein. Zu späterer Stunde allerdings, wenn die Falschparker immer dreister werden, reihen sich hier wieder die Abschleppwagen aneinander.

Es wird wärmer, die Luft staut sich hinter der Verkleidung des Boxermotors und steigt an den Beinen zum Körper hoch. Wir fangen an zu schwitzen. Im langsamen Tempo macht Motorradfahren bei solchen Temperaturen einfach keinen Spaß, schon gar nicht in der Großstadt. In solchen Momenten sehne ich mich nach einer meiner Lieblingsrunden durch die Schweizer Alpen. Furka-, Grimsel- und Sustenpass, am Rhonegletscher entlang und von oben einen weiten Blick ins Rhonetal genießen – herrlich. Anschließend bis Brig, nach links zum Simplonpass und durch den schattigen Wald über Domodossola zum Lago Maggiore. Und das möglichst Anfang September und unter der Woche. Am Wochenende, wie die Schweizer sagen, sind zu viele Organspender auf ihren Töffs unterwegs.

Unsere aktuelle Alternative sind die alten, Schatten spendenden Bäume auf dem VIP-Parkplatz, direkt hinter dem Zieleinlauf des grünen Ovals. Aus nächster Nähe kann man hier ungestört die rassigen Vollblüter erleben. Dem Trommeln der Hufe auf dem Geläuf lauschen. Zusehen, wie der Schaum aus dem Maul und der Schweiß von den muskulösen Körpern tropft.

Wir grüßen den Platzwart, der heute die orangefarbene Weste einer Sicherheitsfirma trägt, stellen unsere Maschinen am Rand der Einfahrt in die letzten verbliebenen Lücken und kommen wie immer rasch mit ihm ins Gespräch. Er kennt sich aus, berichtet uns, wer schon alles da ist und verrät uns seine Tipps für den Rennausgang. Wir hören interessiert zu, sind aber im Dienst und begeben uns besser nicht in kompletter Motoraduniform zum Wettschalter.

Inzwischen geht nichts mehr auf dem Parkplatz. Er steht voller Jaguars und Range Rovers. Dazwischen entdecke ich drei wahre Schätze, jeder einzelne älter als ich: zwei dunkelgrüne Morgan Plus 4 und ein grauer MK 8. Klarer Fall: Engländer werden in bestimmten Kreisen immer noch bevorzugt gefahren, jedenfalls beim Ausflug zur Pferderennbahn. Für die Schweizer Pässe wären sie zu schade, lieber durch den Schwarzwald oder den Kaiserstuhl, denke ich. Solche alten Schätze müssen bewahrt werden; ich gönne sie jedem, der sie mit Stil bewegt.

Der Platzwart stellt das alte Klapp-Schild „Einfahrt verboten" in der Zufahrt auf und zieht ein rot-weißes Absperrband von Baum zu Baum. Für den tollsten Renner ist heute hier kein Schattenplätzchen mehr frei. Dem ein oder anderen besonders wichtigen VIP gibt der Platzwart zusätzliche Erklärungen ab, entschuldigt sich beinahe unterwürfig, bleibt aber standhaft – voll ist voll, andere waren eben früher da.

Gerade als wir uns zu unserer zweiten Streifenrunde verabschieden, rauscht ein schwarzer Bolide aus Untertürkheim heran. Der aufgewirbelte Staub nimmt uns kurz die Sicht auf das 500er Daimler Coupé der neusten W 126er-Generation. Als sich der Staub gelegt hat, fällt mein Blick auf die Lorinser Felgen. Die ganze Szene wirkt fast wie die Inszenierung der neuesten Luxuskarosse auf dem Genfer Autosalon.

Langsam öffnet sich das elektrische Seitenfenster auf der Fahrerseite. Ein braungebrannter, sportlicher junger Mann, bekleidet mit einem rosafarbenen Poloshirt von Ralph Lauren, schiebt seine goldene Ray-Ban-Sonnenbrille in die dunklen Haare, blickt mit zusammengekniffenen Augen in unsere Richtung und ruft dem Platzwart etwas zu. Weil ich gerade den Motorradhelm aufsetze, verstehe ich seine Worte nicht genau, aber die etwas forsche Tonart entgeht mir nicht.

Ich sitze auf dem Motorrad, Thomas steht noch neben seiner Maschine. Trotz seiner vorbildlichen, höflichen Art dringt der Platzwart bei dem jungen Mann offenbar nicht durch. Während der Fahrer den Sitz seiner Sonnenbrille korrigiert, rollt sein Daimler langsam weiter nach vorne, geradewegs auf Thomas zu. Er ruft dem Fahrer zu, er möge anhalten, wenden und die Ein- und Ausfahrt wieder freigeben. Stattdessen rollt das Fahrzeug sanft gegen Thomas' Schienbeine – und er stürzt rückwärts in den Staub. Ich traue meinen Augen nicht.

Er hat ihn einfach angefahren!

Ich kenne jetzt nur noch ein Ziel: schneller am Auto zu sein als Thomas. Ich befürchte, er zieht den Sonnyboy sonst gewaltsam aus dem Seitenfenster. Ich brülle den Autofahrer an: „Motor abstellen und aussteigen!"

Der Fahrer hat einen ordentlichen Schreck bekommen – ob durch Thomas' Sturz oder mein Rufen weiß ich nicht genau, ist mir aber auch egal.

Der Achtzylinder verstummt, der Kühlerventilator läuft noch leise nach. Erst als der junge Mann aus dem Coupé steigt, erkenne ich ihn: ein erfolgreicher Fußballprofi aus dem Rheinland, er spielt in einem Traditionsverein die gleiche Position wie Thomas. Ich bin nicht sicher, wer von beiden schneller sprintet. Ich jedenfalls sehe gegen Thomas im Dienstsport kein Land. Aus dem „Kicker" und den Boulevardblättern ist bekannt, dass der Stürmer mit der goldenen Sonnenbrille ein besonderes Faible für den Pferderennsport hat. Jetzt ist ihm aber gerade wohl eher einer seiner 300 Gäule durchgegangen. Klare Rote Karte. Was reitet einen Menschen, einen Polizisten anzufahren, um auf einen überfüllten und abgesperrten Parkplatz zu kommen?

Thomas rappelt sich wieder auf – dank der Judofallschule aus den Selbstverteidigungskursen ist ihm nichts weiter passiert. Er ist allerdings von einer feinen Staubschicht überzogen – und ziemlich aufgebracht. Natürlich hat auch er den Nationalspieler erkannt. Zu dessen Glück spielt er bei einem Verein, der auch Thomas am Herzen liegt. Jetzt noch der falsche Club, denke ich, und Thomas wäre wohl auf den Stürmer losgegangen.

Der Fußballprofi sieht den verstaubten Schutzmann vor sich stehen und wird plötzlich ganz kleinlaut; das hier alles ist ihm sichtlich peinlich. Rasch stellt sich heraus, dass alles ein Versehen war. Von der hellen Straße in den schattigen Parkplatz einbiegend, hat er die Situation offenbar falsch eingeschätzt. Die Brille mit den stark getönten Gläsern tat wohl ihr Übriges dazu.

Der Fußballstar entschuldigt sich mehrfach und fragt, wie es Thomas geht. Die beiden kommen ins Gespräch über ihren Sport, stellen fest, dass sie in der Jugend in der Auswahlmannschaft desselben Verbandes gespielt haben, Thomas nur drei Altersklassen jünger war. Und siehe da: Mein Kollege hat ihm schon bald verziehen. Der Platzwart fühlt sich irgendwie mitverantwortlich, aber auch er erkennt, dass sich die Situation schnell entspannt hat.

Als dann noch zwei Männer auf dem Parkplatz erscheinen, die auf den ersten Blick aussehen wie Sherlock Holmes und Dr. Watson, lernen wir die Fahrer der beiden Morgan Plus 4 kennen. Sie brechen zu einer Rundfahrt ins Bergische Land auf, und nach einigem Rangieren bekommt unser Fußballer schließlich sogar noch einen Parkplatz direkt in erster Reihe. Die Welt ist ungerecht.

Wir verabschieden uns vom Platzwart und vom Starkicker, rollen noch eine Weile hinter den beiden Morgan her, biegen dann zur Wache ab und waschen uns dort den Staub aus unseren Gesichtern.

4

Im Rotlicht

Bestechungsversuch im Nachtdienst

Der Ringer trägt einen Oberlippenbart und eine schwarzhaarige Mähne. Unter seiner dunklen Jacke zeichnen sich mächtige Oberarmmuskeln ab. Die beiden Streifenpolizisten haben den Zuhälter mitten in der Nacht angehalten, weil er in der Hornstraße mit seinem Sportwagen falsch abgebogen war. Der Mann riecht nach Alkohol.

Seit 20 Jahren ist er im Kölner Rotlichtgeschäft tätig, jetzt sitzt er in einem grell beleuchteten Bürozimmer, ein angedeutetes Lächeln auf den Lippen. Er ist die Ruhe selbst.

Ob die beiden Herren denn nicht hin und wieder mal privat in Süddeutschland unterwegs seien, fragt der Zuhälter die Polizisten freundlich. Er besitze dort nämlich ein „Haus", da könne man ganz wunderbar entspannen. Er greift in seine Hosentasche und schiebt den Polizisten zwei Hundert-D-Mark-Scheine über den Tisch.

Morgens um drei Uhr stehe ich mit meinem Kollegen Gerd rückwärts eingeparkt am Gleisdreieck und lausche dem Polizeifunk. Wir tragen Uniform, sitzen im Streifenwagen. Es ist eine unwirtliche Ecke. Laut, dunkel, dreckig, gleich neben der Autobahn. Täglich droht hier der Verkehrsinfarkt. Warum ausgerechnet an dieser Stelle eine große Mercedes-Niederlassung steht, hat sich mir nie erschlossen.

Um die Ecke ragt ein Hochhaus aus grauem Beton in den Himmel. Es liegt eingeklemmt zwischen zwei Bahnbrücken, dem alten Schlachthof, einer stinkenden Abdeckerei und einer Schnellstraße. Kaum einer möchte in der Hornstraße in Köln-Neuehrenfeld freiwillig auf Dauer wohnen. Und trotzdem ist es in dem Hochhaus sehr teuer. So mancher verprasst auf einer der 13 Etagen in einer Stunde eine ganze Monatsmiete – und fühlt sich dann womöglich sogar noch wie ein Pascha in *Tausendundeiner Nacht*. Mit diesem Slogan jedenfalls wirbt Kölns größtes Bordell. Oder besser: warb, wie man inzwischen sagen muss. Im Sommer 2020 meldete das Haus coronabedingt Insolvenz an.

Auf die Etagen verteilten sich knapp 200 Zimmer, und das stellt einen als Polizisten schon mal vor Probleme. 2017 erreichte uns ein Amtshilfeersuchen der Finanzverwaltung NRW. Es ging um den Verdacht der Steuerhinterziehung. Die Damen, so lautete die Vermutung, arbeiteten scheinselbständig, der Eigentümer des Bordells führe keine Sozialabgaben für sie ab. Ob da nun etwas dran war oder nicht, war mir egal. Jedenfalls sollten wir dabei helfen, alle Zimmer zu durchsuchen, man wollte alle Frauen befragen – und das möglichst gleichzeitig, damit sie sich nicht gegenseitig warnen oder absprechen konnten.

Ich forderte zwei Hundertschaften an, ungefähr 250 Polizisten, und wir erarbeiteten ein Konzept. Wie kommen wir ungesehen bis zum Haus? Wie kommen wir rein? Wie verteilen wir uns schnell und lautlos auf 13 Etagen? In der ersten Welle sind wir mit 120 Beamten rein, sie sind durchs Treppenhaus hoch und haben alle Stockwerke besetzt. Mit der zweiten Welle haben wir das Personal verdichtet. Alles in allem dauerte es viereinhalb Minuten, dann standen Kolleginnen und Kollegen vor jedem der 200 Zimmer. Zum Schluss kamen die Steuerfahnder mit 70 Leuten zu Fuß. Die sahen ein bisschen aus wie Schülerlotsen in ihren hellblauen Leibchen mit dem Schriftzug „Finanzverwaltung NRW".

Vom hochummauerten Parkplatz mit dem kleinen Sex-Shop an der Seite ist es nur ein kurzer, hastiger Weg für die männlichen Besucher ins Haus. Der gläserne Eingang mit Schiebetüren führt links in einen spärlich beleuchteten Innenhof mit einer Theke, Barhockern, leiser Musik und künstlichen Blumen. Rechts geht es an der Rezeption vorbei zu den Aufzügen. Die Barhocker im Kontakthof dienen den Prostituierten als Stehhilfe, der Schein der Schwarzlichtlampen soll vermutlich die aufreizende Wirkung ihrer Kleidung unterstreichen. Einer der Betreiber erklärte mir einmal bei einem Gespräch vor seinen zahlreichen Überwachungsmonitoren, dass es sich hier um einen „Markt der Möglichkeiten" handele – ich ordnete den Begriff bis dahin eher dienstlichen Workshops zu.

Die Hornstraße, an der das nunmehr verwaiste Hochhaus seit Anfang der 70er Jahre steht, liegt genau auf der Grenze zweier polizeilicher Bezirke

– und so fühlen sich die Beamten zweier Wachen zuständig für die Überwachung der Verkehrsvorschriften außerhalb des Hauses.

In dieser Nacht ist nicht viel los rund um die Hornstraße, es brummt eher in den anderen Bereichen der Stadt. Ich nutze die Zeit, schreibe auf den Streifenbeleg, was bisher am Abend geschehen ist und notiere daneben, welche Maßnahmen wir getroffen haben.

Häufig biegen die Freier – auffallend oft Männer in Familienkombis mit Kindersitzen auf der Rückbank und Aufklebern mit Kindernamen am Heck – auf dem Weg von der Autobahn zum Puff verbotenerweise nach links in die Hornstraße ab. Aus dem „Krähennest" oder – charmanter ausgedrückt – der „Adlerwarte", einer Stelle, die gute Sicht auf das Szenario bietet und den Streifenwagen gut verbirgt, starten wir zu später Stunde die Verfolgung der Verkehrssünder.

Außer den Fahrzeugpapieren prüfen wir auch die Verkehrstüchtigkeit der Autofahrer. Viele sind alkoholisiert. Im Zweifel müssen sie ihren Wagen stehen lassen und stattdessen im Streifenwagen mit zur Polizeiwache fahren. Dort entnimmt ein Arzt ihnen eine Blutprobe. Die sichergestellten Führerscheine verschwinden bis auf weiteres in einem Stahlschrank.

Aber nicht nur die Freier, auch die Zuhälter erkennt man meistens an ihren Autos: Chevrolet Camaros, dicke Daimler oder andere Schlitten, Angeberkarren eben. Abends bringen sie die Frauen zum Bordell, morgens holen sie sie wieder ab. Mit einem der Männer hatte ich öfters zu tun, wir trafen uns nachts immer mal wieder und kamen dann ins Gespräch. Das bleibt nicht aus bei sieben Nachtschichten am Stück. Dieser Zuhälter also fuhr eines Nachts in einem Ford Fiesta XR2 vor, eine kleine Rennsemmel. „Gehen die Geschäfte nicht mehr so gut?", fragte ich ihn. Er sagte: „Nee, aber in dem Mercedes werde ich von euch immer angehalten, da habe ich keinen Bock mehr drauf." Da war natürlich etwas dran. Ein Zuhälter, der in einem Rolls Royce unterwegs war, beschwerte sich sogar einmal, weil ein Kollege ihn angehalten hatte mit der sinngemäßen Begründung: „Ihre Visage passt nicht in dieses Auto."

Die Bewirtschafter des Großbordells betreiben eine optimale Kundenorientierung. Peinlich genau achten sie darauf, dass jeweils nur ein Gast und eine Frau den Aufzug im Hochhaus nutzen – zu groß ist das potenzielle Risiko, man könne andernfalls zufällig auf seinen Arbeitskollegen, Nachbarn oder Chef treffen. Einer der beiden Aufzüge steht immer im Erdgeschoss. So werden lange Wartezeiten verhindert – nicht, dass der Freier es sich noch einmal anders überlegt.

Die Aufzugtüren schließen sich hinter den Paaren. Die dezente Beleuchtung, die schmeichelnd getönten Spiegel, der eine oder andere zufällige Körperkontakt soll schon jetzt eine Wohlfühlatmosphäre schaffen; auch wenn der Fahrstuhl nicht in den siebten Himmel führt, sondern eher in ein kurzes Glück mit laufender Uhr.

Solange in den Appartements alles freiwillig und wie abgesprochen verläuft und die Zahlungsmoral stimmt, werden wir als Schutzleute in dem schlichten Bau nicht gebraucht. Viele Streite „moderiert" das hauseigene Sicherheitspersonal selbst. Lebenserfahrene Männer mit entschlossenem Blick und breiten Schultern stehen den Damen zur Seite. Im Zweifel finden sie mit den Freiern eher zu stattlichen als zu staatlichen Lösungen. Die Mehrzahl der männlichen Gäste möchte schließlich keine Post im heimischen Briefkasten – weder von der Polizei, noch vom Gericht und vielleicht erst recht nicht vom Etablissement selbst mit der stadtbekannten Anschrift im Absender. Nur selten jedenfalls werden wir zu Schlägereien zwischen dem Personal und den Gästen gerufen, die interne Erledigungsquote scheint ausgesprochen hoch zu sein.

Es gibt natürlich Ausnahmen: Ich erinnere mich an einen Einsatz, bei dem eine Prostituierte von ihrem Freier um die Tageseinnahmen beraubt worden und schwer verletzt zurückgeblieben war. Er flüchtete, kam aber nicht weit. Auf der Straße stellten ihn die Männer vom Hauspersonal. Das Geld, das er der Frau abgenommen hatte, fanden meine Streifenkollegin und ich in seinem Stiefel.

Ein paar Monate später, ich arbeitete inzwischen bei der Fahndung, begleitete ich meinen Kollegen Jörg nach Essen zu einer Meisterschaft im Boxen. Jörg war Stammgast bei solchen Veranstaltungen. Am Boxring, sagte er immer, erhalte man die besten Informationen aus der Szene.

In einer Ringpause sprach mich eine Zuschauerin an: „Kennen wir uns nicht?" Ich musste einen Moment überlegen, antwortete dann: „Ja, ich glaube, aus diesem Hochhaus in Köln-Neuehrenfeld." Ich erwähnte bewusst nicht, in welchen Zusammenhängen wir uns kennengelernt hatten, ich wollte die Frau nicht in Verlegenheit bringen. Aber das war unnötig, sie ging ganz locker damit um, dass sie Prostituierte war.

Plötzlich stand ein Typ hinter mir, Modell einfach strukturierter Kleiderschrank. Sie sagte beschwichtigend zu ihm: „Ich kenne den, der ist von der Schmier aus Köln, das ist der, der mir damals mein Geld zurückgebracht hat." Der Kleiderschrank lachte und sagte in breitestem Kölsch: „Dann ist ja gut, ich dachte schon, du wolltest mein Kapital angreifen."

Gerd startet den Motor und macht mich auf einen dunklen Sportwagen aufmerksam. Er kommt aus Richtung des Hochhauses, hält kurz an, achtet die Vorfahrt – und biegt verbotenerweise nach links in Richtung Zoobrücke ab. Auf dem Beifahrersitz eine hellbekleidete Person, am Steuer eine Person mit langen dunklen Haaren und einem dunklen Oberteil. Die Rückbank ist nicht einsehbar, es sind bei diesem Fahrzeugtyp auch eher Notsitze.

Um dem Wagen folgen zu können, muss Gerd den Passatmotor ausquetschen. Er ist ein erfahrener, guter Fahrer, hat das Lenkrad fest im Griff, dreht es, ohne mit den Händen umzugreifen. Privat fährt Gerd eine schwere 1000er BMW. Sein goldener Siegelring mit der schwarzen Einlage zeichnet sich im Kontrast zum Lenkrad deutlich ab. Ich fühle mich sicher, ziehe trotzdem den Beckengurt stramm, prüfe, ob das Klemmbrett mit dem Streifenprotokoll sicher unter der Sonnenblende sitzt, nehme die beleuchtete Anhalte-Kelle mit der Aufschrift *Polizei* aus dem Fußraum in die Hand und lege sie auf meine Knie. Noch sind wir zu weit weg und können nicht überholen.

An der nächsten großen Querstraße biegt der Sportwagen erneut verbotenerweise nach links ab; er ist weiterhin sehr zügig unterwegs, der Hecktriebler steht kurz quer. Hat er uns im Rückspiegel bemerkt? Wird es eine Verfolgungsjagd geben?

Wir kommen in eine eng bebaute Wohngegend – schnell kann man hier auch mit einem Sportwagen nicht mehr fahren. Spätestens an den Bodenwellen zur Verkehrsberuhigung ist Schluss mit lustig. Ich gebe der Kollegin am Funk den Straßennamen durch und lasse sie das Kennzeichen des Sportwagens checken: Wer ist der Fahrzeughalter? Ist er polizeibekannt? Ist der Wagen gestohlen?

Ein paar Sekunden und zwei, drei Kurven später steht der Sportwagen links am Straßenrand. Die Fahrertür ist weit geöffnet, ein Mann mit schwarzhaariger Mähne steht neben dem Fahrersitz und wippt auf den Spitzen seiner melierten Schlangenlederstiefel auf und ab. Die Beifahrertür ist geschlossen. Wir bremsen, steigen aus und nehmen die Sicherungsstellung ein: Einer spricht, der andere sichert. Hunderte Male geübt, tausend Mal angewendet. Gerd hat den kürzeren Weg zu dem Mann, also sichere ich. Die Straßenlaternen leuchten die Szenerie aus. Der Mann ist relativ groß, fast so groß wie Gerd mit seinen 1,95 Meter. Er hat die muskulöse Statur eines Ringers, trägt eine dunkle Jacke, die ihm bis zu den Knien reicht. Ein Oberlippenbart schmückt sein Gesicht.

Ich gehe ein Stück vor, will sehen, was im Fahrzeug passiert. Die Rückbank ist leer, der Beifahrersitz auch. Der Beifahrersitz auch? Da saß doch gerade noch eine hell gekleidete Person?

Ich erkenne eine zierliche blonde Frau am Steuer, sie trägt eine offene, weiße, kurze Steppjacke mit Glitzersternen an den Schultern. Sie ist nicht angeschnallt, kommt mit den Armen kaum ans Lenkrad. Mir wird klar: Er muss ausgestiegen und sie schnell auf den Fahrersitz gerutscht sein. Nur: Warum? Hat er keinen Führerschein? Ist er betrunken? Oder beides?

Wir werden sehen. Gerd wird schon alles mit ihm besprechen. Der langhaarige Mann ist betont freundlich, er wirkt dennoch arrogant.

Auf die Frage nach seinem Führerschein und den Fahrzeugpapieren zeigt er wortlos auf seine Begleiterin auf dem Fahrersitz. Gerd nimmt eine deutliche Alkoholfahne bei ihm wahr. Mein Kollege ist erfahren und abgezockt, er widmet seine Aufmerksamkeit nun scheinbar der jungen Frau und bittet sie um Ausweis, Fahrzeugschein und Führerschein. Der Protagonist der Kontrolle ist und bleibt für ihn jedoch der Mann. Sollte er weglaufen, wird er sich wundern. Gerd ist aktiver Handballer und für seine Tempogegenstöße nicht nur in der Sporthalle bekannt.

Ich beobachte genau, was die Frau mit ihren Händen tut; sie könnte einen gefährlichen Gegenstand, eine Schusswaffe, aus der Tasche nehmen. Bonnie und Clyde kommen mir in den Sinn – und das wichtigste Motto im Leben eines jeden Polizisten: „Routineeinsätze gibt es nicht!"

Aus der Musikanlage im Auto ertönt „You're My Heart, You're My Soul" von Modern Talking.

Die Frau hinter dem Steuer beugt sich zum Beifahrersitz und langt mit mattweißlackierten Fingernägeln nach ihrer Tasche. Umständlich kramt sie darin herum und holt ihren Personalausweis heraus. Sie trägt einen körperbetonenden Overall, der goldene grobe Reißverschluss ist weit geöffnet, ein breiter Gürtel unterstreicht die schlanke Taille. Sie ist Belgierin, stammt aus Liège, spricht mit reizendem Akzent und nettem Augenaufschlag zu Gerd. Höchst professionell versucht sie, ihn zu bezirzen. Ihren belgischen Führerschein habe sie zu Hause, haucht sie.

Gerd ist ein Fuchs, er kennt sich aus im Wald. Er unterhält sich freundlich mit beiden, bittet darum, den Sportwagen abzuschließen, weil wir die genaue Überprüfung der ausländischen Fahrerlaubnis nur auf der Wache durchführen können. Noch kein Wort darüber, dass er gleich eine Strafanzeige wegen einer Trunkenheitsfahrt gegen den Mann schreiben, ihm Blut entnehmen lassen und den Führerschein sicherstellen wird.

Wie selbstverständlich lässt sich der Ringer von seiner Begleiterin den Fahrzeugschlüssel geben; er verschließt das Auto und steckt den Schlüssel in die Jackentasche.

Er steigt hinten rechts in den Streifenwagen ein, die Frau hinten links. Ihr gemeinsamer Plan, so glauben sie wohl, scheint fürs Erste aufzugehen. Ich setze mich so, dass ich beide im Blick habe. Während Gerd fährt, spreche ich mit ihnen. Ein kurzer Druck auf die Zwei-Meter-Funktaste am Ende des Spiralkabels in meiner Hand – und alles, was ich spreche, wird zur Wache gefunkt. Ich erkläre den beiden noch einmal, dass wir zur Dienststelle fahren und eine genaue Überprüfung vornehmen werden. Die Kollegin am Funk ist pfiffig, sie hört genau zu, antwortet aber nicht. Stattdessen schickt sie sicherheitshalber zwei Kollegen zum Parkplatz vor der Tür.

Der kurze Weg von dort ins Büro ist immer riskant, wird doch den Delinquenten spätestens jetzt bewusst, dass die Lage ernst ist. Einige suchen dann noch schnell ihr Heil in der Flucht oder leisten Widerstand.

Wir betreten den großen Schreibraum. Von hinten erinnern mich die beiden in ihrer schwarzen und weißen Kleidung und den passenden Haarfarben an Modern Talking. Und lief da nicht vorhin „You're My Heart, You're My Soul" im Autoradio?

Die beiden Ausweisdokumente habe ich schon, fehlen nur noch der Führerschein des Mannes und sein Blut für das Labor der Rechtsmedizin.

Bis dahin heißt die Devise: geschickt vorgehen. Ich hasse unnötige Hektik in solchen Situationen.

Der Ringer und seine Begleitung nehmen auf der am Boden festgeschraubten „Sünderbank" Platz. Einzelne Stühle wären hier zu gefährlich – falls angetrunkene Menschen mal ausrasten.

Die Belgierin schweigt, lächelt und lässt hin und wieder ihren Charme aufblitzen. Er hingegen wird redselig. Erzählt, dass er viele Jahre erfolgreich in der Bundesliga gerungen hat. Um zu beweisen, wie fit er noch immer ist, steht er auf und absolviert saubere Liegestütze – einarmig, je 20 auf beiden Seiten. Ich zolle ihm meinen Respekt.

Seit nahezu zwanzig Jahren ist der Mann im Rotlichtgeschäft tätig, Vorstrafen sind nicht bekannt. Gut, dass wir ihn mit List in die Wache gelotst haben, auf einen Straßenkampf mit einem Ringer sollte man sich als Polizist besser nicht einlassen – auch wenn solche Kämpfe über die Jahre gesehen dann doch immer gleich ausgehen: Die ersten Kollegen vor Ort haben am Ende überall Blessuren, aber schließlich liegen auf jedem Arm und jedem Bein zwei Polizisten und stellen den Kontrahenten ruhig. Viele Hunde sind des Hasen Tod – oder besser in den Worten der GdP, unserer großen Gewerkschaft der Polizei: Gemeinsam sind wir stark!

Der Zuhälter berichtet von seinem Abend. Er habe alte Freunde im Puff getroffen. Vor einigen Jahren, erzählt er, habe er sich mit einem eigenen Haus und gutem Personal in Süddeutschland selbstständig gemacht. Vielsagend blickt er zu seiner Begleitung hinüber und fragt Gerd und mich scheinbar beiläufig, ob wir nicht in unserer Freizeit ab und zu in Süddeutschland unterwegs seien, in seinem Haus könnten wir gut entspannen. Höre ich richtig? Will er uns in seinen Puff einladen, uns seine Begleiterin als Gespielin in Aussicht stellen?

Die Blondine setzt sich gerade auf, bringt sich in Stellung.

Gerd ist geschickt; er überhört das Angebot, fragt ruhig nach seinem Ausweis. Aber der Ringer lässt nicht locker. Er greift in seine Hosentasche, zieht ein Mäppchen hervor und eine goldene Metallklammer, die ein paar Geldscheine zusammenhält. Er steckt zwei Hunderter in das Mäppchen, in dem sich auch sein Ausweis und der Führerschein befinden, und reicht es Gerd. Soso, neben dem kostenlosen Puffbesuch also auch noch Spritgeld für die Anreise?

Gerd nimmt den Führerschein und die zwei Hunderter heraus und hält dem Mann die Geldscheine mit lang ausgestrecktem Arm entgegen. Der Zuhälter tut ahnungslos, hebt entschuldigend beide Arme, das Geld will er nicht zurückhaben.

Seelenruhig greift Gerd nach dem Bürotacker und heftet den Führerschein und die zwei Hunderter mit zwei lauten Schlägen an das Formular – klarer kann man eine Sicherstellung als Beweismittel nicht kommunizieren.

Die Augen des Mannes verengen sich zu Schlitzen, aber er bleibt ruhig. Gerd eröffnet ihm, dass wir ihn wegen Trunkenheit im Straßenverkehr anzeigen werden – und wegen versuchter Bestechung.

In diesem Moment betritt der schon etwas ältere, gertenschlanke Blutprobenarzt mit dem schütteren Haar den Raum, stellt sich vor und übernimmt das Kommando. Er duldet keinen Widerspruch.

Der angeheiterte Ringer verweigert ab jetzt zwar alle weiteren Angaben, bleibt aber entspannt. Als Sportsmann weiß er wohl, wann er zweiter Sieger ist. Gut so.

Wir schreiben dem Paar auf, wo der Sportwagen geparkt ist, informieren sie, dass dort ab acht Uhr ein Haltverbot gilt und sie besser jemanden finden sollten, der das Auto rechtzeitig abholt. Der Ringer bedankt sich und bittet uns, ein Taxi zu bestellen.

Ich begleite beide durch die Glasschleuse der Wache nach draußen und gebe ihnen zum Abschied die Hand. Der Ringer hat einen Griff wie ein Schraubstock.

Ein paar Tage später komme ich gegen sechs Uhr zum Dienst. Ich betrete den Wachdienstraum, begrüße die Kollegen der Nachtschicht, vergewissere mich auf dem Plan, dass es bei der Einteilung der Streifenwagen geblieben ist und informiere mich kurz über die wichtigsten Dinge der vergangenen freien Tage.

Dann ein schneller Blick in das dicke Einlieferungsbuch auf dem Schreibtisch des Wachhabenden. Hier sind die Namen, Zeiten und Besuchsgründe unserer Gäste notiert. Mich interessiert vor allem ein Eintrag zum Wochenende. In der letzten Spalte sind Besonderheiten und Ergebnisse vermerkt: Unser Ringer mit dem Sportwagen hatte einen stattlichen Blutprobenwert von 1,4 Promille. Treffer versenkt.

Sein Trick, den Fahrersitz im letzten Moment mit seiner Begleiterin zu tauschen, die 200 D-Mark und das Angebot eines kostenlosen Bordellbesuchs haben bei uns nicht funktioniert. Sollte das Gericht es genauso sehen wie wir, muss er wohl einige Monate als Beifahrer in seinem Boliden durchleiden – sicher ein harter Schlag für einen Macho im Rotlichtgeschäft.

Noch gleich heute werde ich die Kollegen in Süddeutschland anrufen und ihnen einen Hinweis geben auf die Führerscheinsicherstellung wegen der Trunkenheitsfahrt, auf das bevorstehende Gerichtsverfahren und die Bestechungsversuche.

Einige Monate später flattert eine Vorladung zum Amtsgericht ins Haus. Gerd und ich sind als Zeugen geladen. Wir erinnern uns noch immer gut an den betreffenden Samstagabend; erst neulich haben wir uns noch auf einer Motorradtour durch die Eifel beim Kaffeetrinken darüber amüsiert.

Die Verhandlung beginnt erst am Mittag – über seinen Anwalt hatte der Angeklagte aus Süddeutschland um diesen späten Termin gebeten. Die Anreise mit der Bundesbahn dauert wohl etwas länger als im Sportwagen.

Als Gerd und ich vor dem Gericht aus der Straßenbahn steigen, verlässt der Angeklagte gerade mit seiner Begleiterin ein Taxi. Nur wenige Meter trennen uns voneinander; die beiden würdigen uns keines Blickes, gehen schnurstracks auf das Gerichtsgebäude zu.

Auf dem Weg in den Sitzungssaal 18 begegnen uns hektische Anwälte. Mit Aktentaschen und Roben über dem Arm hasten sie durch die Flure. Neben der Eingangstür zum Saal hängt ein beleuchteter Schaukasten. Hier ist notiert, wer dem Gericht vorsitzt, wer Protokoll führt und unter welchem Aktenzeichen gegen wen verhandelt wird. Die Strafsache gegen unseren Mandanten steht als letzte Verhandlung des Tages auf der Rolle, die Verhandlung ist öffentlich.

Noch haben wir etwas Zeit. Leise öffne ich die schwere Tür zum Saal. Gerd und ich setzen uns in die letzte Reihe an die Wand. Es läuft noch ein anderer Prozess. Zum Warten ziehe ich die Zuschauerreihen im Gerichtssaal eigentlich immer den Sitzgruppen im Flur vor. So entgeht man unangenehmen Kontakten mit den Angeklagten, Zeugen und Anwälten – und man gewinnt schon mal einen Eindruck von der Tagesform des Vorsitzenden.

Der Richter ist hagerer Gestalt, schon etwas älter; er wirkt erfahren und freundlich. Mit wenigen gezielten Fragen steuert er den Verhandlungsverlauf, ohne drängelnd zu wirken. Er macht einen souveränen Eindruck. Im Namen des Volkes verkündet er kurz darauf das Urteil gegen die Angeklagte mit ruhiger Stimme. Dann setzt er sich und begründet es ausführlich. Die Verurteilte ist in den vergangenen fünf Jahren seit ihrem 18. Geburtstag einundvierzigmal wegen Diebstahlsdelikten aufgefallen, als Mutter dreier kleiner Kinder kriegt sie eine Bewährungsstrafe und darf den Gerichtssaal als freie Frau verlassen.

Habe ich richtig gehört? Einundvierzigmal? Wie viele Taten sind dann wohl im Verborgenen geblieben? Unglaublich.

Der Richter ermahnt die junge Mutter eindringlich, sich von nun an straffrei zu verhalten. Sie solle versuchen, ihren Kindern ein gutes Vorbild zu sein. Ich gewinne eher den Eindruck, dass sie sich vornimmt, sich nicht mehr erwischen zu lassen.

Verwandte umringen und beglückwünschen sie. Sichtlich zufrieden verlässt die Frau den Gerichtssaal. Na ja, denke ich, hätte sie ins Gefängnis gemusst, müsste sich jetzt jemand anderes um ihre Kinder kümmern. Obwohl – vielleicht hätten sie dann für ihr eigenes Leben später bessere Chancen. Wer weiß das schon.

Fünf Minuten Pause. Der Rechtsanwalt geht ohne Robe auf den Gerichtsflur, lässt seine Sachen auf einem Stuhl im Saal liegen. Er ist also offenbar auch der Verteidiger unseres Rotlicht-Ringers. Ein paar Schüler im Zuschauerraum diskutieren über die beendete Verhandlung. Einer rechnet vor: Einundvierzigmal stehlen ... das bedeutet, in einem ganzen Schuljahr *jede Woche* beim Klauen erwischt zu werden. Das schoss mir auch schon durch den Kopf.

Als Polizist darf man Gerichtstermine grundsätzlich nicht zu persönlich nehmen. Die Eindrücke, die wir von den Beschuldigten auf der Straße gewonnen haben, sind naturgemäß anderer Art als die, die ein Richter oder eine Richterin Monate später im warmen, trockenen Gerichtssaal gewinnt, in der Verhandlung mit den geregelten Abläufen und Angeklagten, die frisch vom Friseur kommen und ihren guten Anzug aufgebügelt haben.

Im vorliegenden Fall allerdings hat mich die versuchte Bestechung schon sehr persönlich berührt, wollte der Angeklagte mich doch mit Tricks von einer Strafanzeige abhalten.

33

Unser Ringer nimmt neben seinem Anwalt Platz. Die Belgierin, Gerd und ich bleiben stehen, werden vom Vorsitzenden kurz begrüßt und rechtlich belehrt, dann müssen wir den Saal zunächst wieder verlassen. Das ist so üblich bei Zeugen. Sie sollen vor ihrer Aussage nicht beeinflusst werden durch das, was zuvor im Saal besprochen wurde.

Wir setzen uns auf die unbequemen Stühle gegenüber der Eingangstür und warten. Während der Angeklagte zu seiner Person und zum Sachverhalt befragt wird, beobachte ich so unauffällig wie möglich die Zeugin auf der Stuhlreihe gegenüber. Ich bin gespannt, was sie vor dem Richter aussagen wird. Sie sortiert jetzt bereits zum dritten Mal den Inhalt ihrer Handtasche, schaut kurz in einen kleinen Handspiegel und danach zu mir. Ihr Blick ist neutral und nicht feindselig, das beruhigt mich irgendwie.

Nach zehn Minuten werde ich in den Zeugenstand gerufen. Der Vorsitzende gibt mir den Hinweis, dass der Angeklagte die Trunkenheitsfahrt soeben eingeräumt hat, sie also nicht mehr strittig ist. Dann soll ich von dem Abend erzählen. Ich beschreibe meinen ersten Eindruck des ganz in Weiß und Schwarz gekleideten Paares im Auto. Mein Hinweis auf die Assoziation zu „Modern Talking" lässt den Richter schmunzeln.

Die Kontrollsituation beschreibe ich nach bester Erinnerung. Der Richter fragt, wie das aufreizende Erscheinungsbild der Frau auf mich gewirkt hätte. Er will ausdrücklich wissen, ob ich versucht gewesen sei, die Einladung in das „Haus" in Süddeutschland anzunehmen.

Dies in einer öffentlichen Verhandlung wahrheitsgemäß zu beantworten, ist mir fast unangenehm, etwas zu intim. Nach kurzer Überlegung ringe ich mich dann doch zu einer persönlichen Antwort durch. Vorsichtig räume ich ein, dass es ein durchaus verlockendes Angebot war, das aber spätestens durch das machohafte Verhalten des Ringers mit den zwei Hundertern (nach dem Motto: „Ich kann euch kaufen") bei Gerd und mir genau das Gegenteil ausgelöst hat. Wir sind standhaft und professionell geblieben, sitzen deswegen heute auch als Zeugen hier.

Der Richter scheint mit den erhaltenen Informationen zufrieden zu sein; die Referendarin der Staatsanwaltschaft hat staunend zugehört, stellt aber keine weiteren Fragen. Der Rechtsanwalt versucht noch einmal kurz darauf abzuheben, dass es sich bei meinen Ausführungen doch eher um die Wunschvorstellungen eines jungen, ledigen Mannes handeln dürfte, der erst wenige Jahre in einer Großstadt fern der Heimat seinen Dienst versieht.

Der Richter zieht die Augenbrauen hoch. Er hat genug gehört, sich wohl schon seine eigene Meinung gebildet. Fragend blickt er in die Runde, keiner möchte mehr etwas von mir wissen. Der Vorsitzende entlässt mich aus dem Zeugenstand. Ich bleibe unvereidigt, darf gehen und nehme in den Zuschauerreihen Platz. Gerd wird aufgerufen. Wie schon bei mir, erkundigt sich der Richter auch bei Gerd ungewöhnlich explizit nach seinem Familienstand und danach, wie lange er schon im Streifendienst tätig ist.

Gerd ist freundlich und auskunftsfreudig, er beschreibt, dass seine Aufmerksamkeit in jener Nacht vor allem dem Ringer gegolten habe. Die reizenden Bemühungen der Belgierin habe er eher beiläufig wahrgenommen. Die versteckte Übergabe der zwei Hunderter im Führerschein habe er als persönliche Beleidigung empfunden, den angebotenen Besuch im gewerblichen Haus des Angeklagten als dreist. Eine kurze Nachfrage der Referendarin der Staatsanwaltschaft, zwei, drei Fragen des Anwalts, aber auch hier bleibt Gerd standhaft und schlüssig in seinen Aussagen. Auch er bleibt unvereidigt, wird entlassen und setzt sich neben mich.

Mit einem kurzen Blick auf die Uhr befragt der Richter den Rechtsanwalt und die staatsanwaltliche Vertreterin, ob man nicht auf eine Befragung der Belgierin verzichten könne – besonders weil er sie in einer schwierigen, möglicherweise abhängigen Position zum Angeklagten sieht.

Rechtsanwalt und Ringer stecken kurz ihre Köpfe zusammen, beraten sich. Ich kann von der Seite gut die für Judoka und Ringer typisch verknorpelten Ohren von den tausendfachen Berührungen der Sportmatte erkennen. Und wieder denke ich: Gut, dass er damals friedlich geblieben ist.

Staatsanwaltschaft und Rechtsanwalt willigen in den Vorschlag des Vorsitzenden ein. Der Richter bittet um den Antrag der Staatsanwältin. Sie sortiert ihre Notizen, steht auf, kritisiert das dreiste Verhalten des Angeklagten Gerd und mir gegenüber ausdrücklich und fordert schließlich eine empfindliche Geldstrafe wegen Trunkenheit im Straßenverkehr und versuchter Beamtenbestechung.

Der Rechtsanwalt betont, dass sein Mandant die Trunkenheitsfahrt eingeräumt habe. Das Einsortieren des Geldes aus der Metallklammer in das Mäppchen aber ordnet er völlig anders ein. Das Angebot eines kostenlosen

Bordellbesuches in Süddeutschland tut er als Missverständnis ab. Sein Mandant habe sich all die Jahre tadellos geführt, er sei fast zwanzig Jahre im Rotlichtgeschäft unterwegs und habe sich strafrechtlich nie etwas zuschulden kommen lassen. Der Verteidiger fordert eine angemessene Geldstrafe und die schnelle Rückgabe des Führerscheines – schließlich müsse sein Mandant als Selbstständiger mobil sein.

Der Angeklagte verzichtet auf ein letztes Wort, blickt stattdessen kurz zu Gerd und mir – ich kann den Blick nicht richtig einordnen, empfinde ihn aber nicht als feindselig.

Das Urteil steht an. Alle im Saal erheben sich. Der Ringer wird im Namen des Volkes wegen Trunkenheit im Straßenverkehr zu einem Monat und wegen versuchter Beamtenbestechung zu drei Monaten Freiheitsstrafe verurteilt. Die Gesamtstrafe wird zwei Jahre zur Bewährung ausgesetzt. Seinen Führerschein bekommt er erst in einigen Monaten zurück.

Der Richter weist nachdrücklich darauf hin, wie verwerflich insbesondere der Einsatz von sexuellen Anreizen bei seinem Bestechungsversuch gewesen sei. Die Klarheit, mit der der Vorsitzende auftritt, freut mich. Mit dem Urteil sind wir zufrieden. Der Ringer ist jetzt vorbestraft. Er scheint den Verfahrensausgang zu akzeptieren.

Zum Spätdienst erscheinen Gerd und ich dreißig Minuten zu spät. Wir berichten unserem Dienstgruppenleiter von dem Urteil, ziehen uns die Lederkombis an und brechen zu einer Streifenfahrt auf dem Motorrad auf. Schnell hat uns der Alltag wieder.

5

Kölsche Hausordnung

Abdrücken oder nicht?
Wenn Polizisten zur Waffe greifen

Nachtschicht in Nippes. Volker Lange und sein Kollege Arnie, genannt „Cash", sind heute in Zivil unterwegs. Streife fahren. Ihr Auftrag: Autoknacker fassen. Es ist weit nach Mitternacht, als die Fahnder beschließen, eine Pause einzulegen. An einem Imbiss in der Hornstraße, gegenüber vom Großbordell, bestellen sie Currywurst mit Pommes rot-weiß. Die so genannte Polizistenplatte. Mit den dampfenden Einwegtellern fahren sie zum Wilhelmplatz. Dort gab es in den vergangenen Nächten mehrere Autoaufbrüche. Der Täter hatte es auf Autoradios abgesehen, er konnte jedes Mal entkommen.

Es regnet stark, die Polizisten essen im Auto. Sie haben gerade die Plastikgabeln in die Hand genommen, als eine Person über den Platz schlendert. Sie hat keinen Schirm dabei, keinen Hund, scheint auch nicht in Eile zu sein. Das wirkt verdächtig.

Cash heißt Cash wegen seines Faibles für Amerika, der Heimat von Countrylegende Johnny Cash. Aus seinem letzten USA-Urlaub hat sich der Kollege Stiefel mitgebracht, auf die er ziemlich stolz ist. Westernstiefel mit hartem Absatz, nach vorne spitz zulaufend. In den Dingern könnte man Wasserski fahren. Geschmackssache, klar, aber ganz sicher das falsche Schuhwerk für einen Zivilfahnder auf der Straße, bei dem es möglicherweise auch mal auf einen schnellen Spurt ankommt.

Wobei, ich muss Cash ein bisschen in Schutz nehmen: Er ist eigentlich kein Zivilfahnder, er ist Streifenpolizist und soll in dieser Nacht nur aushelfen. Er dachte, er müsste in Uniform arbeiten. Pech gehabt. Ich begrüße ihn mit den Worten: „Mit den Schuhen kannst du in der Ecke Ungeziefer tottreten, so spitz sind die." Wir müssen lachen.

Gerade wollen wir anfangen zu essen, als diese Person über den Wilhelmplatz schlendert. Merkwürdig, denke ich. Normalerweise hat man es doch eilig im Regen. „So wie der hier rumschleicht, ist das unser Mann, der hier die Autos aufmacht", sage ich zu Cash.

Wir warten ab, bis der Typ um die Ecke ist – und steigen aus. Die Pommes bleiben auf dem Armaturenbrett stehen. Wir verschließen das Auto und gehen in die Richtung, in die die Person verschwunden ist. An der nächsten Hausecke ist keiner mehr zu sehen. Verdammt, denke ich. Ich habe einen relativ unerfahrenen Kollegen dabei und will jetzt besonders vorsichtig sein.

Mir fällt ein Auto auf, das an der Straßenecke geparkt ist. Versteckt sich der Typ darunter? Ich halte mich am Griff der Fahrertür fest und beuge mich hinunter. Fehlanzeige, da liegt niemand. Wohin ist der Typ verschwunden? Ich stehe auf, schaue auf die Häuser um uns herum. Geht irgendwo das Licht an? Ist gerade jemand nach Hause gekommen? Offenbar nicht, alles bleibt dunkel. Ich ziehe die Schultern hoch. „Egal", sage ich zu Cash. „Was gut ist, kommt wieder."

Wir wollen zum Zivilstreifenwagen zurückkehren und haben das Fahrzeug fast erreicht, da höre ich plötzlich Schritte. Ich drehe mich um, jemand folgt uns. Ist er das? „Komm", raune ich dem Kollegen zu, „wir machen einen auf besoffen." Wir wollen keinen Verdacht erregen und brauchen schnell eine glaubhafte Legende: Warum spazieren da mitten in der Nacht zwei Männer durch den Regen?

Links von mir ist die Häuserwand, rechts geht Cash, neben ihm stehen geparkte Autos. Mit gespielt verwaschener Stimme rufe ich dem Kollegen zu: „Wo gehen wir denn jetzt noch hin, Mensch?"

Da packt mich unser Verfolger von hinten am Kragen meiner Daunenjacke. „Du gehst nirgendwo mehr hin", raunt er. In der rechten Hand hält der Mann einen glänzenden Gegenstand, der aussieht wie ein Totschläger. Er holt aus, um ihn mir auf den Schädel zu schlagen.

Ich gebe Cash einen Stoß gegen die linke Schulter, damit er nicht gefährdet wird und ich Platz zum Arbeiten habe. Der Kollege stolpert, rutscht weg und landet zwischen zwei geparkten Autos – mit der linken Hand auf einer Motorhaube, mit der rechten Hand auf einem Kofferraum, das Gesicht nach unten. Hängt da wie Jesus am Kreuz. Was soll ich dazu sagen? Der Kampf, pflegte ein alter SEK-Ausbilder immer zu sagen, entscheidet sich schon morgens bei der Wahl der Schuhe.

Ich gehe auf die Knie. Ich habe früher Judo gemacht und will nun den Typen aufladen und mit einem Schulterwurf niederstrecken, aber es gelingt mir nicht ganz. Immerhin: Sein Schlag geht ins Leere. Er sieht, wie Cash da in den Seilen hängt, tritt hinter ihn und holt nochmal mit dem Totschläger aus. *Der haut Cash den Schädel ein*, denke ich, und ohne noch groß nachzudenken, ziehe ich meine Schusswaffe.

Noch immer auf den Knien schieße ich zweimal in die Luft. Ich brülle: „Fallen lassen! Polizei!". Der Typ lässt seine Waffe fallen. Kein Totschläger, wie ich jetzt erkenne, sondern das silberne Messingbein eines Couchtisches, mit einem Teppichgleitnagel am unteren Ende – „kölsche Hausordnung" wird der Mann dieses Tischbein später nennen. Es liege bei ihm zu Hause hinter der Wohnungstür, immer griffbereit, für alle Fälle.

Er rennt los. Cash richtet sich auf, dreht sich um. Er hat die Schüsse gehört und sieht nur, wie ich auf dem Boden knie und meine Pistole in der Hand halte. Er zieht seine Waffe, guckt dem Typen hinterher und zielt auf ihn. Er denkt, ich sei niedergeschlagen oder niedergeschossen worden, er will den Flüchtenden stoppen.

„Nein, nicht!", rufe ich.

Ich springe auf, stecke meine Waffe weg und renne dem Angreifer hinterher. Cash läuft mit seiner Waffe und dem Dienstausweis in der Hand auf die Straße und hält einen flammend neuen Golf GTI an. „Ich bin von der Polizei", sagt er, „ich brauche Ihr Auto."

Aber der Fahrer ist nicht begeistert. „Das ist ganz neu", sagt er, „Sie können gerne mitkommen, aber fahren tue ich."

Cash steigt ein, und der Golf folgt mir und dem Verdächtigen durch die engen Straßen von Nippes.

Im Vollsprint überhole ich einen Transit, der mich Sekunden später wieder einholt. Am Steuer sitzt ein alter Bekannter, ein Intensivtäter, der die Polizei schon oft beschäftigt hat. Ich kenne ihn, habe ihn selbst schon festgenommen, er heißt Helmut W.

„Na, Lange, wat is?", fragt er mich aus dem offenen Fahrerfenster.

Ich bin völlig außer Atem, keuche nur: „Der da vorne."

Helmut W. legt einen Zahn zu, parkt ein Stück weiter vorne, steigt aus – und als unser Verdächtiger an ihm vorbeirennt, gibt der erfahrene Straftäter ihm einen Elfmeter. Tritt ihm einfach die Beine weg. Der Typ stürzt und bleibt auf dem Gehweg liegen. Ich bin Helmut sehr dankbar, wollte dem Typen nicht noch stundenlang hinterherlaufen.

Ich erreiche die beiden, ziehe die Pistole aus dem Holster und richte sie auf den Schläger. Ich rufe ihm zu: „Bleib liegen! Polizei!"

Und dann kommt Cash, als Beifahrer im Golf mit eingeschaltetem Fernlicht. Ich höre jemanden brüllen. Neben uns hält ein Streifenwagen. Die Kollegen kamen gerade aus der Innenstadt und hatten meine beiden Schüsse gehört. Meldeten das der Leitstelle und fuhren in die Richtung, aus der die Schüsse kamen.

„Waffe weg!", brüllt einer der Polizisten mich an. Die Beamten können nicht wissen, wer hier das Opfer ist und wer der Täter. Wer hat geschossen? Von wem geht hier die größte Gefahr aus? Eine wirklich schwierige Situation für sie.

Aus den Augenwinkeln erkenne ich einen der beiden Beamten. Wir sind schon zusammen Motorrad gefahren. Erst letzte Woche waren wir gemeinsam in Zons, einen Kaffee trinken. Ganz langsam und vorsichtig stecke ich meine Waffe weg und sage: „Ich bin auch von der Polizei." In diesem Moment erkennt mich auch der Kollege.

Erleichtert kommt er auf mich zu. Der Typ mit dem Tischbein nutzt diesen Moment – er springt auf, setzt sich in den Streifenwagen und drückt alle Türknöpfe runter. Die nächste schwierige Situation. Nach relativ kurzer Zeit allerdings gelingt es dem Kollegen, ihn aus dem Auto „herauszusprechen", so nenne ich es mal. Wie genau, das wollen wir hier besser nicht schreiben. Aber jedenfalls öffnet „das Tischbein" friedlich die Tür und lässt sich festnehmen. Der Kollege legt ihm Handfesseln an, und auf der Wache schreibe ich die Anzeige.

Nach und nach löst sich alles auf. Der Mann erklärt mir, er sei tags zuvor Opfer eines Autoaufbruchs geworden. Er habe sich so darüber geärgert, zumal er nicht versichert sei, und habe sich geschworen, den Täter auf eigene Faust zu fassen. Deshalb sei er in der Nacht unterwegs gewesen. Sei nach Hause gekommen, habe seine Jacke weggehängt, und mit einem Mal habe er durch das Fenster gesehen, wie ich mich unten auf der Straße unter sein Auto gebückt hätte. Er dachte, ich wolle es aufbrechen.

Also habe er zur „kölschen Hausordnung" hinter der Tür gegriffen und sich gesagt: „Den mache ich kaputt." Er sah uns beide den Gehweg entlanglaufen und dachte sich: Den Dicken haue ich um, den Schmalen hole ich mir so – „dick" aber nur wegen der Daunenjacke, die ich trug, das möchte ich betonen.

Als ein paar Monate nach der denkwürdigen Verfolgungsjagd durch Nippes der Gerichtstermin gegen den Mann ansteht, bin ich als Zeuge geladen. Die Richterin begrüßt mich mit den Worten: „Sind Sie Herr Lange?" Ich bejahe. „Dann sind Sie also der Polizist mit dem nervösen Zeigefinger."

Eine Bemerkung, die ich als schweres Foul empfinde. Denn es ist ja so: Ich habe die Situation auf dem Gehweg als äußerst bedrohlich empfunden – für mich und insbesondere für meinen Kollegen. Und als Polizist muss man schnell reagieren. So ein Überfall ist schließlich keine Schreibtischlage. Deshalb lernen Polizistinnen und Polizisten die wichtigsten Vorschriften auch auswendig. Ich kann in einem solchen Moment ja nicht mal eben ins Gesetz gucken und nachschlagen, wie ich mich jetzt am besten verhalte. Das ist praxisfern und kann mitunter lebensgefährlich sein.

Ich antworte der Richterin: „Wenn Sie den Sachverhalt schon kennen, brauche ich ja nicht mehr auszusagen." Stille im Raum. Ich setze mich.

Sie fragt: „Wie lange waren Sie denn im Krankenhaus?"

„Überhaupt nicht", erwidere ich und entschließe mich, vielleicht doch erstmal der Reihe nach zu erzählen, was überhaupt passiert ist.

Aber aus irgendeinem Grund ist die Vorsitzende mir nicht wohlgesonnen. Ich weiß bis heute nicht, warum. Es herrscht eine angespannte Atmosphäre.

Ich erkläre ihr: „Ich habe einen Warnschuss abgegeben, damit der Angeklagte von seinem Tun ablässt. Ist ja auch gelungen, er hat seinen Schlagstock fallen lassen."

Sie entgegnet: „Schüsse zur Gefahrenabwehr sind aber nicht erlaubt."

„Das hat der Gesetzgeber aber anders entschieden", erwidere ich, „steht so im Polizeigesetz."

Das Ganze schaukelt sich immer weiter hoch, sie gibt zurück: „Der Schusswaffengebrauch war unrechtmäßig. Das Polizeigesetz habe ich hier nicht vorliegen."

„Hätte ich das gewusst", halte ich dagegen, „hätte ich Ihnen eines mitgebracht."

Dann schaltet sich der Staatsanwalt in die Diskussion ein, und schließlich unterbricht die Richterin die Verhandlung. Sie will einen neuen Termin festsetzen, fügt aber noch an mich gewandt hinzu: „Holen Sie mal Ihren Kollegen rein."

„Ich?", entfährt es mir. „Ich bin doch kein Justizbediensteter. Sie haben doch eine Sprechanlage."

Sie drückt auf eine Taste vor sich am Tisch und bittet Cash in den Saal. Er tritt ein. Ohne ihn zu begrüßen fragt sie gleich: „Wie oft haben Sie denn geschossen?"

Ich wende mich an Cash und teile ihm kurz mit: „Die Sitzung ist schon vertagt."

Zurück auf der Wache schreibe ich einen Kurzvermerk an meine Behörde und bitte darum, beim nächsten Termin von einem unabhängigen Prozessbeobachter begleitet zu werden.

Tatsächlich kommt ein paar Monate später zur Neuverhandlung ein Prozessbeobachter von der Bezirksregierung mit. Und dieses Mal läuft der Termin ganz geschmeidig ab. Das „Tischbein" wird verurteilt, der Mann ist kein unbeschriebenes Blatt und war bereits mehrfach vorbestraft.

Ob ich nun hätte schießen dürfen oder nicht, ist plötzlich gar kein Thema mehr in der Verhandlung. Aus heutiger Sicht denke ich, die Richterin hatte sich beim ersten Termin einfach vergaloppiert. Ich nehme ihr das nicht übel.

In meinen 40 Dienstjahren hatte ich das große Glück, dass ich nur Warnschüsse abgeben musste. Ich musste nie auf einen Menschen schießen – und es hat auch nie jemand direkt auf mich geschossen.

Getötet habe ich trotzdem. Während meiner Zeit beim SEK habe ich drei Hunde erschossen, bei drei verschiedenen Einsätzen. Angenehm war das nicht. Aber ich sage auch ganz klar: Wenn ich zwingend einen Hund erschießen muss, um meinen Auftrag zu erledigen, dann muss ich das eben tun. Denn leider steht das gefährlichere Ende meistens am anderen Ende der Leine.

Bei den drei Tieren handelte es sich um Kampfhunde, abgerichtet von ihren Besitzern und eingesetzt als Waffen. Derart trainiert können Hunde eine lebensbedrohliche Gefahr sein. Und die musste ich in dem Moment beseitigen – auch wenn es mir leidtat für die Tiere. Aber ein Aussteigerprogramm für Kampfhunde gibt es nun mal nicht.

Nicht gerade feinfühlig – das muss ich zugeben – reagierte ein Kollege im Westerwald, nachdem wir auf einen Rottweiler geschossen hatten. Der Hund gehörte einem bewaffneten Straftäter, den wir auf seinem Anwesen festnehmen wollten – ein großes, eingefriedetes Grundstück mitten in der Pampa mit angrenzenden Weiden und Damwild. Wir drangen gerade gewaltsam auf das Grundstück vor, wollten uns Zutritt zum Haus verschaffen, als uns drei große Rottweiler angriffen. Ich wollte sie mit Schüssen vertreiben, habe dabei den Wintergarten zerschossen und eine alte Bauernschrankwand durchlöchert. 60.000 D-Mark Schaden. Ein Kollege musste die Hunde schließlich mit mehreren Schüssen aus einer Jagdflinte töten.

Als die Besitzerin des Anwesens nach Hause kam und sah, was passiert war, fragte sie einen Kollegen von der Sachbearbeitung, ob sie wenigstens ihre Hunde mitnehmen könne. Der Kollege deutete hinter sich und antwortete: „Können Sie gern machen, liegen da vorne, sind in Teppiche eingewickelt."

Der Lebensgefährte der Frau konnte übrigens entkommen. Das ganze Haus in der Pampa war unterkellert, mit unterirdischen Gängen und möglichen Fluchtwegen. Als wir das sahen, dachte ich staunend: „Bin ich hier bei El Chapo?" Bürgerlich Joaquín Archivaldo Guzmán Loera, ehemaliger Boss des mexikanischen Sinaloa-Drogenkartells. Unser gesuchter Gewalttäter wurde dann ein paar Wochen später bei anderer Gelegenheit festgenommen.

Ob gegen Menschen oder Tiere – ich behaupte, kein Polizist setzt seine Waffe leichtfertig ein. Das beweist schon allein ein Blick auf die Zahlen. Wenn man sich vor Augen führt, zu wie vielen zigtausenden Einsätzen die Polizei pro Jahr in Deutschland gerufen wird und wie selten Menschen dabei durch Schusswaffen verletzt oder sogar getötet werden, dann gibt es Gott sei Dank verschwindend wenige Opfer – auch wenn jeder Fall einer zu viel ist. Aber: Wer mit einer Waffe durch die Gegend läuft, wer Gewalt gegen Dritte anwendet, wer Geiseln nimmt, der muss auch damit rechnen, dass die Polizei im äußersten Fall Gewalt gegen ihn anwendet.

Das allerdings ist nicht jedem von Natur aus gegeben. Und das ist ja auch grundsätzlich gut so. Ich freue mich für jeden, der gelernt hat, ohne Gewalt durchs Leben zu kommen. Der größte Teil der Polizeiarbeit hat auch nichts mit Gewalt zu tun, sondern mit Kommunikation, mit Menschen, mit Akten und Computern. Aber da, wo Situationen Spitz auf Knopf stehen, wo wir das Gewaltmonopol durchsetzen müssen, um andere zu schützen, da muss man als Polizist eben auch in der Lage sein, Gewalt zielgerichtet anzuwenden.

Unsere Gegenüber haben damit häufig weniger Probleme. Wer in schwierigen Verhältnissen aufwächst, wer sich schon als Jugendlicher regelmäßig prügelt, wer Gewalterfahrung mitbringt, die über Schulhofkabbeleien hinausgeht, der hat in seiner Vita einfach weniger Berührungsängste mit Gewalt.

Die allermeisten Menschen aber, die nach dem Abitur ihr Bachelorstudium beginnen, um Polizisten zu werden, haben diese Erfahrungen nicht gemacht. Natürlich brauchen wir bei der Polizei niemanden, der gewaltaffin ist. Wir müssen die Leute aber über die Aus- und Fortbildung so qualifizieren, dass sie über ihre Ratio gesteuert Fertigkeiten entwickeln, um auch mit einem kampfsporterprobten Straßenschläger umgehen zu können, wenigstens im Team. Und das erfordert gewisse körperliche und geistige Fähigkeiten.

Ich muss zuerst einmal einen Gefahrenradar ausbilden – das muss ich mühsam erlernen, vor allem, wenn ich behütet aufgewachsen bin und mit Gewalt im bisherigen Leben nichts zu tun hatte.

In Schulungen werden den angehenden Polizisten Eingriffstechniken vermittelt: Wie gehe ich vor? Was ist erlaubt? Welche Griffe sind besonders effektiv?

Bei der Polizei trainieren wir das zum Beispiel mit einem Vollschutzanzug. Wer den trägt, sieht aus wie eine wandelnde Litfaßsäule, er ist gut gepolstert und quasi unverletzlich. Man kann auf ihn einschlagen, wie man will – der merkt nichts.

Im Training lernt man auch, seine Hemmung abzulegen, so wie man es bei jedem Selbstbehauptungskurs beigebracht bekommt. Man lernt, dass jeder für sich eine Grenze ziehen muss, ab der es heißt: „Stopp, bis hierhin und nicht weiter." Aber wer den Mund spitzt, muss auch pfeifen können. Was tut man, wenn das Gegenüber die Grenze überschreitet? Wo liegt diese Grenze überhaupt? Ich sage es mal unelegant: Bei mir liegt sie in der *gefahrengeneigten Distanzunterschreitung.*

Als Schutzmann hatte ich früher immer mein Klemmbrett dabei, auf dem ich Dinge notiert habe. Wenn mir mein Gegenüber so nahe kam, dass ich über die obere Kante des Klemmbretts seine Füße nicht mehr sehen konnte, dann habe ich freundlich, aber deutlich gesagt: „Bleiben Sie einfach stehen." Wenn derjenige partout nicht hört, kommt irgendwann der Punkt, wo das Klemmbrett fallen muss, und dann musst du nach vorne gehen.

Wie hat es Kölns Oberbürgermeisterin Henriette Reker nach der verheerenden Kölner Silvesternacht 2015 formuliert? „Immer mindestens eine Armlänge Abstand." Der so genannte Reker-Meter. Nichts anderes ist das. Zwei Seifenblasen, die sich gegenseitig ausweichen, und wenn sie zusammenstoßen, platzen sie. Das kann man mit ein bisschen Voraussicht vermeiden – nicht immer, aber in vielen Fällen.

Zum Training bei der Polizei gehört der richtige und verantwortungsvolle Umgang mit der Waffe. Als ich 1978 anfing, ging es eigentlich nur darum, wie man die Waffe korrekt handhabt. Wie halte ich sie? Wie atme ich? Wie treffe ich? Der Schießstand war hundert Meter lang, sechs Meter breit, und man hat nur in eine Richtung geschossen: geradeaus auf die Zielscheibe. Eine klassische Laborsituation und längst nicht mehr zeitgemäß. Heute gibt es Trainingshäuser und Schießkinos mit szenischen Darstellungen.

Ich habe erst letztens im Fernsehen eine Reportage über eine norwegische Biathletin gesehen. Es wurde gezeigt, wie sie am Schießstand trainiert. Extrem eindrucksvoll. Biathleten müssen sich ja nicht nur mit Zuschauerlarm auseinandersetzen, sie stehen dazu unter Zeitdruck, hören und sehen beim Schießen die Geschosse der anderen neben sich – und müssen sich trotzdem konzentrieren, um auf 50 Metern Entfernung fünfmal ihr Ziel zu treffen. Und das proben sie im Training.

Der Trainer legte der Athletin eine lebende Schlange auf die Schulter, während die Sportlerin ihr Ziel anvisierte. In einer anderen Szene stand hinter ihr eine Heavy-Metal-Band, deren Sänger auf sie zukam, sie wurde von allen Seiten beschallt und bedröhnt. Und sie stand da mit dem Gewehr in der Hand und ließ sich nicht aus der Ruhe bringen. Auch nicht, als jemand ganz in Leder gekleidet und mit einer Peitsche in der Hand sie umgarnte, sich ihr näherte, sich vor ihr auf dem Boden wälzte und ihr sexuelle Avancen machte. Es mag blöd klingen, aber so hat das norwegische Team gearbeitet. Und das kommt unserem Training bei der Polizei methodisch schon sehr nahe.

In unseren Schießkinos werden Filme mit wechselnden Bildern auf eine Leinwand projiziert. Der virtuelle Gegner ist mal bewaffnet, mal unbewaffnet, mal hat er eine Axt, mal eine Schusswaffe und mal nur eine Taschenlampe in der Hand. Im Training lernt man, diese Bilder wahrzunehmen, schnell einzuordnen und angemessen zu reagieren. Und all das unter großem Stress, denn man will ja möglichst realistische Szenarien schaffen. „Lagen-Training" nennt sich das.

Es wird Krach produziert, Rauch, Hitze. Moderne Schießkinos sind mit riesigen Lautsprecherboxen ausgestattet, bei deren Anblick jeder Raver, der seine Anlage am Autobahnkreuz aufbaut, erblassen würde. Via Bluetooth kann der Trainer Anweisungen einsprechen, Hilfeschreie einspielen, laute Musik laufen lassen, um die Trainierenden abzulenken. Und sie müssen trotzdem in ihrer Aufgabe bleiben, müssen Ängste sowie optische und akustische Ablenkungen ausblenden. Und das wird wieder und wieder geübt, jedes Jahr in regelmäßigen Abständen. Es wird geprüft, beurteilt und nachbesprochen, damit die Abläufe im Ernstfall automatisiert abgerufen werden können – auch wenn natürlich jeder hofft, dass der Kelch an ihm vorübergeht und er oder sie niemals in eine Situation gerät, in der man die Waffe tatsächlich einsetzen muss. Denn dann haben wir in der Regel keine Trainer neben uns stehen, die uns sagen, was wir tun sollen. Und wir haben auch nicht – wie die Biathleten – immer fünf Schuss frei.

Ein Schusswaffengebrauch hat immer Folgen. Persönliche Folgen, juristische Folgen, oder beides. Aber selbst wenn festgestellt wird, dass du alles richtiggemacht hast, dass rechtlich alles in Ordnung war, trägst du trotzdem dein Leben lang eine Last mit dir herum – der eine mehr, der andere weniger. Das weiß ich von Kolleginnen und Kollegen, die geschossen und jemanden verletzt oder getötet haben. Alle waren davon nachhaltig beeindruckt. Und in gewisser Weise beruhigt mich das. Denn es beweist, dass wir alle Menschen sind. Es würde mich wundern, wenn jemanden so etwas überhaupt nicht berühren würde. Ich würde mich vor solchen Menschen ängstigen.

Obwohl es sehr individuell ist, wie schwer man an der Last trägt, einen anderen getötet zu haben, so gibt es doch eine Standardaussage: Die Harten brechen zuerst, der Bambus wiegt sich im Sturm. Im stärksten Wind bricht irgendwann auch die dickste Eiche, aber der Bambus nicht. Was ich damit sagen will: Es ist wichtig, die Situation anzunehmen und sich bestenfalls nicht erst mit den Folgen zu beschäftigen, wenn es zu spät ist, sondern möglichst schon im Vorfeld.

Es gibt zum Glück gute Hilfs- und Gesprächsangebote bei der Polizei für Kolleginnen und Kollegen, die belastende Situationen erlebt haben oder erleben. Das können auch Mitarbeiterinnen oder Mitarbeiter sein, die täglich gegen Kinderpornografie ermitteln und furchtbare Dinge erleben oder anschauen müssen. Oder Kolleginnen und Kollegen, die viel mit Leichen oder mit Sittendelikten zu tun haben.

Nicht zuletzt ist das eine wichtige Führungsaufgabe: Wie kümmere ich mich um meine Mitarbeiter? Wie gehe ich mit Kollegen um, die im Dienst einen Straftäter erschossen haben? Das beginnt mit der richtigen Sprache. „Du hast dem das Licht ausgemacht" ist ein Spruch, der nicht angebracht ist. „Du hast jemanden getötet" klingt milder, ist aber auch die falsche Perspektive. Der richtige Ansatz in meinen Augen ist: „Du hast zehn Geiseln gerettet".

Mindestens ebenso wichtig wie eine intensive Nachbetreuung ist die Vorsorge. Und auch darauf legt man bei der Polizei großen Wert. Besonders beeindruckend ist die Ausstellung „Grenzgang" in Selm, die alle Polizeibeamtinnen und -beamte in Nordrhein-Westfalen im Rahmen ihrer Aus- und Fortbildung besuchen können. Sie setzt sich mit den besonderen Anforderungen an den Polizeiberuf auseinander, zum Beispiel mit den Belastungen durch den Schichtdienst oder der Konfrontation mit Tod und Gewalt.

„Jede Polizistin und jeder Polizist muss sich damit auseinandersetzen", hat NRW-Innenminister Herbert Reul bei einem Medientermin über den „Grenzgang" gesagt. „Denn diesen Job legt man bei Feierabend nicht einfach ab. Den nimmt man mit nach Hause, und es braucht eine gesunde Psyche, um das Erlebte zu verarbeiten."

Darüber sollte sich jeder, der zur Polizei möchte, vorher im Klaren sein. So müssen alle Studierenden zu Beginn ihrer Laufbahn einen Diensteid ablegen. Darin heißt es:

„Ich schwöre,
dass ich das mir übertragene Amt
nach bestem Wissen und Können verwalten,
Verfassung und Gesetze befolgen und verteidigen,
meine Pflichten gewissenhaft erfüllen
und Gerechtigkeit gegen jedermann üben werde."

Auf einer Schautafel im „Grenzgang" steht geschrieben, was der Diensteid auch bedeutet. Und dem ist aus meiner Sicht nichts hinzuzufügen:

„Ich bin bereit …

… da zu sein, wenn andere in Angst erstarren, sich zitternd abwenden oder in Panik flüchten.

… meine Gesundheit und mein Leben zu riskieren, um die Sicherheit anderer zu gewährleisten.

… im Ernstfall auf einen Menschen zu schießen und gegebenenfalls zu realisieren: Ich habe getötet.

… im Einsatz für das Gute auch immer wieder dem Bösen zu begegnen.

… in der Rolle des Helfers auch mein Scheitern auszuhalten.

… den Verführungen der mir übertragenen Macht zu widerstehen.

… immer wieder eigene Interessen und Menschen, die mir nahe stehen, zu vernachlässigen und gegebenenfalls auch deren Verlust zu ertragen.

… bei alledem auf Dank und Wertschätzung der Öffentlichkeit weitgehend zu verzichten."

6

Fahnderglück

Drei Festnahmen an einem Tag

*A*rtur Tybussek ist Jurastudent und Mitte 20, als er seine Hospitation bei der Staatsanwaltschaft in Köln beginnt. In der Regel landen die Referendare in der Abteilung für allgemeine Kriminalität. Ladendiebstähle, Raubüberfälle, Schlägereien, solche Dinge. Aber dank privater Beziehungen gelangt Tybussek in die Kapitalabteilung, zuständig für Mord, Totschlag und Branddelikte. Das ist ungleich spannender.

An jenem Tag im Sommer 1986 wird Tybussek dem jungen Polizeiobermeister Volker Lange zur Seite gestellt. Lange, ebenfalls Mitte 20, steckt gerade im Studium zum Kommissar bei der Schutzpolizei. Er absolviert seine Lehrstation im Kommissariat für Todesermittlungen, dem „Ersten K". Sein Auftrag an diesem Tag: Spuren abklären nach einem Mord in Bickendorf, ein bisschen herumfragen, sich umhören. Die Bilanz am Ende des Tages: drei Festnahmen – zwei Mörder und ein Vergewaltiger.

Tybussek, im Jahr 2021 ein renommierter Rechtsanwalt in Köln, hat auch 35 Jahre später kaum ein Detail vergessen. „Es war einer der aufregendsten Tage in meinem Leben", sagt er. „Es war wie ,Tatort' live, ich hatte die ganze Zeit schwitzige Finger."

Jeden Morgen trafen sich die Ermittlerinnen und Ermittler des „Ersten K" zur Frühbesprechung. Man muss sich einen großen Raum vorstellen, in der Mitte ein Tisch, drum herum die Kolleginnen und Kollegen, und dann wurden die Arbeitsaufträge verteilt.

Ich war der Praktikant in der Runde. Zwar schon seit acht Jahren im Polizeidienst, aber bislang immer auf der Straße unterwegs. Ich wollte in den Dienstrang des Kommissars aufsteigen, und dazu gehörte studienbegleitend eine mehrmonatige Hospitanz bei der Kripo. Als Schutzpolizeibewerber fand ich es durchaus spannend, mal in die Arbeit des „Ersten K" hineinschnuppern zu können. Aber ehrlich gesagt war es nicht das, was ich langfristig machen wollte. Ich wollte mich nie um Leichen und die Aufklärung von Mord und Totschlag kümmern. Ich wollte am liebsten Schutzmann sein – und verhindern, dass jemand stirbt. Positiv denken.

Nicht falsch verstehen: Es ist natürlich wichtig, dass es Kolleginnen und Kollegen gibt, die ermitteln und dazu beitragen, Straftäter vor Gericht zu stellen. Aber ich hatte einfach keinen großen Spaß daran. Am Computer zu arbeiten und Erkenntnisse zusammenzupuzzeln, reizte mich nicht. Im Wesentlichen fand ich das langweilig. Ich wollte lieber an die frische Luft, draußen sein, mit Menschen zu tun haben. Mittendrin sein.

In einer Frühbesprechung im Sommer des Jahres 1986 ging es um einen Mord in Bickendorf, Teichstraße 10, nahe der Äußeren Kanalstraße. Der Mieter hatte tot in seiner Wohnung gelegen. Es wurde eine Mordkommission gebildet und der Fall einem meiner beiden Tutoren zugeteilt. Sie hießen beide Klaus und waren zwei sehr erfahrene Ermittler, mit denen ich mir ein Büro teilte.

Das Opfer war am Tisch sitzend mit einem Geschirrtuch stranguliert worden. Die ersten Ermittlungsansätze klangen schon recht vielversprechend: Der Mann war Alkoholiker und verkehrte im Kölner Starktrinkermilieu – und er hatte Kohle. Er war

30. Juli 1986: Hospitation bei der Mordkommission.

erst vor kurzem mit einer ordentlichen Abfindung aus seinem Betrieb ausgeschieden. Hatten wir hier schon unser Mordmotiv?

Die Mordkommission legte eine so genannte Spurenakte an, unter anderem mit Zeugenbeobachtungen zur Tatzeit und allgemeinen Aussagen von Nachbarn über den Toten. Bei diesen Befragungen waren zwei Namen von möglichen Tatverdächtigen gefallen. Menschen, mit denen das Opfer offenbar enger zu tun hatte. Und wie das nun mal so ist: Die undankbaren Aufgaben kriegen die Praktikanten. „Das ist was für dich, zum Üben", hörte ich von meinen Tutoren. Ich sollte zum Einwohnermeldeamt fahren, mir die Ausweiskopien der Verdächtigen heraussuchen lassen, sie abfotografieren, Repros erstellen lassen und dann mal ein bisschen rumhorchen, wo sich diese beiden Männer aufhalten könnten.

Heute recherchiert man zuallererst einmal bei Google, Facebook, Instagram und anderen öffentlich zugänglichen Quellen im Internet. Schaut, ob man auf die Schnelle schon Infos und Bilder findet. Aber das gab es damals noch nicht, also fuhr ich – ganz Old School – zur Stadtverwaltung in die Johannisstraße.

Es war Freitagmittag, und das Einwohnermeldeamt war leer, bis auf eine Putzfrau. Ich versuchte, ein paar Leute ans Telefon zu bekommen, kriegte aber niemanden. Schließlich rief ich den Chef des Einwohnermeldeamtes an. Er war ziemlich neu auf diesem Posten und kannte die Abläufe noch nicht – aber die sollte er jetzt kennenlernen. Er war zwar auch schon zu Hause, kam aber umgehend wieder raus – und dann standen wir zu zweit da und wussten nicht weiter.

Der Sachbearbeiter, der den Schlüssel für die riesigen Kurbelregister mit den Karteikarten hatte, war schon im Feierabend, sein Schreibtisch abgeschlossen. Wir konnten ihn nicht anrufen, weil wir seine Telefonnummer nicht kannten. Unter einigen Mitarbeitern des Amtes war es damals üblich, die eigenen Meldeeinträge für Auskünfte sperren zu lassen, so dass wir ad hoc keine Chance hatten, an seine Anschrift oder seine Festnetznummer zu gelangen. Es war ein bisschen so wie heute in mancher KFZ-Werkstatt: Freitag ab eins macht jeder seins. Da schraubt man lieber am Auto des Kollegen herum, die Fahrzeuge der Kunden können ja auch bis Montag warten.

Unsere einzige Chance war der Schreibtisch. Wir hofften, darin irgendwelche Anhaltspunkte zu finden, wie wir den Mitarbeiter erreichen konnten. Der Amtsleiter rüttelte an dem Tisch. Ich legte mich darunter, prüfte, ob man vielleicht die Schublade herausziehen konnte. Bei einem Schrank ist das einfach: Den ziehe ich von der Wand weg und nehme die Rückwand ab, die ist ja nur getackert. Aber das hier war komplizierter.

„Kriegen Sie den auf?", fragte der Amtsleiter.

Ich zuckte mit den Schultern. „Klar kriege ich den auf." Dann eben mit Gewalt.

In einer Schublade fanden wir persönliche Unterlagen, Listen und eine Telefonnummer. Darunter erreichten wir die Ehefrau des Sachbearbeiters. Ihr Mann sei Tennis spielen, sagte sie, in Chorweiler.

Ich erklärte ihr: „Ich ermittele in einem Mordfall, der Amtsleiter ist bei mir. Wir müssen Ihren Mann dringend sprechen."

Sie fragte: „Wie kann er Sie denn erreichen?"

Ich antwortete: „Er soll seine Dienstnummer anrufen, wir stehen in seinem Büro."

Die Frau rief im Tennisclub an, ließ ihren Mann ans Telefon holen, und ein paar Minuten später meldete er sich bei uns. Er klang ungehalten, mürrisch. Sagte, er hätte Feierabend und schon ein Bier getrunken, er könnte jetzt nicht kommen – und woher wir überhaupt seine Nummer hätten. Ich reichte den Hörer an seinen Chef weiter, und der machte seinem Mitarbeiter Dampf: „Wenn Sie Ihren Job behalten wollen, setzen Sie sich jetzt in ein Taxi und kommen sofort hierher." Aber der fing doch tatsächlich noch an zu diskutieren, wer das Taxi bezahlt. Der Amtsleiter reagierte cool: „Vielleicht brauchen Sie demnächst auch gar nicht mehr hierher zu kommen."

Um es kurz zu machen: Wenig später tauchte der Mann in seinem Büro auf. Schlecht gelaunt öffnete er uns den Raum zum Register, und ich bekam endlich meine Bilder. Ich brachte die Fotos zur Kripo, wo sie im Fotolabor aufbereitet wurden, und mit den Repros machte ich mich auf die Suche nach Informationen über die beiden Mordverdächtigen.

Dabei war ich nicht allein. Ein Jurastudent half mir, er absolvierte sein Referendariat bei der Staatsanwaltschaft und durfte dem „Ersten K" ein paar Tage über die Schulter schauen. Sein Name: Artur Tybussek. Ein freundlicher Mann, etwa in meinem Alter. Er ein geborener Kölner, ich Wahlkölner aus dem Ruhrgebiet – wir haben uns auf Anhieb gut verstanden.

Freitagnachmittag sollte im „Ersten K" noch eine kleine Feier steigen.

Das war nicht unüblich, so endete die Woche im Kommissariat für Todesermittlungen seinerzeit häufig. Es wurde bei diesen Gelegenheiten ein bisschen was getrunken und die Einsätze der Woche „nachbereitet". Meistens war auch der zuständige Staatsanwalt für Kapitaldelikte dabei, Karl Utermann, ein sehr umtriebiger Typ. Artur und ich waren selbstverständlich auch eingeladen, aber zuerst wartete noch Arbeit auf uns.

Die beiden Verdächtigen hatten keinen festen Wohnsitz. Auch sie verkehrten, wie das Mordopfer, im Alkoholikermilieu. Ich holte mir ein Auto aus dem Fahrzeugpool des Präsidiums, einen schwarzen Granada, der eigentlich dem Leiter der Kripo zugewiesen war. Aber das „Erste K" durfte den Wagen freundlicherweise auch manchmal benutzen.

Bei einem Mordfall geht man grundsätzlich gerade am Anfang mit möglichst viel Personal ran. Denn in diesem frühen Stadium sind nicht nur die Spuren am Tatort noch frisch, sondern auch die Erinnerungen der Zeugen. Es gilt, sie zu befragen, idealerweise bevor nähere Infos zur Tat in der Zeitung stehen und die Zeugen sie möglicherweise später als eigene Beobachtungen verkaufen könnten. Das muss nicht mal böse Absicht sein. Es kann leicht passieren, dass sich die eigene Wahrnehmung mit der Berichterstattung aus den Medien vermischt – und man am Ende selbst nicht mehr so genau trennen kann, was man aus eigener Anschauung beitragen kann und was man nur aus dem Fernsehen weiß.

Artur und ich fuhren nach Ehrenfeld. Wir hatten die Fotos der mutmaßlichen Mörder dabei und steuerten ein Büdchen auf der Venloer Straße an. Der Besitzer hieß in der Szene nur „Porno". Er verlieh Schmuddelheftchen unter der Ladentheke und kassierte dafür eine Kaution. Kamen die Hefte sauber zurück, bekam man die Hälfte wieder. Wenn nicht, war das ganze Geld weg. Der Kioskmann warf einen Blick auf unsere Fotos und gab uns einen Tipp: Demnach hielten sich die beiden Gesuchten hin und wieder an der Hundewiese hinter dem St. Franziskus-Hospital auf, an der Subbelrather Straße, Ecke Ehrenfeldgürtel. Denselben Hinweis hatten wir auch schon von anderen bekommen.

Also fuhren wir hin, alle Sinne waren geschärft. Ich sah eine Person, die sich an einem Kiosk Bier kaufte. „Das ist der doch!", sagte ich zu Artur. Ich parkte den Granada und entwarf ein schnelles Konzept. Schob den Beifahrersitz nach vorne und breitete auf dem Rücksitz dahinter einen Stadtplan aus. Als der Verdächtige an uns vorbeiwackelte, sprach ich ihn an: „Sind Sie Kölner?" Er war völlig arglos, das war meine Chance. Ich stieß ihn auf den Rücksitz, schnallte ihn an, schob den Beifahrersitz wieder nach hinten und nagelte ihn so an der Sitzbank fest. Dann hielt ich ihm meine Kriminalmarke vor die Nase: „Sitzenbleiben!" Ich rief eine Streife zur Unterstützung, die ihn mitnahm.

Aus einer Telefonzelle informierte ich das „Erste K". Ich sprach mit meinem Ausbilder und hörte im Hintergrund Staatsanwalt Utermann, den wegen seiner bissigen Art alle den „Terrier" nannten: „Zehn Liter für den Anwärter!", rief Utermann begeistert.

Mein Ausbilder raunte ihm zu: „Der Lange ist ein Schupo, aber ein blindes Huhn findet auch mal ein Korn."

Artur und ich verließen die Subbelrather und entdeckten nur wenig später auf der grünen Wiese auch den anderen Verdächtigen. Und auch diese Festnahme verlief völlig unspektakulär. Der Mann war vollkommen überrumpelt und ließ alles mit sich geschehen. Wir packten ihn ein und beschlossen, ihn selbst zum Polizeipräsidium zu bringen. Man muss dazu sagen: Er war leicht alkoholisiert, langsam in seinen Bewegungen, und er folgte meinen klaren Anweisungen ohne Widerworte. Bei einem 40-jährigen, muskelbepackten Türsteher hätte ich Verstärkung geholt.

Auf dem Weg zum Waidmarkt fuhren wir über die Aachener Straße stadteinwärts, als mir in Höhe des Aachener Weihers ein Auto auffiel. Es stand am rechten Fahrzeugrand, etwa dort, wo heute der Biergarten ist. Aus dem Augenwinkel erkannte ich, wie jemand schreiend vom Auto weglief, die Wiese hoch in den Park hinein. Eine Frau. Ein Mann rannte ihr hinterher. Diese Stelle im Unterholz, gleich neben den Gleisen der Deutschen Bahn, war damals wie heute ein beliebter Treffpunkt für unkomplizierten Freiluftsex. Aber das hier sah mir nicht nach einem gewöhnlichen Date aus.

Über Funk informierte ich die Wache. Ich fuhr noch 150 Meter weiter bis zur Kreuzung Richard-Wagner-Straße/Moltkestraße, machte eine Vollbremsung und einen U-Turn und fuhr auf den Straßenbahngleisen, die ins Pflaster eingelassen waren, entgegen der Fahrtrichtung zurück zum Weiher und über die Wiese hoch bis zu dem Gebüsch. Hinter mir auf der Rückbank Artur, neben ihm der Mörder, sichtlich eingeschüchtert. Man wird ja auch nicht jeden Tag im Auto über Stock, Stein und Wiese gefahren.

Ein Streifenwagen war schnell zur Stelle. Die Kollegen zerrten den verdächtigen Mann von der Frau weg und nahmen ihn fest. Sie war eine Tramperin aus Schweden und lange bei ihm mitgefahren. Am Ende der Reise war er zudringlich geworden, wollte ihr Gepäck nur gegen Sex herausgeben. Jetzt erwartete ihn ein Strafverfahren wegen versuchter Vergewaltigung.

Artur und ich lieferten unseren Gefangenen im Präsidium ab, beide Verdächtige wurden übrigens später wegen Mordes verurteilt. Mein Tutor war ein bisschen angesäuert, weil seinem Schutzmann im Praktikum gleich drei Festnahmen in ein paar Stunden gelungen waren. Aber was soll ich sagen? Es war das Glück des Tüchtigen, so würde ich es mal nennen. Und ich hatte ja engagierte Unterstützung.

Staatsanwalt Utermann hätte am liebsten gleich die Anklageschrift geschrieben, der war immer schnell bei so was. Und ich war natürlich glücklich. Das ist ja eine schöne Sache. Natürlich wird durch eine Festnahme kein Mensch mehr lebendig. Aber man hat immerhin zwei Drecksäcke von der Straße geholt. In diesem Fall sogar drei.

„Zum Bier noch einen Doppelkorn", freute sich auch Staatsanwalt Utermann und zahlte die versprochenen zehn Liter in den allgemeinen Fetenfonds des „Ersten K" ein.

Artur hatte sich sehr gut geschlagen. Er fand das alles wahnsinnig spannend. Dass er neben einem Mörder im Auto saß, hatte ihm nichts ausgemacht. „Hätte der Typ mir was getan, hätte ich ihm ein paar hinter die Ohren gegeben", sagte er später einmal. Und das glaube ich ihm sofort.

Nach diesem denkwürdigen Tag verloren Artur und ich uns für viele Jahre aus den Augen. Über Umwege erfuhr ich aber immerhin, dass unsere gemeinsamen Erlebnisse ihn schwer beeindruckt hatten. So schwer, dass er seinen Kommilitonen in einer Arbeitsgemeinschaft die ganze Räuberpistole nochmal ausführlich erzählte. In dieser AG war auch ein Studienfreund meiner Frau. Und der berichtete uns, Artur habe von seinem Praktikum beim „Ersten K" geschwärmt, vor allem von den drei Festnahmen mit einem Schutzmann.

„Und?", wollte ich wissen, „hast du ihn gefragt, wer dieser Schutzmann war?"

„Nein, er meinte nur: so ein junger, dynamischer mit einem Granada."

Genau 32 Jahre später liefen Artur und ich uns das nächste Mal über den Weg. Es war der Beginn der Karnevalswoche 2018. Wie jedes Jahr am Montag vor Weiberfastnacht stattete das amtierende Dreigestirn der Polizei einen Besuch im Präsidium ab. Das ist in Köln Tradition. In dieser Session stellte die Nippeser Bürgerwehr das Trifolium, und der Präsident der Bürgerwehr war: Artur Tybussek. Eigentlich nur logisch. Wer schon in jungen Jahren zwei Mörder festgenommen hat, der *muss* ja irgendwann Präsident der Bürgerwehr werden.

Im Foyer machten Fotografen Bilder vom Dreigestirn mit dem Polizeipräsidenten und mit der überlebensgroßen Puppe von „Oskar, dem freundlichen Polizisten". Tybussek war auch da.

Ich ging zu ihm: „Wir beide müssen auch noch ein Foto zusammen machen", sagte ich.

Er starrte mich an, sah verwirrt aus. „Warum?"

„Ich bin der junge, dynamische Fahrer mit dem Granada."

Und da wusste er sofort Bescheid. „Das gibt's ja nicht", rief er, „da träume ich heute noch von. Jedes Mal, wenn ich am Aachener Weiher vorbeifahre, habe ich sofort die Bilder von damals wieder im Kopf."

Staatse Käls: Artur Tybussek (l.)
und Volker Lange (r.)
im Polizeipräsidium 2018.

7

Das Gladbecker Geiseldrama

Journalisten außer Rand und Band

Die Rechtsanwaltsgehilfin Silke Bischoff aus Bremen ist 18 Jahre alt, als sie am Mittag des 18. August 1988 im Kugelhagel auf der Autobahn 3 bei Bad Honnef stirbt. Getroffen wohl von einem Projektil aus der Waffe von Hans-Jürgen Rösner – auch wenn der Geiselgangster das später vor Gericht bestreitet. Polizeiobermeister Volker Lange hospitiert an jenem Sommertag bei den Spezialeinheiten der Kölner Polizei.

Unmittelbar nach den Schüssen des SEK, die das Drama um die beiden Geiseln Silke Bischoff und Ines Voitle beenden, trifft Lange mit einem Kollegen am Tatort auf der Autobahn ein. Bischoff liegt leblos auf dem Asphalt, ein SEK-Mann versucht, sie zu reanimieren – vergeblich.

Ein paar Meter weiter, hinter der Absperrung, wechselt ein Fotograf sein Objektiv. Er sagt: „Warum haben die nicht die Dicke erschossen? Guck dir doch mal die Kleine an, dem Knackarsch könnte ich jetzt noch einen verbraten." Lange schießen Tränen in die Augen. Er dreht sich um und geht. Er hätte sich sonst strafbar gemacht, sagt er heute. So viel Zynismus. So viel Verachtung.

Der Gladbeck-Einsatz hat mein Bild von Journalisten nicht *geprägt*, so weit würde ich nicht gehen. Er hat es jedoch angereichert.

Aber zunächst mal eins nach dem anderen. Im August 1988 hatte ich mein Fachhochschulstudium fast beendet. Ich war 27 Jahre alt und Beamter auf Lebenszeit. Vier Wochen noch, dann sollte ich zum Kommissar ernannt werden und meine erste Führungsfunktion im gehobenen Dienst bei der Polizei übernehmen. Aber erst stand noch mein Abschlusspraktikum an. Praktikum bedeutet: reinschnuppern, sich umsehen. Man muss keine Prüfungsleistung erbringen. Sehr angenehm eigentlich.

Ich wollte bei den Spezialeinheiten hospitieren, also beim SEK (Spezialeinsatzkommando) oder MEK (Mobiles Einsatzkommando). Die einen sind in erster Linie zuständig für geplante Festnahmen von gefährlichen Personen in statischen Lagen, also zum Beispiel von Geiselnehmern in einer Bank oder bewaffneten Straftätern, die sich in einer Wohnung verschanzt haben. Aber auch für terroristische Lagen. Der Zugriff durch ein MEK dagegen erfolgt meistens in mobilen Situationen, also wenn die Zielperson unterwegs ist. Kernaufgabe eines MEK ist daher neben Festnahmen auch die Observation.

All das fand ich spannend. Als langjähriger Streifenpolizist in der Großstadt hatte ich den einen oder anderen Einsatz von Spezialeinheiten am Rande mitbekommen – und hatte sofort Feuer gefangen. Das SEK ist die Ultima Ratio der Polizei. Nach dem SEK kommt keiner mehr. Wenn *die* nicht reingehen – dann niemand. Ich freute mich riesig über die Zusage für die Hospitation.

Am 14. August zog ich mit einem MEK und mit Trainern des SEK in die Eifel, um dort eine Weile im Wald zu leben. Das ist Teil der Ausbildung, SE-Beamte müssen sich schließlich in allen Topografien bewegen können. Und das kann ja nicht jeder. Sagen Sie mal einem, der in der Land- und Forstwirtschaft groß geworden ist, er solle mit dem ÖPNV nach Köln-Chorweiler fahren und in der Florenzer Straße 6 auf die 22. Etage gehen. Der hat im Zweifel überhaupt keine Ahnung, wie er dahin kommt, was ÖPNV bedeutet – oder wo er seinen Trecker parken soll. Umgekehrt weiß jemand, der in der Großstadt geboren ist, vielleicht, wie man sich in Hochhausschluchten bewegt. Aber im Wald könnte er keine Woche allein überleben. Also trainiert man das.

Es gibt immer wieder Einsätze, die ein SEK in den Wald führen. Ich erinnere mich an eine Lage im Loßheimer Graben an der belgischen Grenze. Ein Unbekannter hatte mit einer Langwaffe auf einen Jäger geschossen und ihn knapp verfehlt, die Kripo ermittelte wegen eines versuchten Tötungsdelikts. Mein SE-Kommando musste sich eine Weile mitten in der Walachei auf die Lauer legen, hat später ein Haus gestürmt und schwer bewaffnete Täter festgenommen.

Ein anderes Beispiel: Wenn ein Spaziergänger ein Schusswaffendepot entdeckt, mitten im Wald, daneben ein verstecktes Motorrad in den Büschen, vielleicht zur Verbrechensvorbereitung, und der Spaziergänger die

Polizei alarmiert – dann wird ein SEK geholt. Die Kollegen verposten das Motorrad, beobachten also, ob jemand die Maschine oder die Tasche mit den Waffen abholt. Und wenn man nicht weiß, wie lange das dauern kann, ob Stunden, Tage oder vielleicht Wochen, dann ist so etwas durchaus eine große Operation. Man muss damit rechnen, dass der oder die Täter das Umfeld beobachten. Also überlegt man sich vorher: Unter welcher Legende fahre ich in den Wald? Muss ich mir ein passendes Fahrzeug besorgen? Ich kann schlecht eine gepanzerte S-Klasse hinter einem Baum parken und mich auf die Lauer legen. Vielleicht ist es nötig, mit dem Trecker eines Bauern hinzufahren. Oder sich von ihm absetzen zu lassen. Oder zu dritt zu einem Spaziergang mit Hund aufzubrechen, und einer bleibt unauffällig zurück. Wie auch immer.

Es gibt einen einfachen Spruch: Was im Frieden nicht geübt, wird im Krieg mit Verlust bezahlt. Und deshalb geht man bei den Spezialeinheiten eben zur Vorbereitung in den Wald, schläft ein paar Tage da, lebt da. Man lernt, sich zu verstecken, leise zu sein, sich unsichtbar zu machen. Man darf sein Funkgerät nicht offen haben, sondern muss einen Knopf im Ohr tragen. Muss daran denken, die Klingeltöne und den LED-Blitz am Handy auszustellen, sollte im Dunkeln nicht auf ein hell erleuchtetes Display starren. Man verbirgt sich unter Tarnnetzen, bemalt sich das Gesicht in Camouflagefarben oder trägt Tarnkleidung. Ein Kollege musste sich bei einer Übung mal sieben Stunden lang unter dichtem Tannenzeug verstecken. Als er wieder aufstand, steckten ihm 13 Zecken im Körper. Da hatte er nicht nur seinen Spitznamen im Kommando weg, er bekam später auch ein T-Shirt von uns mit einer Zecke darauf und der Aufschrift: „Zecke go!" Auf jeden Fall sollte man immer eine Flasche dabei haben, falls der Einsatz in einem Versteck sich mal in die Länge zieht. Toiletten gibt es im Wald nicht.

Ein äußerst effektives Versteck ist die so genannte Birne: Man hebt eine Grube aus, so groß, dass eine Person, der Beobachter, darin sitzen und seine Beine ausstrecken kann. Nur sein Kopf ragt später noch aus dem fertigen Loch. Man baut ihm einen bequemen Sitz aus Tannengeflecht und lässt genug Platz, damit der Kollege bei Bedarf unter der Erde seine „Toiletten-Flasche" benutzen kann. Sobald er Platz genommen hat, schüttet der Rest des Kommandos die Grube wieder zu und stülpt ihm einen leeren Gurkeneimer mit kleinen Gucklöchern über den Kopf. Der Eimer wird – bis auf die Löcher – mit Rinde beklebt und sieht dann im Idealfall aus wie ein harmloser Baumstumpf.

Training der Spezialeinheiten 1990 im Wald: Bis zum Hals in der Erde, Eimer drauf, Rinde dran, und fertig ist das Versteck – die „Birne".

Die Kunst ist, das Umfeld nach dem Eingraben unauffällig zu hinterlassen – rund um das Loch sollte es so natürlich wie möglich aussehen. Tja, und dann wartet die „Birne", bis sich etwas tut und meldet es weiter.

Manchmal muss man eben tief graben und viele Steine umdrehen, um einen Gewalttäter zu fassen – oder auch Terroristen. Christian Klar zum Beispiel wurde mit solchen Taktiken überführt, als er 1982 ein geheimes Erddepot der RAF mit falschen Pässen, Waffen und Bargeld im Sachsenwald bei Hamburg aufsuchte. Die Polizei wusste von dem Versteck und hatte es überwacht. Als Klar auf der Bildfläche erschien, wurde er festgenommen. Heutzutage wird natürlich bei Observationen viel mehr Technik angewandt als damals.

Nebenbei bemerkt: Schlafen ist auch etwas, das man beim SEK lernt. Planmäßiges Schlafen. Während eines längeren Einsatzes hat man immer mal wieder kurze Ruhephasen, manchmal nur eine Stunde, in der man sich ausruhen muss, um danach wieder topfit zu sein. Ich kann heute noch auf Knopfdruck schlafen, egal wo. Wenn mir jetzt einer sagt: Du musst pennen, sofort, dann nehme ich mir ein Kissen, lege mich an der erstbesten Stelle hin und schlafe ein. Überhaupt kein Problem. Ich kann mich gut runterfahren. Ich trage auch seit 20 Jahren keine Uhr; ich weiß immer grob, wie spät es ist. Wenn ich um 6 Uhr aufstehen muss, wache ich um 5:45 Uhr auf, ohne Wecker. Ich brauche ohnehin nicht viel Schlaf. Im Sommer sitze ich manchmal schon um fünf im Garten, die Füße hochgelegt, und höre den Vögeln zu. Dabei kann ich wunderbar entspannen. Das ist für mich wie Schlafen. Ich kenne in meiner Siedlung jeden Specht beim Vornamen.

Bei so einer Trainingseinheit im Wald genießt man natürlich gewisse Annehmlichkeiten: Man hat ein Zelt dabei, eine Pritsche zum Schlafen, man darf ein sichtbares Feuer machen. Es ist alles in allem ein bisschen wie bei den Pfadfindern: Man macht gemeinsame Erfahrungen in einer kleinen Gruppe, und das schweißt zusammen. Und Spaß macht es auch.

Wissen Sie zum Beispiel, wie man eine Forelle mit bloßen Händen fängt? Vor meiner Hospitanz in der Eifel wusste ich das nicht. Die SEK-Trainer hatten in einen Bachlauf an zwei Stellen Netze eingehängt. Dazwischen wurden hundert Forellen reingesetzt. Und wir sollten uns unser Abendessen dann mit der Hand fangen. Es gibt herrliche Bilder, auch von mir, wie wir da so im Bach stehen und alles Mögliche versuchen. Einer legt sich am Rand auf eine Isomatte und greift nach den Forellen, immer wieder aufs

Neue. Keine Chance. Man kriegt die nicht zu fassen. Der zweite springt stumpf mittenrein ins knietiefe Wasser, langt nach den Fischen, erwischt aber auch keinen. Also, wie geht man vor?

Man legt seine Hand flach auf den Bachgrund, spreizt die Finger, wartet – und wenn eine Forelle über die Hand schwimmt, zieht man sie blitzschnell hoch und wirft den Fisch an Land. Ähnlich macht es auch der Bär, der fängt die ja auch nicht nur mit den Zähnen.

Dann nimmt man eine Tageszeitung, befeuchtet sie, tötet die Forelle mit einem Schlag auf den Kopf, nimmt sie aus, wickelt sie in das nasse Papier und legt sie darin ins offene Feuer. Nach einer Viertelstunde holt man sie wieder raus. Das Papier ist jetzt außen verkohlt, hat aber nicht gebrannt. Man schneidet auf der Bauchseite der Forelle die Zeitung auseinander und klappt sie auf. Die Haut bleibt am Papier kleben, und man hat die Filets vor sich.

Über das Feuer hängten wir einen Blechtopf mit drei Kilo Kaffee und zwei Kilo Zucker. Das Feuer blieb drei Tage an. Wir haben jeden Morgen einen Eimer Wasser in den Topf gekippt und unseren Kaffee getrunken. Klar, der wurde immer stärker mit der Zeit. Aber das passt schon. Man gewöhnt sich dran.

Mitten in unserer Ausbildung in der tiefsten Eifel lief am 16. August 1988, einem Dienstag, in ungefähr 200 Kilometern Entfernung die Geiselnahme von Gladbeck an. Um 7:55 Uhr drangen Hans-Jürgen Rösner und Dieter Degowski in die Filiale Schwechater Straße 38 der Deutschen Bank im Stadtteil Rentford-Nord ein. Nach stundenlangen Verhandlungen mit der Polizei erhielten sie 300.000 DM und ein Fluchtfahrzeug, in dem sie um 21:45 Uhr mit zwei Bankangestellten als Geiseln losfuhren. Zuerst nach Hagen, dann weiter nach Bremen.

Unser MEK in der Eifel wurde alarmiert. Die Kollegen begaben sich sofort in den Einsatzraum; wir haben unterdessen erstmal den Wald aufgeräumt. Haben den ganzen Krempel zusammengepackt, das Zelt abgebaut, auf einen LKW verladen und sind zurückgefahren zur damaligen Dienststelle der Spezialeinheiten in Köln an der Gaedestraße. Eines muss man ja sagen: Die Ausbilder achten schon sehr genau darauf, dass man bei diesen Übungen im freien Gelände keinen Flurschaden anrichtet. Die sind da

1990: Während der SEK-Grundausbildung muss man im Training so manches Hindernis überwinden: Volker Lange in 40 Metern Höhe an einer Talsperrenwand in der Eifel.

äußerst penibel. Ich kenne einen Ausbilder, der könnte von seiner Akkuratesse her auch Hochzeitsplaner sein.

Auf der Dienststelle war Holland in Not. Alle waren beschäftigt, es war wuselig, jeder sprach über Gladbeck. Ich zog mich um, duschte und fuhr nach Hause zu meiner Frau Susanne. Wir wohnten damals in der Ehrenstraße, Ecke Friesenwall. Ich stellte den Fernseher an, fand das alles sehr aufregend. Ganz Deutschland saß ja damals vor der Glotze.

An jenem Abend des 17. August sah ich im ZDF, wie Rösner in Bremen neben dem Bus stand und zu einem Reporter sagte: „Dann knallt's da drinnen. Vor allem mein Kumpel ist brandgefährlich, und das Letzte ist dann ... ", Rösner schob sich zur Andeutung den Lauf seiner Pistole in den Mund.

Mein Telefon klingelte. Ein Kollege von der Dienststelle war dran: „Komm her, wir gehen in den Einsatz." Ich wurde gebraucht. Wobei, was heißt gebraucht? Ich sollte zugucken, ich war ja nur der Hospitant. Dachte ich.

Ich lief runter auf den Hohenzollernring und winkte ein Taxi heran. Das war schon mal einigermaßen professionell. Ich wollte nicht mit dem eigenen Auto fahren. Warum soll ich mich stressen, wenn ich in den Einsatz gehe? Ich zeigte dem Fahrer meinen Dienstausweis und sagte: „Mach mal Späne", und er ist unter grober Berücksichtigung der Rot- und Grünphasen über den Chlodwigplatz die Bonner Straße runtergehämmert.

An der Gaedestraße bin ich zu einem SEK-Beamten in einen Kombi eingestiegen. Der Kollege hieß Winfried. Graue Haare, Bart, witziger Typ. Wir flogen los, Richtung Norden. In der langen Kurve vom Autobahndreieck Heumar merkte ich, dass der Wagen im Drift war. Ich wurde nervös, aber Winfried sagte nur: „Entspann dich, ich bin Hochgeschwindigkeits-Instructor" – und das was er tatsächlich. Fahrtrainer. Er war jener Kollege, der tags darauf auf der A3 die gepanzerte S-Klasse gegen Rösners BMW steuern sollte.

Unser – oder besser gesagt: Winfrieds – Auftrag lautete, Logistik an die Operativkräfte heranzubringen. Das Auto war voll beladen mit Spezialausrüstung und Waffen. Man hat immer vieles dabei, weil man vorher nie genau weiß, was man alles brauchen kann. Licht, Klettertechnik, Sprengtechnik, einen Stromgenerator. Oder auch eine Heißklebepistole, falls man etwas basteln muss.

Auf der Fahrt Richtung Norden war ich der Achslastbeschwerer. Ich sollte Winfried unterwegs ein bisschen bespaßen, so definierte ich jedenfalls meinen Auftrag.

Rösner und Degowski hatten unterdessen in Bremen einen Bus mit 32 Fahrgästen in ihre Gewalt gebracht und waren damit auf die A1 gefahren. An der Raststätte Grundbergsee, zwischen Stuckenborstel und Posthausen, machten sie Halt. Ohne Weisung der Einsatzleitung nahmen zwei Polizeibeamte Marion Löblich fest, als sie die Toilette der Raststätte aufsuchen wollte. Degowski erschoss daraufhin den 14 Jahre alten Italiener Emanuele di Giorgi, der seine neunjährige Schwester beschützen wollte. Einen weiteren Toten gab es kurz darauf zu beklagen: Ein junger Polizeiobermeister eines MEK verunglückte auf dem Weg zum Tatort bei einem Autounfall.

Die Polizei ließ Löblich wieder frei, sie kehrte zum Bus mit Rösner und Degowski zurück, und die drei Geiselnehmer setzten ihre Fahrt mit den übrigen Passagieren an Bord fort. Es ging über die A1 weiter in Richtung Niederlande.

Ein SEK-Beamter, der bei der Ausbildung in der Eifel dabei war, und ich hatten in der Zwischenzeit einen Streifenwagen bekommen und den Auftrag erhalten, als erstes grün-weißes Auto hinter den Zivilkräften herzufahren, die den Bus verfolgten. Wir sollten uns nach hinten breit machen. Bremsen, Kelle raus, Autofahrer anhalten, absperren, einen künstlichen Stau produzieren, damit die Kollegen vorne in Ruhe arbeiten konnten. Wir sollten mitschwimmen in der letzten Position.

Ich saß am Steuer, als wir uns am frühen Morgen mit der Kolonne im dichten Nebel der niederländischen Grenze näherten. Ich fuhr Schritttempo. Plötzlich kam uns ein Auto entgegen. Ein Geisterfahrer, mitten im Autobahnkreuz. Er fuhr ganz rechts, sehr langsam, halb auf dem Grünstreifen. Das Fahrerfenster war geöffnet. Als wir auf gleicher Höhe waren, drehte auch ich mein Fenster runter. Der Fahrer und ich sahen uns in die Augen, und er fragte mich: „Wo ist der Bus?"

Dieser Fahrer, der mich da anstarrte, war ein heute prominenter Fernsehmoderator. In der Rückschau muss ich sagen: Das war schon eine harte, unfaire Aktion. Ich war einfach nur sprachlos – und bin weitergefahren. Ich habe nicht etwa gesagt: „Geben Sie mir mal Ihren Ausweis, ich schreibe eine Anzeige wegen Geisterfahrens." Zu dieser Phase der Geiselnahme gingen die Uhren völlig anders. Es wurden andere Prioritäten gesetzt. Und es sollte ja nachher noch viel schlimmer kommen. In Köln war später Harakiri. Da sind die Journalisten sozusagen Amok gefahren.

Am dritten Tag der Geiselnahme kehrten Rösner, Degowski und Löblich mit zwei Geiseln aus dem Bremer Bus, Silke Bischoff und Ines Voitle, in einem 7er-BMW zurück nach Deutschland. Nach einem kurzen Zwischenstopp in Wuppertal erreichten sie gegen elf Uhr Köln. Rösner sagte später, er wollte den Dom sehen. Doch dahin fuhren sie nicht, sie parkten den BMW in der Fußgängerzone der Breite Straße, mitten in der Innenstadt, unweit der damaligen Zeitungsredaktionen des Kölner „Express" und des „Kölner Stadt-Anzeiger". Und nur wenige Meter von meiner Wohnung entfernt.

Fast einen Kilometer entfernt saßen mein Kollege und ich in unserem Streifenwagen vor der Kneipe „Schreckenskammer". Wir haben uns ausgeruht. Und das Fahrzeug sollte den Geiselnehmern ja auch nicht auffallen. Die Nacht hatte natürlich keiner von uns zu Hause verbracht.

Rösner und Degowski wurden nervös, als sie hörten, dass sich unter den Schaulustigen, die den BMW in der Fußgängerzone umringten, angeblich auch Polizisten in Zivil befanden. Der damalige „Express"-Reporter Udo Röbel stieg zu ihnen ins Auto und versprach: „Ich bring euch aus der Stadt", und der BMW rollte los. Der Kollege und ich sollten uns erneut an die Zivilfahrzeuge hängen, um sie nach hinten gegen die Pressefahrzeuge abzusichern.

Auf dem Dach eines Taxis saß der „Express"-Fotograf Zik, das Schiebedach geöffnet, die Füße auf dem Armaturenbrett, und hat während der Fahrt Fotos gemacht.

Ein blauer Scorpio mit drei ZDF-Reportern stellte sich unserem Streifenwagen in den Weg. Mein Kollege Klaus, zwei Meter groß, schrie den Fahrer an, er solle Platz machen. Aber der pfiff darauf. Klaus stieg aus, zog den Autoschlüssel raus und warf ihn in einen Gulli. Nutzte auch nichts. Die hatten einen Zweitschlüssel. Beim Zugriff auf der A3 wenig später standen sie wieder da.

Auf der Nord-Süd-Fahrt blockierte ein weißer Golf meinen Streifenwagen. Ich brüllte den Reporter am Steuer an, er solle sich vom Acker machen, aber das interessierte den gar nicht. Ich fuhr ihm ins Heck und schob den Wagen quer über die Straße, bis ich Platz hatte. Am Streifenwagen gingen die Scheinwerfer vorne zu Bruch, am Golf wurde das Heck eingedrückt. Später schrieb ich einen kurzen internen Dreizeiler dazu. Sollte schließlich alles seine Ordnung haben: „Der wollte nicht wegfahren, da haben wir ihn weggefahren." Es ist aber in der Sache nie etwas nachgekommen.

Auf dem Gehweg überholte mich ein weißer Geländewagen. Wir hinterher, rauf auf die Autobahn. Ich hatte locker hundert Journalisten im Tross – vielleicht auch mehr, ich habe sie nicht gezählt. Ein grauhaariger Mann mit Handschuhen schloss in seinem Honda CRX zu uns auf und raste mit 200 Sachen neben uns her, während wir auf dem Standstreifen von einer grauen S-Klasse mit Bonner Kennzeichen überholt wurden. In dem

Wagen war die Beifahrerkopfstütze abmontiert und eine Kamera draufgeschraubt, dahinter auf der Rückbank saß der Kameramann. Die S-Klasse wirbelte so viel Dreck auf, dass die Frontscheibe meines Streifenwagens zersprang.

Es war der pure Wahnsinn. Es erinnerte mich an eine Treibjagd, eine englische Fuchsjagd: Die Hunde rennen kläffend durcheinander, springen über Bäche und klettern unterm Zaun durch. Genauso ist die Presse gefahren.

Ich kenne sehr viele Journalisten, und mit vielen habe ich in meiner langen Dienstzeit gut und vertrauensvoll zusammengearbeitet. Mit manchen bin ich heute befreundet. Meine Schwester war selber Journalistin. Sie war beim Hörfunk, bei der „taz", hat für die „Emma" geschrieben, für die „Frankfurter Rundschau". Ich habe akzeptiert, dass eine freie Presse wichtig ist für jede Gesellschaft.

Aber man muss aufpassen als Journalist, dass man mit einer allzu forschen Art nicht den Einsatz gefährdet. Als SEK-Beamter war ich ein paar Jahre nach Gladbeck mal in Gelsenkirchen – ein angeblicher Überfall auf die Beamtenbank, genaueres wusste man zunächst nicht. Wir sind vorgerückt, und plötzlich folgte uns jemand durch die Absperrung. Er sagte, er sei von der Presse, ihm könne nichts passieren, er trage eine Schutzweste mit Schutzklasse 1. Und da fängt man dann an, mit dem zu diskutieren.

Manchmal können Medienvertreter auch mit allzu schnellen Veröffentlichungen oder der Verbreitung von Falschinformationen dazu beitragen, dass Polizeieinsätze einen tödlichen Verlauf nehmen. Wenn ich als Journalist oder als privater Handyfilmer Einsatzbilder live streame, muss ich immer damit rechnen, dass auch der Täter diese Bilder sehen kann. Das kann sein Handeln beeinflussen. Er könnte sich herausgefordert fühlen, den Druck auf die Polizei zu erhöhen und eine Geisel zu töten. Muss man denn zum Beispiel unbedingt live im Internet zeigen, wie sich das SEK während der Geiselnahme im Kölner Hauptbahnhof 2018 vor dem McDonalds aufstellt? Was, wenn der Täter die Bilder auf seinem Smartphone verfolgt? Was sagen die Reporter später den Eltern, wenn er durchdreht und Kinder sterben? Und dann heißt es: Die Polizei hat die Leute nicht geschützt.

Bei den Anschlägen im indischen Mumbai 2008 haben zehn Personen eine ganze Großstadt angegriffen. Sie hatten eine Basis in Pakistan, wo Mittäter die Berichterstattung in den sozialen Medien in Echtzeit ausgewertet und den Terroristen eine unmittelbare Rückmeldung in ihre Taktik gegeben haben – obwohl sie etliche Flugstunden entfernt waren.

Ein weiteres Problem heute ist, dass es längst nicht mehr nur Journalisten sind, die vor Ort filmen und fotografieren. Professionelle Medienvertreter kann man notfalls noch einfangen und überzeugen. Schwieriger ist es mit den vielen Normalos, Passanten, Anwohnern, die ihre Smartphones zücken, einfach mal draufhalten und das Material gedankenlos sofort ins Netz stellen.

Silke Bischoff ist noch auf der Autobahn ihren schweren Verletzungen erlegen, der SEK-Kollege Thomas konnte sie trotz allen Bemühens nicht mehr zurückholen. Ein schweres Dienstfahrzeug des SEK hatte den BMW mit den Tätern und ihren beiden Geiseln auf der A3 schließlich gerammt, um dem Drama ein Ende zu bereiten und Bischoff und Voitle zu befreien. Die Beamten feuerten 62 Kugeln auf den BMW ab. Silke Bischoff starb durch ein Projektil aus Rösners Waffe. Ihre Freundin Ines wurde von einer Polizeikugel getroffen, rettete sich aber leicht verletzt durch einen Sprung in den Straßengraben.

Ob Jürgen Rösner Silke Bischoff tatsächlich töten wollte, blieb später im Gerichtsverfahren ungeklärt. Er erhielt eine lebenslange Freiheitsstrafe plus Sicherungsverwahrung. Seine Freundin Marion Löblich musste für neun Jahre ins Gefängnis. Auch Dieter Degowski bekam lebenslang. 2018 wurde er entlassen, er lebt heute unter anderem Namen an einem unbekannten Ort.

Nach den Schüssen auf der Autobahn war die Stimmung unter den Kollegen gedrückt. Viele wirkten mitgenommen. In der Dienststelle an der Gaedestraße versammelte ein Kollege aus dem höheren Dienst alle Einsatzkräfte vom SEK und MEK und sagte: „Wir starten gleich mit der Untersuchung. Es ist wichtig, dass wir alle eure Aussagen zusammentragen."

Ich, der Praktikant, fragte am Rande: „Welchen Status haben die Mitarbeiter denn? Zeugen oder Beschuldigte?" Hintergrund meiner Frage war: Als Beschuldigter muss ich nichts sagen, ich kann die Aussage verweigern – oder sie später nachholen, wenn der objektive Tatbestand erhoben wurde, wenn alle Beweise ausgewertet sind und zum Beispiel die Schmauchspurenuntersuchung abgeschlossen ist. So steht es in der Strafprozessordnung. Normalerweise wird das auch so gemacht, es sei denn, man will die Leute überrumpeln mit dem Ziel, schnell viele Informationen zu bekommen – auch wenn die Kollegen sich dabei möglicherweise um Kopf und Kragen reden.

Der höhere Dienst antwortete: „Der Status ist unerheblich."

Ich entgegnete: „Ist er nicht. Ich kann den Kollegen nur empfehlen, sich erst zu Wort zu melden, wenn sie ihren Status kennen."

Er wurde sauer, sagte: „Das will hier keiner hören."

Ich erwiderte: „Ist mir egal."

Da warf er mich raus. Ich fuhr nach Hause. Ich war aufgewühlter als zwei Tage vorher, als ich in den Einsatz gefahren war. Das schnelle Autofahren, der Stress, das Wegrammen des Reporter-Fahrzeugs – das alles hatte Spuren hinterlassen. Ich hatte kaum geschlafen, habe mich über die widerwärtige Bemerkung des Fotografen auf der Autobahn aufgeregt: „Warum haben die nicht die Dicke erschossen?" Dazu der Ärger in der Besprechung. Es war einfach viel. Zu viel für mich in dem Moment. Ich wollte alleine sein.

Zu Hause habe ich ausgiebig geduscht. Den Rest des Abends wollte ich mich um nichts mehr kümmern. Wollte mich einfach nur bedienen lassen. Susanne und ich sind raus auf die Straße, wollten etwas essen gehen. Ich war innerlich stark angespannt.

Auf dem Gehweg des Friesenwalls kam uns ein Motorradfahrer entgegen, ganz langsam zwar, aber der Gehweg war schmal. Man konnte gerade so zu zweit nebeneinander gehen. Ich blieb stehen, Susanne auch. Der Motorradfahrer wollte durch, hat irgendwas Blödes zu uns gesagt. Da habe ich ihm den Motor am Notschalter ausgestellt. Er machte ihn wieder an, wurde laut. Ich zog den Schlüssel ab, warf ihn auf die andere Straßenseite und ging weiter. Der Motorradfahrer guckte mir nach, wurde ein bisschen hektisch. Ich sagte zu Susanne: „Wenn er uns hinterherkommt, haue ich ihn um. Der soll seinen Schlüssel holen und abhauen."

Sie schüttelte den Kopf: „Musst du denn gleich …"

Ich fragte: „Wie? Musst du gleich? Das hier ist ein Gehweg, und wir sollen zur Seite springen oder was? Der hat sie doch nicht alle."

Wortlos betraten wir das Restaurant. Und da herrschte eine Atmosphäre wie während einer Fußball-Weltmeisterschaft: 60 Millionen Bundestrainer, und alle wissen alles besser. In dem Lokal redeten sie sich über Gladbeck die Köpfe heiß, an jedem Tisch wurde diskutiert, und jeder wusste irgendetwas, das die Polizei hätte besser machen müssen. Wer hat die Silke erschossen? Wie konnte das passieren? Warum haben sie diese Typen nicht schon viel früher erledigt?

Klar, die ganze Bundesrepublik war Zuschauer, und es gab natürlich etliche Dinge zu kritisieren – nicht nur am Verhalten der Journalisten, auch am Vorgehen der Polizei. Darüber wurde im Nachgang lang und breit diskutiert und geschrieben. Alles richtig. Aber ich konnte mir das in dem Moment nicht anhören. Ich konnte mich in dem Stimmengewirr nicht mal auf die Speisekarte konzentrieren. Mit einem Ohr war ich immer beim Nachbartisch. Ich legte die Karte weg, wir standen auf und gingen nach Hause.

Ein paar Monate später begann der Untersuchungsausschuss im NRW-Landtag in Düsseldorf. Die Parlamentarier wollten den Polizeieinsatz aufarbeiten. Vorsitzender des Ausschusses war Heinz Lanfermann von der FDP. Auch ich wurde als Zeuge befragt. Ich sollte mich erstmal vorstellen. Das tat ich umfänglich. Als ich fertig war, sagte Lanfermann: „Das war jetzt eine sehr ausführliche Vorstellung."

Volker Lange beim Schießtraining 1995.

70

Pure Erleichterung nach einer harten Trainingswoche beim SEK 1996.

Dann stellte mir jemand eine Frage – und verließ zu meiner Verblüffung den Saal. Als er wieder reinkam, sagte ich: „Jetzt haben Sie ja die Antwort gar nicht gehört."

Er blieb stehen und entgegnete knapp: „Sie sprechen hier nur fürs Protokoll."

Aha, dachte ich, so läuft das hier also.

Wenn ich heute auf der A3 an der Stelle vorbeifahre, an der Silke Bischoff erschossen wurde, erkenne ich kaum etwas wieder, inzwischen verläuft da die ICE-Strecke. Nur die Senke, in der die Autobahn an genau der Stelle verläuft, die ist noch immer da. Auch die Bilder von damals kann ich sofort wieder abrufen. Aber sie verfolgen mich zum Glück nicht, dafür war ich dann doch zu weit weg vom eigentlichen Geschehen.

Aber der ganze Einsatz und die Umstände haben dennoch etwas Entscheidendes in mir ausgelöst: Ich hatte während der Hospitanz meine ersten Erfahrungen bei den Spezialeinheiten gemacht. Ich habe Kontakte zu den Kollegen geknüpft, die hochprofessionelle Arbeit in diesem tollen Team schätzen gelernt. Ich fand es spannend, in schwierigen Situationen nach intelligenten, unorthodoxen Lösungen zu suchen, um eine Geisel zu befreien oder einen Bankräuber festzunehmen. Lösungen, die Gewalt und den Einsatz der Schusswaffe im besten Fall vermeiden.

Einfach gesagt: Ich habe gemerkt, wie sehr mich der Job beim SEK reizt. Ich wollte da hin. Ich wollte Teil dieser Leistungselite sein. Aber noch war es nicht so weit. Zunächst trat ich im September 1988 als frisch gebackener Polizeikommissar meine Stelle als Zivilfahnder an, oder um genau zu sein: als Leiter des Einsatztrupps zur Bekämpfung der Straßenkriminalität in Köln-Sülz.

8

Bombendrohung an der Uni

Vom Zivilfahnder im Kölner Westen zum SEK

*E*in Vormittag im Herbst 1988: In der Telefonzentrale der Universität zu Köln meldet sich ein anonymer Anrufer. In wenigen Stunden, informiert der Mann sachlich und mit ruhiger Stimme, gehe im Rohbau des geplanten Instituts für Genetik an der Zülpicher Straße eine Bombe hoch. Dann legt er auf.

Das Gebäude liegt gleich neben dem Südbahnhof, mitten im Studentenviertel. Die Drohung platzt in die Feiern zum 600. Jahrestag der Gründung der Kölner Universität, eine der ältesten Hochschulen Europas. Das ganze Jahr 1988 steht schon im Zeichen dieses Jubiläums. Es gibt dutzende Veranstaltungen, Vorträge, Festakte, wissenschaftliche Workshops, Debattierrunden, Konzerte. Bundeskanzler Helmut Kohl war zu Gast, verschiedene Ministerpräsidenten, Honoratioren aus der Wirtschaft, ausgezeichnete Wissenschaftlerinnen und Wissenschaftler aus der ganzen Welt.

Und nun eine Bombendrohung.

Der polizeiliche Einsatzleiter ist gerade einmal 27 Jahre alt, hat soeben sein Studium beendet und leitet ein Team von Zivilfahndern im Südwesten der Stadt – dort, wo auch das Institut für Genetik steht. Vor ein paar Wochen hat er Silke Bischoff auf der Autobahn sterben sehen. Jetzt soll er Schaden von der Uni Köln abwenden.

Mein erster Kontakt mit dem Rektor der Kölner Universität ergab sich ein paar Tage vor der Bombendrohung. Professor Peter Hanau, Jahrgang 1935, Jurist und Autor wegweisender Fachbücher, Ehrendoktor an Universitäten in Uppsala und Kyoto. Als Rektor organisierte er 1988 den festlichen Rahmen der 600-Jahr-Feiern und repräsentierte die Kölner Hochschule bei allen entsprechenden Anlässen.

Prof. Peter Hanau, von 1986 bis 1989 Rektor der Universität zu Köln.

Mein Schutzbereichsleiter hatte mich ausgeguckt als Mittelsmann zwischen Polizei und Universität. Das bedeutete: Ich war Ansprechpartner für die Uni und somit für Professor Hanau und sein Team in allen polizeilichen Belangen, die den Festakt betrafen. Heute würde man wohl sagen: der „single point of contact". Ein hochtrabender Begriff. „Kümmerer" gefällt mir besser.

Ich war auch deshalb ausgeguckt worden, weil ich mich an der Uni, sozusagen im üblicherweise polizeifreien Raum, als junger Mann und obendrein als Zivilfahnder bewegen konnte, ohne aufzufallen. Ich konnte mich in Ruhe umschauen und die Lage erkunden – wenn man so will, ist das die originäre Aufgabe eines Zivilfahnders. Zu den zahlreichen Jubiläums-Veranstaltungen an der Uni brachte die geladene Prominenz aus dem In- und Ausland zwar ihre eigenen Personenschützer mit, aber wir als Polizei vor Ort waren für das Grundsetting verantwortlich. Wir bestellten gewissermaßen das Feld.

Im Alltagsgeschäft war unser Trupp unter anderem zuständig für die Voraufklärung im Bereich Terrorabwehr und Anschlagsverhinderung. Im Südwesten von Köln arbeiteten und wohnten einige hochgestellte Persönlichkeiten, die als potenzielle Angriffsziele der Roten Armee Fraktion galten. Das tödliche Attentat der RAF 1986 auf Gerold von Braunmühl, Diplomat im Auswärtigen Amt in Bonn, hatte noch jeder in Erinnerung. Von Braunmühl war unmittelbar vor seiner Wohnung von zwei Vermummten erschossen worden. Sie hatten dort auf ihn gewartet, als er von der Arbeit kam. So etwas durfte sich nicht wiederholen.

Als Zivilfahnder stellten wir daher so genannte Umfeldbeobachtungen bei den Schutzpersonen an, um geplante Anschläge rechtzeitig zu erkennen. Da ging es um verdächtige Personen, Fahrzeuge, Veränderungen in den gewohnten Abläufen. Wir kannten die Gegebenheiten an den Wohn- und Arbeitsorten der Schutzpersonen, wussten, auf welchen Routen sie ins Büro fuhren. Kannten ihr Hauspersonal, den Gärtner, den Pförtner und wussten, wo ihre Kinder zur Schule gingen. Bei Fragen oder Problemen waren wir jederzeit ansprechbar.

Ein paar Tage vor der Bombendrohung bat Uni-Rektor Hanau die Polizei um Unterstützung. Aus Protest gegen die Studienbedingungen hatten Demonstrierende die ehemalige Pädagogische Hochschule, heute Erziehungswissenschaftliche Fakultät, am Rautenstrauchkanal besetzt.

Mein Chef schickte mich zu einem Gespräch mit dem Rektor. Als ich dessen Vorzimmer betrat, war seine Sekretärin gerade in einem Telefonat. Sie beendete das Gespräch abrupt, als sie sah, dass sich der Professor näherte: „Ich muss auflegen", sagte sie eilig in den Hörer, „Seine Magnifizenz erscheint." Tja, so waren die Zeiten damals.

Seine Magnifizenz, Herr Hanau, bat mich ins Büro, ich nahm vor seinem Schreibtisch Platz. Das Zimmer war durchaus repräsentativ, andererseits sah man auch den Wissenschaftler. Türme von Büchern, sortiert nach: Habe ich gelesen, muss ich noch lesen, habe ich selbst geschrieben. Als Außenstehender hätte man einen Scout gebraucht, um sich zurechtzufinden.

Professor Hanau machte einen freundlichen Eindruck, der sich auch bei späteren Begegnungen mit ihm immer wieder bestätigen sollte. Ein umgänglicher Mensch mit viel Witz. Einer, der zur absoluten Leistungselite zählt, aber sehr bodenständig wirkte.

Hanau berichtete, dass die Erziehungswissenschaftliche Fakultät besetzt worden sei; Türen seien verbarrikadiert worden, niemand gelange mehr hinein. Der Rektor wollte die schnelle Lösung. Er erwartete, dass die Bereitschaftspolizei anrücken und die Besetzer vom Gelände vertreiben würde. Schnelle Lösungen sind aber nicht immer die besten.

Ich fragte: „Wo sind denn die Beschäftigten alle?"

„Haben wir nach Hause geschickt, die kamen ja nicht rein."

„Aber wenn jetzt keiner mehr rein will", gab ich zurück, „dann gibt's ja auch keinen Grund, sofort zu räumen. Vielleicht sollte man mal erstmal mit den Protestierenden sprechen."

„Also, wenn das Ihr Problem ist", sagte Hanau, „dann können wir die Beschäftigten auch anrufen, dann kommen die sofort wieder zurück."

Ich schüttelte den Kopf. „Nein, nein, so läuft das nicht, strafrechtlich ist das ein bisschen differenzierter zu betrachten." Das sagte ich, der soeben erst beförderte Polizeikommissar, zu dem hochgeschätzten Arbeitsrechtler mit Ehrendoktortiteln. Aber Strafrecht war ja auch nicht sein Fachgebiet.

Ich wollte eine nachhaltige Lösung, unter Gesichtswahrung aller Beteiligten. Was wollten die Besetzer denn? Sie wollten Aufmerksamkeit, der Universitätsleitung ihre Position darlegen. An Gesprächen führte meines Erachtens kein Weg vorbei, wollte man die Situation dauerhaft befrieden.

Hanau war einverstanden. Ein Vertreter der Universität redete mit den Studierenden, hörte sich ihre Anliegen an und sagte zu, sie ernsthaft zu prüfen. Das hat prima funktioniert, die ganze Sache löste sich rasch in Luft auf.

An der Polizeiabsperrung vor dem Rohbau des Instituts für Genetik traf ich den Professor ein paar Tage später wieder. Er wollte sich aus erster Hand über die Lage bei der Bombendrohung informieren. Damals gab es noch keine Handys – für viele heute unvorstellbar, aber man ist eben einfach irgendwohin gegangen, um mit jemandem zu sprechen. Total analog.

Wir nahmen die Bombendrohung von Anfang an sehr ernst. Aus den wenigen Worten, die der Anrufer am Telefon geäußert hatte, schlossen wir, dass seine Tat politisch motiviert gewesen sein könnte. „Gentechnik" war in den 80ern ein sehr böses Wort.

Wir holten die Bauarbeiter aus dem Gebäude, evakuierten die Wohnhäuser in der Nähe, sperrten die Zülpicher Straße, stoppten den Bahnverkehr und machten den Südbahnhof dicht. Keiner kam mehr durch, das Leben im Studentenviertel stand still.

Ein erster vorsichtiger Blick ins Gebäude lieferte uns keine Hinweise auf eine Bombe oder eine Bombenattrappe. Wir schauten erneut nach, fanden aber wieder nichts. Auch alle weiteren Nachforschungen ergaben keine Anhaltspunkte dafür, dass der Täter es tatsächlich ernst meinte. Den angekündigten Explosionszeitpunkt warteten wir dann in sicherer Entfernung ab.

Unten an der Absperrung harrte Professor Hanau aus. Ich ging zu ihm. „Das Ultimatum ist abgelaufen", sagte ich, „wir machen jetzt noch einen letzten Stubendurchgang. Wenn wir wieder nichts finden, heben wir die Absperrungen auf." Bevor ich mich abwendete, sagte ich noch: „Und falls ich nicht zurückkomme, grüßen Sie meine Witwe."

Hanau wirkte irritiert, er fragte so etwas wie: „Was habe ich mit Ihrer Frau zu tun?", und ich antwortete: „Die hat eine juristische Doktorarbeit bei Ihnen geschrieben und sie vor Kurzem zurückbekommen, mit ein paar Randbemerkungen." Ich nannte ihm den Titel der Promotion und den Nachnamen meiner Frau, der ein anderer war als meiner, und er sagte: „Ach, das ist ja super." Wenn das hier alles vorbei wäre, sollten wir doch unbedingt mal bei ihm vorbeikommen.

Erst einmal aber konnten wir Entwarnung geben, was die angebliche Bombe betraf. Es gab keinen Sprengsatz. Wahrscheinlich hatte der Anrufer sogar die ganze Zeit da draußen unter den Schaulustigen an der Absperrung gestanden und sich ins Fäustchen gelacht. Aber gut, da darf man sich nicht grämen. Man muss eine solche Lage ernst nehmen und seine Arbeit vernünftig zu Ende bringen.

Ein paar Tage später besuchten meine Frau und ich Professor Hanau in seinem Büro. Wir saßen auf dem Sofa, die beiden unterhielten sich über fachliche Dinge, ich verstand nur Bahnhof. Aber: An diesem Tag haben wir den Grundstein unserer Freundschaft gelegt. Wir sind bis heute befreundet.

Ein paar Wochen später, Ende 1988, erreichte mich der Anruf des Leiters der Spezialeinheiten bei der Polizei Köln. Er bat mich zum Gespräch bei nächster Gelegenheit. Wir trafen uns im Januar 1989, und er bot mir die Stelle als Kommandoführer beim SEK an – vorausgesetzt, ich bestünde die Aufnahmetests. Ihm war positiv aufgefallen, dass ich mich nach der Geiselnahme von Gladbeck auf der Dienststelle auch mit der rechtlichen Situation der SEK-Beamten auseinandergesetzt hatte. Und er wusste, wie sehr mich die Aufgabe reizte.

Bis in die Haarspitzen motiviert machte ich mich mit den Prüfungsbedingungen vertraut. Und die hatten es in sich. Damals wie heute müssen angehende SEK-Beamte ein umfangreiches Auswahlverfahren durchlaufen, in dem ihre soziale Kompetenz sowie geistige und sportliche Fähigkeiten

Rede Volker Lange 19. September 1988: Ernennung zum
Polizeikommissar. Lehrgangssprecher Fachhochschule Köln.

getestet werden. Vorher prüft der medizinische Dienst den Bewerber auf
Herz und Nieren.

Hat man chronische Verletzungen oder solche, die unter Belastung aufbrechen und chronisch werden könnten, ist man direkt raus. Denn wenn
ich zum Beispiel zweimal den Meniskus kaputt hatte, kann ich noch so fit
und leistungsstark sein – wenn ich beim Sprung vom Garagendach weg-
breche, weil das Knie nicht stabil ist, geht dadurch vielleicht der komplette
Einsatz in die Hose, vielleicht bleibe ich auch dauerhaft verletzt. Das kann
niemand riskieren.

Außerdem ist die Aus- und Fortbildung bei den Spezialeinheiten extrem
zeitaufwändig und teuer. Es geht nicht darum, dass man bei der Bewer-
bung schon alles kann, was ein SEK-Beamter können muss. Es soll die
Ausbildungsfähigkeit gemessen werden. In welchem Zustand ist der Roh-
diamant, den wir schleifen müssen? Ist überhaupt etwas zu schleifen da?
Lohnt es sich, ein, zwei oder drei Jahre Ausbildung in genau diesen Menschen zu investieren?

Den Medizincheck bestand ich, es folgte der Sporttest, unter anderem ein Standard-Parcours mit zehn Hindernissen, der in einer bestimmten Zeit absolviert werden musste. Im Grunde läuft das ähnlich wie beim Aufnahmetest an der Sporthochschule: Da darfst du eine von zehn Disziplinen reißen. Und wenn du ein Supersportler bist, aber nicht spritzerfrei vom Ein-Meter-Brett ins Wasser springst, dann kannst du unter Umständen schon deine Sachen packen.

Der Hallenparcours war eine Mischung aus Höhenhindernissen und Tiefenhindernissen mit Richtungswechseln. Man musste mit dem Medizinball arbeiten, es waren Barren aufgebaut. Danach gab es eine Einzelübung, das Stuhlsteigen. Das mag vielleicht locker klingen, aber probieren Sie es ruhig mal aus: Stellen Sie einen normalen Stuhl mit der Lehne an die Wand. Steigen Sie rauf und strecken Ihre Hände so hoch es geht an die Wand. In Höhe der Fingerspitzen kleben Sie ein Tape an die Wand. Dann treten Sie einen Meter zurück, steigen erneut auf den Stuhl, schlagen oberhalb des Tapes an, steigen wieder herunter, berühren den Boden, steigen wieder hoch – und das fünf Minuten lang mit möglichst vielen Wiederholungen.

Hoch, runter, beide Hände auf den Boden, wieder hoch – der ständige Richtungswechsel ist eine enorme Kreislaufbelastung. Schon nach kurzer Zeit wird man anfällig für Schwindel, der Akku wird mit jedem Anschlag an der Wand leerer. Es gab eine Mindestzahl, die man schaffen musste. Der Prüfer zählte laut mit: 102, 103, 104, 104, 104 … Dann wusste man: Die letzten drei waren nicht sauber, die zählen nicht. Es war brutal.

Und das war nur die sportliche Komponente. Es folgten weitere Einheiten, in

Volker Lange beim SEK 1990.

Bei der SEK Fortbildung Köln 1990 „Wir gehen den schweren Weg." Pyramide ohne Hilfsmittel: Etagen überwinden. Gemeinsam geht alles!

denen psychische Belastbarkeit und Empathiefähigkeit getestet wurden. Die Polizei will schließlich keine Rambos beim SEK. Sie will verantwortlich handelnde, mitdenkende Kollegen. Menschen, die bereit sind, sich zu quälen, um sich zu verbessern, damit sie ihren Teil zur Sicherheit der Gesellschaft beitragen können. Klingt jetzt vielleicht etwas pathetisch, ist aber genau so.

Nachdem ich alle Tests bestanden und zusätzlich einen Führungslehrgang absolviert hatte, fing ich im April 1990 mit der Ausbildung zum Kommandoführer eines SEK an.

Gegenseitiges Vertrauen als Basis des Erfolges.

Personenschutzübung, internes Trainingszentrum der Polizei, im April 1990:
Maschinenpistole MP5.

81

9

Sieben Stunden Nervenkrieg

Der Rabe Abraxas und die Last der Verantwortung

*E*s *ist kurz nach zehn Uhr am 25. Juli 1995, als ein Stadtrundfahrt-Bus den Startpunkt am Kölner Dom verlässt. 23 D-Mark kostet die Fahrt. An Bord sind 26 Touristen, unter ihnen drei Kinder. In einer der hinteren Reihen sitzt ein kleiner, schmächtiger Mann, er trägt Jeans und ein kariertes Hemd. Niemand achtet auf ihn. Sein Name: Leon Bor, 31 Jahre alt, gebürtiger Russe, israelischer Pass.*

Um 10:40 Uhr stoppt der Bus am Messeturm in Deutz, die Touristen wollen aussteigen und Erinnerungsfotos vom Dom-Panorama machen. Bor greift in seine Reisetasche, er holt eine Sturmhaube heraus und streift sie sich über den Kopf. Er steht auf, geht durch den schmalen Gang nach vorne. In der Hand hält er eine Neun-Millimeter-Pistole von Smith & Wesson. Wortlos drückt er ab. Die Kugel trifft den Busfahrer im Hinterkopf. Er sackt über dem Steuer zusammen und ist sofort tot.

Seelenruhig kehrt Bor zu seinem Sitz zurück. Pulvergeruch zieht durch den Bus. Die Angst der Passagiere äußert sich in gespenstischem Schweigen. Aus seiner Reisetasche zieht Leon Bor einen grünen Kampfanzug. Er zieht ihn an und greift zum Autotelefon. Um seinen Hals baumeln Schnüre und um seine Hüfte etwas, das aussieht wie Dynamitstangen. „Das ist Russian Mafia", brüllt Bor in den Hörer. „Have a bus with little people. I want a Russian translator. Schnell, quick."

Am frühen Morgen hatten wir einen italienischen Mafioso aus dem Gefängnis in Ossendorf abgeholt und ihn zum Landgericht an der Luxemburger Straße gebracht. Man wollte uns anrufen, wenn die Verhandlung vorüber wäre und wir den Mann wieder abholen könnten, aber das sollte noch dauern. Wir fuhren in unsere Dienstunterkunft an der Gaedestraße und freuten uns auf eine kleine Frühstückspause. Wir – das war mein Kommando, das 4. SEK Köln. Sieben Mann und ich, der Kommandoführer.

Auf dem großzügigen Gelände zwischen Raderberggürtel und Bonner Verteiler waren die Spezialeinheiten wie SEK und MEK, aber auch die Reiterstaffel und die Hundestaffel der Kölner Polizei untergebracht. Vor einigen Jahren wurden die maroden Gebäude abgerissen, heute stehen dort schicke Eigentumswohnungen. In Erinnerung an die alten Zeiten trägt das Wohnviertel offiziell den Namen „Quartier Reiterstaffel".

Im Aufenthaltsraum, in dem auch eine kleine Küchenzeile untergebracht war, holte ein Kollege Eier aus dem Kühlschrank und schlug sie in die Pfanne. „Ich mach Rührei", verkündete er.

Wir ließen uns in unseren Einsatzanzügen auf den alten Sesseln am Couchtisch nieder. Eine eingeschworene Gruppe. Wir waren wie eine kleine Familie. Jeder kannte die Stärken der anderen, aber auch ihre Schwächen. Wir vertrauten uns blind. Du trainierst jeden Tag zusammen, kämpfst zusammen, gewinnst zusammen und verlierst zusammen – das schweißt zusammen.

Wie üblich bei einem SEK sprachen auch wir uns untereinander mit Arbeitsnamen an. Da gab es zum Beispiel einen, den alle im Kommando „Hombre" nannten – spanisch für „Mann". Das passte. „Hombre" war ein harter Hund, er ist es heute noch mit seinen mittlerweile 60 Jahren. Bei der Festnahme der Geiselnehmer von Gladbeck auf der Autobahn war „Hombre" in vorderster Reihe dabei. Ein absolut zuverlässiger Typ. Wie kein Zweiter hasste er Ungerechtigkeiten und Gewalt gegen Schwache. „Hombre" stand nie gern im Rampenlicht, er verrichtete lieber still und gewissenhaft seine Arbeit. Mit dieser Einstellung und mit seinen herausragenden Fähigkeiten hatte er sich polizeiintern bundesweit Respekt erarbeitet.

In einem anderen Kölner Kommando gab es „Danger", einen beeindruckend furchtlosen Kollegen, austrainiert und willensstark. Vor einem Zugriff drängte es ihn immer nach vorne. Das blieb nicht ohne Folgen: „Danger" wurde in seiner Zeit beim SEK dreimal angeschossen. Auch der örtlichen Presse blieb das nicht verborgen. Ich erinnere mich an einen Zeitungsartikel, ein Porträt über „Danger". Die Schlagzeile lautete: „Sie nannten ihn den Kugelfänger." Irgendwann musste man ihn vor sich selber schützen. Er verließ das SEK, wurde umgesetzt. Später hat er als Mitglied einer EU-Einheit Kriegsverbrecher im Kosovo festgenommen. Inzwischen ist „Danger" aus dem aktiven Dienst ausgeschieden. Einige von uns haben heute noch guten Kontakt zu ihm.

Oder nehmen wir den Kollegen, den alle nur „Bombe" nannten. Ein zupackender Typ, der nicht unbedingt zu den geduldigsten zählte. Hinter „Scherbe", einem SEK-Beamten aus Düsseldorf, musste man oft aufräumen. War er an einem Zugriff beteiligt, ging häufiger mal etwas kaputt. Es gab „Auge", so genannt wegen seiner großen Kulleraugen, und „Ikke", einen Kollegen, der aus Berlin zu uns gestoßen war. Und ich erinnere mich an „Popeye" – der Kollege strotzte nur so vor Kraft und musste nicht extra Spinat in sich hineinschütten, damit seine Oberarme so aussahen wie die der berühmten Comicfigur.

Ich selbst hieß „V-Max". Die physikalische Bezeichnung für die Höchstgeschwindigkeit eines Fahrzeugs. Zum einen war ich tatsächlich ein sicherer und schneller Autofahrer. Zum anderen war ich, Volker, auch der Schwerste im Team. „V-Max" deckte beides ab. Sport war nicht meine größte Stärke, ich war nicht immer der Erste beim Laufen. Eigentlich nie. Aber man kann das auch so sehen: Wenn ich als Kommandoführer zehn Kilometer laufen musste, dann hatte ich taktisch irgendetwas falsch gemacht.

Meine Stärke ist es, eine Gruppe zu führen. Zu entscheiden. Verantwortung zu übernehmen. Dass mir das ganz gut gelingt, hatte ich schon während der Ausbildung zum Kommandoführer gemerkt. Wenn der Übungsauftrag plötzlich lautet: Wir treffen uns in zwei Stunden auf dem Kahlen Asten am Gipfelkreuz – dann musstest du zusehen, dass du die Gruppe so schnell wie möglich dahin führst. Google Maps und Uber gab es noch nicht. Also: Wo kriegen wir eine Karte her? Wer aus dem Team kann am besten Kartenlesen? Was nehmen wir mit? Wer fährt die Autos? Das zu organisieren, ist komplex. Du musst dich währenddessen immer wieder hinterfragen, und das bei permanent hoher körperlicher Belastung. Aber so etwas liegt mir. Das macht mir Spaß. Auch heute noch. *Einfach* kann jeder.

An jenem Freitagvormittag im Juli 1995 brutzelten die Eier in der Pfanne, als sich ein Kollege aus dem Geschäftszimmer der Spezialeinheiten über die Gegensprechanlage meldete. Es war kurz vor elf. „Vergesst das Landgericht", sagte er, „ihr kriegt einen anderen Einsatz: Fahrt mal zum Messeturm nach Deutz. Da steht ein Bus mit Kindern oder so. Ein Kollege ist angeschossen worden. Mehr wissen wir noch nicht." Einem Bauarbeiter war der Reisebus aufgefallen, der Mann hatte den Schuss auf den Busfahrer gehört und die Polizei gerufen.

Bei dem verletzten Kollegen handelte es sich um einen Streifenbeamten, wie wir kurz darauf erfuhren. Der junge Polizist war als Erster vor Ort gewesen. Er hatte seinen Streifenwagen hinter dem Reisebus geparkt und war zur Beifahrertür gelaufen. Leon Bor hatte geöffnet und ihm ohne Vorwarnung in den Bauch geschossen. Blutüberströmt hatte sich der Kollege zum Streifenwagen zurückgeschleppt, wo andere Polizisten ihn aus dem Gefahrenbereich zogen.

Aber all das wussten wir noch nicht, als wir in unserem Pausenraum aus den Sesseln aufsprangen. Jeder griff sich seine beiden vorgepackten Taschen: eine mit Ausrüstung wie Funkgerät, Helm und Reservemagazinen, und die zweite mit persönlichen Gegenständen – Unterwäsche, Wechselkleidung, ein zweites Paar Schuhe, Hygieneartikel. Man wusste schließlich nie, wie lange man wegblieb.

Auf dem Hof stiegen wir in unsere Einsatzfahrzeuge: hochmotorisierte, teils gepanzerte Autos, ebenfalls fertig gepackt mit ausziehbaren Leitern, einer Ramme, Sprengstoff und anderem Einsatzwerkzeug. Ein Kollege fragte noch: „Die Eier! Ist der Herd aus?" Dann ging es mit Vollgas nach Deutz.

Die Atmosphäre im Auto war leicht angespannt, wie vor jedem Einsatz. Wir planten, wie wir gleich vorgehen würden. Wir wussten nicht viel über die Lage vor Ort, hatten aber immerhin eine gewisse Vorstellung davon, was uns erwartete: ein Reisebus, großes Auto, Linkslenker, außen keine Türgriffe. Aus unseren Trainings wussten wir zum Beispiel, wo sich der Motorblock an einem solchen Modell befindet und wie man ihn so abschaltet, dass er nicht mehr gestartet werden kann.

Aber wir wussten auch, dass der Täter uns über die vielen Spiegel im und am Fahrzeug leicht erkennen konnte, wenn wir uns dem Bus näherten. Also beschlossen wir, verdeckt vorzugehen. Wir parkten die Einsatzfahrzeuge ein Stück entfernt. Wir waren das erste SEK vor Ort. Als Vorauskommando war es unsere Aufgabe, die Lage zu erkunden. Wir haben uns aufgeteilt und uns dem Bus von mehreren Seiten genähert.

„Hombre" und ich verbargen uns hinter einem Bauzaun, der mit einer blickdichten Plane verhängt war, ungefähr fünfzig Meter vom Bus entfernt.

85

Der Kollege schnitt ein Loch in die Plane und steckte das Fernrohr seiner Maschinenpistole hindurch. So hatte er freie Sicht auf das Geschehen.

„Da liegt einer über dem Lenkrad, der bewegt sich nicht, vermutlich tot", sagte er mit ruhiger Stimme. „Da ist noch ein Zweiter daneben, der trägt Schnüre um den Hals. Der hat eine Sturmhaube an und ist dunkel gekleidet. Ich habe ihn im Visier. Soll ich schießen?" Ich wägte kurz ab und antwortete: „Nein." Mit heutigem Wissen hatten wir in diesem Moment wohl die einmalige Chance verpasst, den Täter zu einem relativ frühen Zeitpunkt auszuschalten. Ich hätte nur mit „Ja" antworten müssen. Aber was wussten wir in dieser Situation sicher? Wir kannten nicht viel mehr als die Personenbeschreibung des Täters: Jeans und kariertes Hemd. Der Mann, den mein Kollege im Visier hatte, trug eine Sturmhaube und einen dunklen Overall. War das dieselbe Person? Oder gab es noch mehr Täter im Bus? Was würden wir auslösen, wenn wir diesen einen Mann töteten? Würde ein durchdrehender Komplize dann alle Geiseln erschießen? Das wollte ich nicht riskieren. Ich beschloss, vorerst weiter zu beobachten.

Auch, wenn Filme und Bücher vielleicht manchmal einen anderen Eindruck vermitteln – aus zehn Jahren Erfahrung bei den Spezialeinheiten weiß ich es besser: SEK-Beamte sind keine Draufgänger. Es geht nie darum, wild herumzuballern und besonders schnell jemanden umzulegen. Das ist nicht der Job. Im Idealfall erledigen wir minimalinvasive chirurgische Eingriffe. Ein gutes Kommando handelt immer nach der Maxime: die unschuldig gefährdeten Personen unverletzt herausholen, den Täter kampfunfähig machen und alle Kollegen gesund nach Hause bringen.

In den folgenden Minuten und Stunden spitzte sich die Lage im Bus dramatisch zu. Der Reiseleiterin Liselotte K. und einer Touristin gelang es, in einem unbeobachteten Moment die Heckscheibe des Busses zu zertrümmern und auf die Straße zu springen.

Der Geiselnehmer reagierte erzürnt. Er fesselte die übrigen Fahrgäste mit Klebestreifen und band ihnen die Augen zu. Dank der Aussagen der geflüchteten Geiseln, aber auch durch unsere eigenen Beobachtungen und durch die wenigen wirren Nachrichten, die der Täter über das Bordtelefon absetzte, gewannen wir zunehmend den Eindruck, dass wir es mit einem psychisch kranken Gewalttäter zu tun hatten.

Dass es sich offenbar um einen ehemaligen Angehörigen der israelischen Streitkräfte handelte, sollten wir erst im Nachhinein erfahren. Viel ist auch bis heute nicht über den Mann bekannt, der 1964 als Leon Borschewsky in Russland geboren wurde, später nach Israel ging und die dortige Staatsbürgerschaft erhielt. In der israelischen Presse hieß es, Leon Bor sei Anfang der 90er Jahre unehrenhaft aus der Armee entlassen worden, weil er einen Kommandeur geschlagen und bespuckt haben soll. Er soll sich anschließend unter anderem als Immobilienmakler verdingt, ungedeckte Schecks ausgestellt und mehrere Opfer um viel Geld geprellt haben. 1993 siedelte er in die USA über und kam Monate später über Amsterdam nach Deutschland.

Meldungen, mit denen der damalige israelische Botschafter in Deutschland, Avi Primor, nach Ende der Geiselnahme kurzzeitig für Verwirrung gesorgt hatte, erwiesen sich dagegen schnell als falsch. Bor habe schon vor der Deutzer Geiselnahme Morde begangen und sich mit den Leichen in allen möglichen Posen fotografiert, hatte Primor behauptet. Und: Die deutsche Polizei wolle diese alten Geschichten aus Rücksicht auf die Angehörigen der Kölner Geiseln nur nicht preisgeben. Aber das war schlicht Unsinn, Bor war kein Massenmörder. Nachdem die Polizei Köln und israelische Sicherheitsbehörden die Gerüchte dementiert hatten, ruderte auch der Botschafter zurück.

Ein Kölner Staatsanwalt beschrieb Leon Bor auf der Pressekonferenz nach dem Einsatz als „absoluten Sadisten", der Freude am Töten gehabt habe. In seinem Buch „Grundlagen der Polizeipsychologie" nennt der Diplompsychologe Frank Stein den Geiselnehmer Leon Bor ein Beispiel für den „geistesgestörten, psychopathischen" Tätertypus. Stein schreibt: „Dieses bizarre Szenario, die Art seines Vorgehens in dem gekaperten Bus sowie sein von Konflikten und Misserfolgen gekennzeichneter vorheriger Lebensweg lassen den Schluss zu, dass es sich um einen psychisch Kranken gehandelt haben musste, der durch polizeiliche Verhandlungen kaum zu beeinflussen war."

Diesen Eindruck hatten wir auch. Bor agierte für uns vollkommen unberechenbar. Er verlangte von der Polizei, mit dem „Government" zu sprechen, mit „somebody big", stellte aber keine konkreten Forderungen. Er prügelte wie von Sinnen auf einen zwölfjährigen Jungen ein, der durch die vordere Eingangstür des Busses flüchten wollte. Er schoss auf dessen elfjährigen Bruder, der sich heimlich von seinen Fesseln gelöst hatte und durch das Heckfenster in die Freiheit sprang. Die Kugel traf einen anderen Fahrgast im Oberkörper.

Eben diesen Mann, einen Wiener, herrschte Leon Bor wenig später an, er solle ihm Wasser und ein Handy besorgen. Falls er nicht zurückkehre, werde seine Frau erschossen.

Blutüberströmt hangelte sich der schwer verletzte Österreicher durch das Heckfenster, wo er von der Polizei in Empfang genommen und sofort in eine Klinik gebracht wurde. Er kehrte natürlich nicht mehr in den Bus zurück; seine Frau ließ Bor am Leben. Aber es wurde immer deutlicher: Uns lief die Zeit davon, wir mussten handeln. Wir mussten die Kontrolle übernehmen.

Mehr als hundert Spezialeinsatzkräfte waren inzwischen vor Ort. Dazu Streifenteams und Beamtinnen und Beamte von Hundertschaften und von der Kripo. Die Einsatzleitung hatte der erfahrene und sehr geschätzte Kollege Winrich Granitzka übernommen. Jeder von uns hatte seine Aufgabe. Die einen kümmerten sich um den Bereich „Aufklärung": Sie beobachteten, befragten Zeugen, vernahmen die Geiseln, die aus dem Bus geflohen waren – alles, um an Informationen zu gelangen, die uns in der Frage weiterbrächten, wie wir den Täter am besten überwältigen und die Menschen befreien könnten.

Es gab den Einsatzabschnitt „Ermittlungen", normale Kripoarbeit: Welche Firma betreibt den Reisebus? Wo ist die Geschäftsstelle? Wie heißt der Busfahrer? Wie viele Menschen sitzen in dem Bus? Ist ein Telefon an Bord? Wie lautet die Nummer?

Ich arbeitete einem Kollegen aus dem Höheren Dienst zu, der den „planmäßigen Zugriff" vorbereiten sollte. Verschiedene Varianten waren denkbar: Zugriff durch Eindringen in den Bus, Zugriff durch Verhandlung mit dem Täter oder Zugriff durch den Einsatz eines Präzisionsschützen – diesem dritten Unterabschnitt war ich zugeteilt.

Ich saß mit einem Kollegen in einer gepanzerten S-Klasse in der Nähe vom Messeturm. Wir berieten diverse Ansätze, wie man künstlich eine Situation herbeiführen könnte, um einen Präzisionsschützen in die Position zu bringen, dass er Leon Bor in einem günstigen Moment erschießen könnte.

oben: Präzisionsschütze.
links: Maschinenpistolentraining.

89

Schrotflintentraining
im Tagebau.

Aber dazu sollte es nicht mehr kommen. Nach Beratung mit dem Leiter der Spezialeinheiten bevorzugte Polizeiführer Granitzka eine andere Lösung: Sperrfeuer geben – und in den Bus eindringen. Die Entscheidung war also gefallen. Ich sorgte noch dafür, dass die Kollegen, die um den Bus herum auf der Lauer lagen, mit einem Funkspruch gewarnt wurden und sich zurückzogen.

Einer der SEK-Kollegen, der dafür vorgesehen war, den Bus zu stürmen, war erst vier Wochen zuvor Vater geworden. Später verriet er mir: „Ich wusste nicht, ob ich wiederkomme und meine Tochter noch einmal in den Arm nehmen kann."

Meine Frau meint immer, ein Streifenpolizist lebe gefährlicher als ein SEK-Beamter. Und da ist auch etwas dran. Als SEK-Beamter hast du es zwar mit besonders schwierigen Lagen zu tun, aber dennoch – oder gerade deshalb – gehst du sehr überlegt und planmäßig vor. Du bist auf gefährliche Situationen trainiert.

Als Streifenbeamter in Köln, der 2000 Einsätze pro Jahr absolviert, vom Ladendieb über den Verkehrsunfall bis zur Massenschlägerei auf den Ringen, läufst du permanent Gefahr, irgendwann nachlässig zu werden. Auch, wenn eine Situation noch so harmlos wirkt: Routine kann töten. Es gibt Fälle, in denen Menschen unter Drogen stehen und einem Streifenkollegen plötzlich ein Messer in den Bauch rammen. Es gibt Ehemänner, die während eines Einsatzes wegen häuslicher Gewalt zum Brotmesser greifen und zustechen, obwohl sich die Lage eigentlich schon beruhigt hatte. Gerade als Streifenbeamter muss man hellwach sein und höllisch aufpassen, jedes einzelne Mal. In meinem Büro in der Polizeiinspektion West hing bis zuletzt dieser wichtige Spruch an der Wand: „Es gibt keine Routineeinsätze."

Als ich mich 1990 als Kommandoführer bei den Spezialeinheiten bewarb, hatte ich allerdings keine Lust mehr auf 2000 Einsätze pro Jahr. Ich wollte mehr – oder besser gesagt: Ich wollte etwas anderes machen. Als Streifenbeamter bist du oft nur ein paar Minuten irgendwo dran, dann eilst du weiter zum nächsten Einsatz. Mich aber reizte die Aussicht, vielleicht nur 40 Einsätze pro Jahr zu fahren – die aber dann richtig. Auf Champions-League-Niveau sozusagen. Das ist noch heute für viele Kollegen die stärkste Triebfeder, sich für die Spezialeinheiten zu bewerben. Eine andere ist sicher auch die Aussicht, zu einer Art Leistungselite bei der Polizei zu gehören, physisch wie psychisch.

Geld jedenfalls ist es nicht. In NRW erhalten Spezialeinsatzkräfte zum normalen Gehalt derzeit 300 Euro Erschwerniszulage pro Monat. Brutto. Ich habe nie einen Kollegen kennengelernt, den dieser Bonus besonders motiviert hätte. Ich habe aber Vertreter von Lebensversicherungen getroffen, die Herz-Rhythmus-Störungen bekamen, wenn du ihnen sagtest, dass du regelmäßig auf der Kufe eines Hubschraubers durch die Gegend fliegst. Die Prämien waren dann manches Mal höher als die monatliche Erschwerniszulage.

Das Messegelände in Deutz war inzwischen weiträumig abgesperrt. Immer mehr Medienvertreter sammelten sich an den Absperrbändern. Ein paar Fotografen hatten es in ein Bürogebäude der Messe geschafft, wo sie von oben den perfekten Blick auf den Bus hatten, der seit nunmehr fast genau sieben Stunden in der prallen Sonne stand. Als Kollegen die Journalisten bemerkten, holten sie sie aus dem Haus. Wir konnten nicht riskieren, bei dem Zugriff Unbeteiligte zu verletzen.

Die Anspannung unter den Kollegen war deutlich spürbar. Aber für die Menschen im Bus war die Situation natürlich weitaus schlimmer, sie hatten Todesangst. Um 17:40 Uhr ging Leon Bor durch die Sitzreihen und fragte die Touristen nach ihrer Nationalität. Eine 64 Jahre alte Deutsche antwortete: „Germany". Sie hatte die letzte Silbe kaum ausgesprochen, da knallte es. Bor hatte die Frau erschossen. Einfach so. Anschließend zwang er eine andere Geisel, ihn mit der Leiche zu fotografieren.

Wir konnten nicht länger warten. Fünf Minuten nach dem Schuss – der Geiselnehmer befand sich für einen kurzen Moment alleine in der Nähe des Lenkrads – gaben die Kollegen Sperrfeuer. Sie schossen auf Höhe der ersten Sitzreihe in den Bus, nicht wild durcheinander, sondern gezielt: oben, unten und in der Mitte. Auf Brusthöhe, auf Beckenhöhe und auf Kniehöhe. Sie zogen einen eisernen Vorhang zwischen Fahrerkabine und erster Sitzreihe. Der Täter kam nicht mehr zurück, ohne getroffen zu werden.

Über eine Leiter drangen Spezialeinsatzkräfte durch das zerbrochene Heckfenster in den Bus ein. Gleichzeitig stürmte ein zweites Kommando das Fahrzeug durch die vordere Seitentür.

Als die Teams sich in der Mitte trafen, lag Leon Bor bewegungslos zwischen ihnen am Boden. Er war tot. Bei der Obduktion fand man Schmauchspuren an seinem Kopf und im Hirn. Das wies auf einen Schuss aus großer Nähe hin. Bor hatte sich selbst erschossen. Eine zweite Kugel aus einer Polizeiwaffe war in seinen Körper eingedrungen, aber nicht todesursächlich.

Bis heute ist unklar, was genau er bezweckt hatte. In seiner Reisetasche fand man einen Fallschirm, einen Höhenmesser und ein elektronisches Navigationsgerät. Weil er zu Beginn der Geiselnahme im Bus etwas von „Airport" geredet hatte, hält sich bis heute eine Vermutung: Wollte Bor eigentlich zum Flughafen? Eine Maschine entführen und daraus abspringen?

Ich half dabei, die Touristen aus dem Bus zu holen. Viele waren traumatisiert, die meisten hatten ein Knalltrauma. Man muss sich allein den Lärm vorstellen, wenn mehr als 60 Gewehrschüsse in unmittelbarer Nähe an einem vorüberfliegen – von der Todesangst und den sieben Stunden Nervenkrieg ganz zu schweigen.

Ich stand vor dem Bus, ein Kollege über mir half einer Frau durch das Fenster auf eine Leiter. Ich nahm sie unten in Empfang. Konkrete Erinnerungen habe ich nicht mehr an diese Situation. Was ich noch weiß, ist, dass die Frau nichts gesagt hat, sie hat nur geweint. Das hat mich sehr berührt. Ich nahm sie lange in den Arm. Wenn ich jetzt daran denke, kriege ich wieder feuchte Augen. Ich bin nah am Wasser gebaut. Ich habe die Frau danach nie wieder getroffen.

Die Reiseleiterin hat später in der Presse gesagt, die Männer vom SEK seien Helden für sie. Ich sehe mich nicht so. Ich war nicht im Bus, ich habe nicht geschossen, ich habe nur einen Beitrag geleistet, habe einer Frau Geborgenheit vermittelt. Für sie war ich in dem Moment vielleicht so etwas wie ein rettender Anker. Nach sieben Stunden wieder fest auf dem Boden stehen, den Richtigen im Arm haben, sich sicher fühlen. Ich war ein Anonymus in einer langen Kette von Helfern, der seine Rolle wahrgenommen hat.

Wie nach jedem größeren Einsatz habe ich auch nach der Geiselnahme in Deutz hinterfragt, ob ich, ob mein Team, ob die Polizei alles richtig gemacht hat.

Hätte ich „Hombre" auftragen sollen, den Mann im Kampfoverall direkt nach unserer Ankunft zu erschießen? Das habe ich mir lange überlegt. Juristisch war die Sache schnell klar: Niemand hat mir je etwas vorgeworfen. Aber moralisch? Hätte „Hombre" den Täter getötet, hätte die deutsche Touristin überlebt, wäre der Österreicher nicht verletzt worden. Wie hoch ist mein Anteil daran, dass es doch geschah?

Irgendwann musste ich eine Entscheidung treffen. Dieser Rabe Abraxas, der als schlechtes Gewissen auf deiner Schulter sitzt, kann sehr hartnäckig sein. Er kann dir das Leben zur Hölle machen. Man kann kündigen, man kann seine Familie verlassen, man kann nach Honolulu auswandern – aber der Rabe ist immer da. Er begleitet dich, wohin du auch gehst. Er gehört zu dir. Es gibt Menschen, die gehen daran kaputt. Es gibt Kollegen, die deshalb von der Brücke gesprungen sind.

Ich hatte glücklicherweise nie einen Abraxas auf der Schulter. Ich habe immer sehr früh versucht, für mich klarzuziehen: Welche Rolle hast *du* bei dem Einsatz gespielt? Hättest du etwas besser machen können? Ich nenne das meinen persönlichen Dreiklang, es ist die minimale Form der Nachbereitung: Was war gut? Was war schlecht? Was war neu und sollte in künftige Fortbildungen einfließen?

Was die Geiselnahme in Deutz betrifft, bin ich zu der Entscheidung gelangt, dass es mit dem damaligen Wissen richtig war, nicht zu schießen. Mit denselben raren Informationen, die uns an jenem 25. Juli 1995 um 10:45 Uhr vorgelegen haben, durften wir nicht anders handeln. Ich würde heute wieder genauso entscheiden.

„... der Rabe [Abraxas] ist immer da. Er begleitet dich, wohin du auch gehst. Er gehört zu dir."

10

SEK-Quickies

„Kein langer Zock"

*L*ängst nicht alle SEK-Einsätze ziehen sich über Stunden oder sogar Tage. *Viele lassen sich schneller beenden. Kurzer Prozess – oder wie man bei den Spezialeinheiten sagt: „Kein langer Zock." Drei Beispiele:*

Ein gewalttätiger Türsteher in Gremberghoven hat es sich mit seiner Lebensgefährtin gerade im Schlafzimmer bequem gemacht, als das SEK den günstigen Moment für den Zugriff gekommen sieht.

Bei einem Einsatz gegen mutmaßliche Drogendealer im UNI-Center waren Eile und eine gewisse Entschlossenheit sogar geboten, damit die Verdächtigen das Rauschgift nicht noch schnell die Toilette herunterspülen konnten.

Und auf einem Hoteldach in der Innenstadt sucht ein SEK einen bewaffneten Mann – und findet Kölns schönsten Raucherplatz.

Ein Abend irgendwann in den Neunzigern. Mein Kommando hatte Spätdienst. Wir standen in Rufbereitschaft für NRW und vertrieben uns die Zeit an der Gaedestraße mit so genanntem technischem Dienst, also der Kontrolle unserer umfangreichen Spezialausrüstung und des Fuhrparks. Es war gegen 22 Uhr, als die Alarmierung kam: Nachbarschaftsstreit in Gremberghoven. Ein Mieter hatte sich über die 110 gemeldet und mitgeteilt, er sei soeben von seinem Nachbarn aus der gegenüberliegenden Wohnung beschossen worden. Er, der Anrufer, hätte zuvor zwei- oder dreimal vergeblich um Ruhe gebeten. Offenbar hatten der Nachbar und seine Freundin in der Wohnung laut Musik gehört oder Fernsehen geschaut.

Der Ruhestörer schien von der grobschlächtigeren Sorte zu sein. Typ Bodybuilder, Rotlichtbereich, Kampfsportler, Türsteher. So ungefähr hatte ihn der Mieter am Notruf beschrieben. Und weil der Verdächtige offensichtlich eine Waffe besaß, war er ein Fall für das SEK.

Denn als der Mieter ein weiteres Mal um Ruhe gebeten und dies wieder nicht gefruchtet hatte, stellte er dem Paar über den Sicherungskasten im

95

Flur kurzerhand den Strom ab. Er war gerade in seine Wohnung zurückgekehrt und wollte die Tür hinter sich schließen, als direkt neben ihm ein Projektil einschlug. Der Bodybuilder hatte ihm mit einer Kurzwaffe hinterhergeschossen. Das Projektil hatte das Türblatt durchschlagen und war in der dicken Polsterung auf der Innenseite der Wohnungstür stecken geblieben, eine schalldämmende Polsterung, wie man sie aus Büros in Chefetagen kennt. Und nun hockte der Mieter allein in seiner Bude und hatte verständlicherweise große Angst.

Wir stiegen in unsere Fahrzeuge und fuhren in strömendem Regen auf die andere Rheinseite. Zivilfahnder, auch das wurde uns noch mitgeteilt, seien schon vor Ort. Sie würden auf uns warten.

Auf der Anfahrt überlegten wir, wie wir vorgehen sollten. Was konnten wir tun? Was wussten wir sicher? In der Wohnung hielten sich der Bodybuilder und eine Frau auf. Die Frau war bei ihm zu Besuch, das hatte der Anrufer mitgeteilt. Vor Ort erkundeten wir die Umgebung. Im Haus gegenüber entdeckte der Kollege Jacky ein Oberlicht, das einen guten Einblick in die Wohnung des Paares ermöglichte. Über Funk berichtete uns Jacky, was er sah. Er erkannte den Mann und die Frau. Gut, dachte ich, dann gehen wir da mal rein.

Wir bereiteten uns vor, als Jacky plötzlich intervenierte. „Wartet mal", sagte er, „die sind da gerade zugange. Die ziehen sich aus. Kann sein, dass sich das Geschehen gleich ins Schlafzimmer verlagert." Also warteten wir. Denn eines war ziemlich einleuchtend: Wenn die Zielperson gleich etwas anderes zu tun haben würde, dann könnte sie auch nicht mit ihrer Waffe herumspielen und wäre leichter zu überwältigen.

Als Jacky berichtete, dass die beiden nun zur Tat schritten, gab auch ich das Kommando zum Eindringen. Wir schlugen die Tür mit einer Ramme auf. Da wir wussten, in welchem Zimmer die beiden sich aufhielten, waren wir besonders schnell da. Haben sozusagen den Koitus interruptus herbeigeführt. Wir zogen den Bodybuilder von der Frau weg, nahmen ihn fest, und im Nu war es vorbei mit der herrlichen Männlichkeit.

Seine Freundin verkroch sich verschämt unter der Decke. Aber es half ja nichts, wir suchten schließlich noch die Pistole. Also nahm ein Kollege die Decke beiseite und gab der Frau etwas zum Anziehen. Wir guckten uns das Bett genauer an, fanden aber keine Waffe. Die lag im Wohnzimmer, auf einer „Hörzu", ich habe das Bild noch genau vor Augen.

Der Bodybuilder streifte sich seine Klamotten über, und wir überließen alles Weitere den Beamtinnen und Beamten der Kripo und der Schutzpolizei vor Ort. Ein klassischer Einsatz nach dem Motto: „Kein langer Zock." Muss ja nicht immer alles 30 Stunden dauern. Ein Kollege drückte es auf der Rückfahrt so aus: „Das war ja mal ein geiler Einsatz. Hinfahren, umhauen, abhauen."

Ganz ähnlich könnte man unser Vorgehen auch bei einem Einsatz im UNI-Center beschreiben. Das UNI-Center in Sülz, eines der größten Wohnhäuser Europas. 135 Meter hoch, 45 Etagen, neun Aufzüge, 968 Wohnungen, 1200 Bewohner, unter ihnen viele Studenten. In Köln ist das Haus bestens bekannt, nicht nur wegen des markanten Aussehens mit den drei Gebäudeflügeln. Bölls *Die verlorene Ehre der Katharina Blum* wurde 1975 teilweise im UNI-Center gedreht. Und während des Deutschen Herbstes hatten sich RAF-Terroristen dorthin zurückgezogen, um in Ruhe die Entführung Hanns Martin Schleyers vorzubereiten.

Wir hatten einen Hinweis, dass in einer Wohnung in der 25. Etage Drogengeschäfte abgewickelt wurden. Wir sollten reingehen und die Verdächtigen festnehmen. Es bestand der Verdacht, dass sie Waffen in dem Appartement hatten.

Zuvor galt es, das Umfeld aufzuklären. Ich erinnerte mich, dass in derselben Etage – oder eine tiefer – seit den wilden 70er Jahren ein Bekannter von mir wohnte. Mein alter Freund Kalle. Wir waren sogar mal gemeinsam im Urlaub, Motorradfahren in der Wüste. Den rief ich an. Ich wollte ihm gerade mitteilen, worum es ging, sagte so etwas wie: „Wir haben bei euch …"

Da fiel er mir schon ins Wort und sagte: „Jaja, diese Wohnung kenn ich, mein Kumpel Gerd wohnt im selben Flur genau gegenüber. Komische Leute hängen da ab. Ständig geht jemand rein und raus, und abends sitzt manchmal ein nackter Typ auf dem Gang und spielt nackt Klavier."

Gerd kannte ich auch, vom gemeinsamen Feiern. Der Einsatz schien sich zu einem Heimspiel für mich zu entwickeln.

Kalle moderierte uns beim Hausmeister an und weihte ihn ein. Dann nahmen wir Kontakt zu dem Mann auf. Er gab dem Kollegen Jürgen einen

Kittel und eine Werkzeugtasche. Jürgen ist hoch und hat bei Gerd geklingelt. Der kam an die Tür. Er war alleinstehend, sehr vermögend und immer schon *sehr* misstrauisch – und er wollte Jürgen, der sich als Vertreter des Hausmeisters vorstellte, partout nicht hereinlassen. Gerd zuckte mit den Schultern. „Ich kenne nur den Herrn Braun, und der hat keinen Vertreter."

Irgendwann gab Jürgen auf und zog einfach seinen Dienstausweis: „Ich muss Sie jetzt mal sprechen." Aber Gerd blieb weiter stur, er wollte die Tür wieder schließen – auch als Jürgen „schöne Grüße vom Volker" ausrichtete. „Wollen wir den Herrn Braun mal anrufen?", schlug er Gerd schließlich vor. Das haben sie dann getan, und Gerd war beruhigt. Alles hatte offensichtlich seine Richtigkeit.

Aus seinem Flur hatte Jürgen durch den Spion in der Tür einen direkten Blick auf die verdächtige Wohnung gegenüber. Über ein kleines technisches Gerät, das er vor dem Spion befestigte, legte er das Bild auf einen Monitor, so dass er nicht permanent hinter Gerds Tür stehen musste. Das war nicht nur komfortabler, sondern auch sicherer – falls zum Beispiel Schüsse fallen sollten.

Währenddessen näherte sich der Rest des Kommandos im Aufzug und die letzten beiden Etagen zu Fuß durchs Treppenhaus an. Jürgen hielt uns permanent über Funk auf dem Laufenden: „Tür geht auf, Tür wieder zu, sind fünf Leute drin" – und so weiter.

Ich wandte mich den Kollegen zu. „Also", sagte ich, „dann wollen wir doch mal ein bisschen Enge versprühen in diesem Appartement."

Wir betraten den Flur, gingen vor bis zur Tür und rammten sie auf. Direkt dahinter stand jemand, den haben wir einfach umgerannt. Er wurde mitgerissen durch die Tür ins Badezimmer und landete direkt in der Wanne. Links um die Ecke waren zwei Leute im Schlafzimmer, ein ziemlich verwinkeltes, unübersichtliches Zimmer mit einem Schrank in der Mitte. Wir setzten Pyrotechnik ein, 140 Dezibel, für geschlossene Räume. Es wummste ordentlich, und als sich der Nebel gelichtet hatte, lagen vier Leute fest verpackt auf dem Boden; wir übergaben sie den Kollegen von der Kripo. Ob auch Drogen in der Wohnung lagerten, weiß ich nicht. Das zu überprüfen, gehörte auch nicht mehr zu unserem Auftrag. Wir sollten nur die Wohnung sicher machen, für die anschließenden Ermittlungen waren andere zuständig.

Jürgen blieb noch eine Weile gegenüber in der Wohnung, damit keiner der Verdächtigen merkte, dass Gerd mit uns kooperiert hatte. Irgendwann aber riss Gerd plötzlich die Tür auf und rannte mit fliegenden Rockschößen an uns vorbei. Er hatte tatsächlich – völlig unüblich für ihn – seine Wohnung allein gelassen. Er war so im Stress, dass er einfach raus musste. Für uns war der Einsatz beendet; wir rödelten ab, wie man so sagt, wenn man seine Ausrüstung ablegt, und fuhren zur Dienststelle zurück.

Am nächsten Tag bekam ich einen Anruf von Kalle. Er fragte, wie der Einsatz gelaufen war, und erzählte vom Stammtisch in Sülz in der Kneipe gestern Abend. Um kurz vor Mitternacht sei Gerd im Mantel in die Kneipe geflogen gekommen, total aufgeregt, und habe gerufen: „Kalle, Kalle, ich muss dir was erzählen!" Und Kalle sagte nur: „Ich weiß schon. Du hattest Besuch vom Volker, richtig?" Gerd verstand die Welt nicht mehr. Er wusste plötzlich nicht mehr, ob er das alles nur geträumt hatte.

Ziemlich real dagegen erschien einem Zeugen an einem Mittag im November 2008 ein Mann, der auf dem Dach eines Hotels an der Magnusstraße in der Innenstadt mit einem Gewehr herumlief. Plante hier etwa jemand einen Anschlag? Oder einen Suizid? Oder wollte er die Waffe vielleicht verstecken, um sie zu einem späteren Zeitpunkt wieder abzuholen? Der Zeuge wählte sicherheitshalber den Notruf.

Ich war zu jener Zeit Leiter der Führungsstelle in der Polizeiinspektion Mitte und damit verantwortlich für die Kölner Innenstadt. Das Hotel lag schräg gegenüber der Parteizentrale der Kölner SPD, es war außerdem damals die Hofburg – also die ständige Unterkunft – des Dreigestirns für die kommende Karnevalssession, die eine Woche später starten sollte. Und damit nicht genug: In ein paar Tagen sollte in dem Hotel außerdem eine Veranstaltung mit Bezug zu Israel stattfinden. Der israelische Botschafter oder ein anderer hoher Vertreter hatten ihr Kommen angekündigt. Turnte dieser Mann mit dem Gewehr deshalb auf dem Dach herum? Bereitete hier jemand ein Attentat vor?

Alles schien denkbar. Ich bin sofort rausgefahren in die Magnusstraße. Denn es hat sich immer wieder erwiesen, dass es einfacher ist, von vorne zu führen, wie es bei der Polizei heißt, also: dabei zu sein, mittendrin zu stehen. Die Entscheidungswege sind dann kürzer. Außerdem kann es hilfreich sein, wenn die Kollegen der Spezialeinheiten vor Ort sehen, dass der Einsatzleiter mal einer von ihnen war. Das schafft Vertrauen, man kann dann besser miteinander sprechen, den Einsatz planen und professionell durchführen. Das war mir nebenbei gesagt immer wichtiger, als unbedingt „untersuchungsausschussfest" zu arbeiten, also so, dass später möglichst keine Klagen von so genannten Experten kamen. Es gibt Beamte im gehobenen Dienst, die legen erstmal eine Akte an. Und es gibt welche, die retten in der Zeit Menschen. Das war mir immer lieber, näher am „Schutzmannsgedanken".

Was meinen Führungsassistenten und mich wunderte, war, dass bei unserer Ankunft am Hotel schon die ersten Pressevertreter warteten. Hatte der Zeuge womöglich auch die Medien informiert?

Ich nahm Kontakt zum Hotelmanager auf, ein sehr netter, unaufgeregter Mann, der kurz vor einem beruflichen Wechsel stand. Es war sein letzter Monat in Köln. In einer Situation wie dieser ist es immer praktisch, jemanden direkt bei sich zu haben, der Verantwortung trägt und das Objekt, um das es geht, gut kennt. Das Hotel hatte immerhin hundert Zimmer.

Unsere ersten Überlegungen waren: Auf welchen Wegen könnte die bewaffnete Person vom Dach herunterkommen? Wie können wir ihr entgegen gehen, damit sie nicht ungesehen an uns vorbei nach draußen flüchtet?

Wir forderten Verstärkung durch die Bereitschaftspolizei an und über die Koordinierungsstelle ein Kommando der Spezialeinheiten. Außerdem eine Verhandlungsgruppe, die darauf spezialisiert ist, vor dem möglichen Zugriff mit einem Täter zu sprechen und ihn zur friedlichen Aufgabe zu bewegen. Wir sorgten dafür, dass kein Gast mehr das Hotel verließ, ohne zuvor seine Personalien anzugeben – für spätere Ermittlungsansätze. Alle Fahrstühle im Gebäude wurden angehalten. Dann durchkämmten wir das gesamte Haus.

Eine Besonderheit war, dass die obere Etage gerade ausgebaut wurde, da sollte die *Sky Bar* einziehen. Die komplette Etage war freigezogen, überall hingen Plastikplanen als Staubvorhänge. Wir evakuierten alle Bauarbeiter in einen Raum und starteten eine erste Befragung auf die Schnelle. Dann sind wir hoch auf das Dach. Wir wollten mit unserer Suche nach dem bewaffneten Mann oben anfangen und uns nach unten durcharbeiten. Das SEK ging übrigens voran, nicht etwa ich, so wie man das im Fernsehen oft sieht: Der Einsatzleiter, der – am besten noch ohne Schutzweste – den Spezialeinheiten vorausgeht. So ein Quatsch.

Das SEK suchte das komplette Dach ab. Weil man durch die hohen Klimaanlangen-Aufbauten schlecht um die Ecken gucken konnte, suchte die Besatzung eines Polizeihubschraubers das Flachdach zusätzlich aus der Luft ab. Aber sie sah niemanden und erkannte keine verdächtigen Gegenstände. Auch wir stellten nichts in dieser Richtung fest.

Stattdessen bemerkten wir, dass auf dem Dach ein großer Industrieaschenbecher stand, daneben ein Stuhl und ein paar Getränkeflaschen – für mich definitiv der schönste Raucherplatz Kölns. Von dort oben bot sich ein herrlicher Ausblick auf die Stadt, auf den Dom, auf den Rhein. Neben einem kleinen Balkon lag ein Kärcher, ein Dampfstrahler. Und jetzt konnte man eins und eins zusammenzählen: Warum sollte einer mit einem Gewehr auf dem Dach herumlaufen, bis nach vorne an die Kante gehen und dort mit der Waffe herumfuchteln? War es nicht viel einleuchtender, dass diese „Waffe" ein Kärcher gewesen ist? Und der „Attentäter" ein Arbeiter, der nur etwas gereinigt hatte?

Wir starteten eine zweite Befragung unter den Bauarbeitern, diesmal etwas nachdrücklicher. Und siehe da: Einer erklärte, etwas verschämt: „Na ja, wir machen immer sauber, wenn wir irgendwo fertig sind. Das gehört dazu." Das war jetzt kein Eingeständnis, aber für uns hieß es, dass die Arbeiter zumindest wussten, dass der Kärcher da lag – und dass man vorhin noch damit gearbeitet hatte.

Volker Lange und der damalige Hoteldirektor Rolf Slickers (2.v.l.) stehen den Journalisten nach dem Einsatz Rede und Antwort.

Was nun? Sollten wir als Nächstes tatsächlich alle 100 Zimmer mit der Codekarte oder mit der Ramme öffnen und durchsuchen? Oder ließen wir es jetzt dabei bewenden? Ich entschied: „Wir machen hier Feierabend, das ist alles schlüssig. Betrachten wir es als Übung und ziehen wieder ab." Alle waren einverstanden und erleichtert.

Vor dem Hotel habe ich dann noch den wartenden Journalisten Bericht erstattet. Am nächsten Tag überschrieb eine Boulevardzeitung den Einsatz mit: „Kölns schönster Raucherplatz".

Aber so ist es dann eben manchmal. Ich drücke lieber einmal zu viel als einmal zu wenig auf den Knopf und alarmiere im Zweifel die Spezialeinheiten, um eine möglicherweise schwierige Aufgabe zu lösen. Am Ende war die Hauptsache, dass nichts passiert war. Wir haben jedenfalls auch im Nachhinein nie etwas gefunden, was auf einen Anschlag oder Ähnliches hingedeutet hätte.

11

Der Einsturz

Der Tag, an dem das Stadtarchiv verschwand

Die Katastrophe kündigt sich mit Knirschen und einem dumpfen Grollen an. Es ist 13:58 Uhr am 3. März 2009, einem Dienstag, als ein zehn Zentimeter breiter Riss wie ein gezackter Blitz die Fassade des Stadtarchivs in der Südstadt hinauf flitzt. Fensterscheiben brechen heraus, Gebäudeteile krachen auf die Fahrbahn, der Bürgersteig der Severinstraße sackt weg. Sekunden später kippt das siebenstöckige Archiv nach vorne. Es bricht in sich zusammen und verschwindet in der fast 30 Meter tiefen Baugrube der U-Bahn. Teile der Nachbargebäude stürzen mit in die Tiefe, eine gigantische Staubwolke legt sich auf die Severinstraße. Zwei Bewohner sterben in den Trümmern.

Die Polizei ist früh vor Ort, noch vor dem ersten Notruf um 14:01 Uhr. Ein Streifenpolizist auf dem Motorrad hatte unmittelbar hinter einem Bus der Linie 133 angehalten, den Bauarbeiter im letzten Moment stoppen konnten, bevor er von Schutt und Trümmern begraben worden wäre. Auch ein paar Beamte vom Personenschutz haben Glück. Sie haben sich in dem kleinen Kiosk neben dem Archiv etwas zu essen gekauft und sich gerade ins Auto gesetzt, als hinter ihnen das „Gedächtnis der Stadt" in Schutt und Asche versinkt.

Bestens gelaunt erschien ich morgens zum Dienst auf der Innenstadtwache in der Stolkgasse. Nachts hatten Kollegen bei einem Einsatz auf den Ringen 17 Hells Angels festgenommen. Eine Pressemitteilung war schon in Vorbereitung, auf solche Ereignisse stürzen sich die Medien für gewöhnlich. Noch konnte keiner ahnen, dass diese Festnahmen ein paar Stunden später niemanden in der Stadt mehr interessieren würden.

An jenem Tag bekleidete ich die Funktion des Inspektionsleiters. Um kurz vor 14 Uhr saß ich in meinem Büro und führte ein Telefonat mit Elfie Scho-Antwerpes, der Bürgermeisterin der Stadt und Stellvertreterin von Oberbürgermeister Fritz Schramma. Elfie Scho-Antwerpes und ich besprachen die Erlebnisse einer gemeinsamen Nachtstreife nach.

Da kam ein Kollege rein. Er wirkte ziemlich aufgeregt, sagte: „Volker, leg mal auf!"

Ich dachte: Wie, leg mal auf? Man platzt doch nicht einfach so beim Chef ins Büro und sagt: „Leg mal auf!" Irgendetwas Wichtiges musste passiert sein. „Was ist?", fragte ich, den Hörer in der Hand haltend, „Stichwort?"

Der Kollege antwortete: „Am Waidmarkt stürzen Häuser ein, da liegen Menschen drunter."

Ungläubig wiederholte ich den Satz und gab ihn somit ungefiltert an die Bürgermeisterin weiter: „In der Stadt stürzen Häuser ein, da liegen Menschen drunter?"

Sie fragte nur: „Wo?"

„Am Waidmarkt." Und wir legten auf.

Als ich kurz darauf mit dem Kollegen am Unglücksort eintraf, saß Elfie Scho-Antwerpes schon auf einer Bordsteinkante, hielt jemanden im Arm, der voll bedeckt war mit Staub, und tröstete ihn.

Um uns herum herrschte Chaos. Es fielen zwar keine Gebäudeteile mehr herab, aber ich atmete den Staub ein, der überall in der Luft lag. Ich merkte das erst, als ich mir die Nase putzte. Als sich die Staubwolke gelegt hatte, sah man etwas klarer. Dort, wo das Stadtarchiv war, klaffte jetzt ein großes Loch in der Häuserfront. Wir Polizisten hatten das Gebäude sehr gut gekannt, es hatte ja jahrelang genau gegenüber dem alten Präsidium am Waidmarkt gestanden. Auch die Kneipe daneben, das Büdchen, all das kannte ich seit Jahrzehnten.

Ich blickte nach oben. Die Wohnhäuser links und rechts des ehemaligen Archivs waren ebenfalls zur Hälfte zerstört. Wände waren herausgebrochen, die Häuser standen auf einer Seite offen, man konnte den Leuten direkt in die Wohnungen schauen.

Plötzlich fiel mir dieser junge Mann auf: Er stand da oben mit einem weißen Polohemd und einer dunklen Hose in seinem halben Wohnzimmer in der vierten Etage und telefonierte. Die Jalousie baumelte noch von der Decke, das Fenster war nicht mehr da, es war samt der Außenwand in die Tiefe gerauscht. Der Kleiderschrank hing fast zur Hälfte über der Abbruchkante. Und dieser Mann stand da, scheinbar seelenruhig, und telefonierte.

Ein Fotograf hat diese Szene damals festgehalten, sie wurde *das* Bild der Katastrophe. Medien auf der ganzen Welt haben es abgedruckt oder gesendet oder online veröffentlicht. Einem Reporter erzählte dieser Mann später die Geschichte hinter dem Foto. Demzufolge war er nach dem ersten Grollen und Rumpeln mit seiner Freundin ins Treppenhaus geflüchtet, als plötzlich das halbe Haus wegbrach. Das Treppenhaus aber hielt. Die beiden liefen nochmal in ihre Wohnung zurück, weil sie den Herd ausstellen wollten, und er rief seine Mutter an, um ihr zu sagen, dass es ihm gut gehe. In dem Interview erzählte der Mann, dass er in diesem Moment nicht klar habe denken können, aber dass er schon ziemlich erschrocken gewesen sei, als er später das Foto von sich in diesem halben Haus gesehen habe. Wahnsinn.

Es sind Bilder, die ich nie vergessen werde. Viele Details, viele Geräusche sind mir bis heute in Erinnerung. Der Einsatz hat mich im wahrsten Sinne des Wortes erschüttert. Der Anblick der Ruinen hat sich bei mir eingebrannt, und er hat mich schon damals sehr betroffen gemacht. Vor allem das Schicksal zweier Männer ging mir nahe, die nicht rechtzeitig aus ihren Wohnungen flüchten konnten und unter den Trümmern begraben wurden. Sie wurden später tot geborgen. Furchtbar. Aber trotzdem kann man in anderer Hinsicht auch von Glück sprechen. Denn an Rosenmontag, nur ein paar Tage vor dem Einsturz, hatte genau vor dem Archiv noch eine Zuschauertribüne gestanden; sie war voller Menschen, die ausgelassen gefeiert hatten. Die wären alle in die Baugrube reingefallen. Das muss man sich mal vorstellen. Oder besser nicht.

Ursächlich für den Einsturz waren – wie man heute weiß – verheerende Fehler bei Arbeiten an der geplanten neuen U-Bahn-Haltestelle vor dem ehemaligen Stadtarchiv. Dementsprechend standen damals rund um die Einsturzstelle überall Baustellenabsperrungen und Zäune, es war ein bisschen unübersichtlich. Wir mussten uns erst einmal orientieren, als wir um kurz nach 14 Uhr ankamen.

Zuerst schlug die Stunde der Feuerwehr. Retten, bergen, schützen. Eine rot-weiße Leistungsschau. Ich war froh, in einer Großstadt zu sein. Hilfe war sofort und zahlreich im Anmarsch. Nur am Rande war es anfangs auch eine polizeiliche Lage. Unsere Aufgabe war es in der ersten Phase, der Feuerwehr und den Rettungskräften Platz zum Arbeiten zu schaffen. Sie durften nicht behindert werden, auch nicht durch uns. Wir sperrten also weiträumig ab, halfen bei der Evakuierung der Anwohner und drängten Schaulustige zurück.

Einer der ersten Feuerwehrmänner vor Ort war ein studierter Bergbauingenieur. Er warnte uns, nicht zu nahe an den Krater heranzutreten: „Das ist wie am Strand, wenn wir mit unseren Kindern mit einer Schippe ein Loch buddeln", erklärte er uns. „Je tiefer man gräbt, desto mehr Sand rutscht von oben nach. Das Loch wird zum Trichter. Und wer zu dicht am Rand steht, kann mit in die Tiefe gerissen werden."

Man sagt ja immer: So lange man mit beiden Füßen auf dem Boden steht, ist man in Sicherheit. Aber das war man in diesem Fall eben nicht. Ich war jedenfalls kein uniformierter Zuschauer, ich bin auch nicht über Trümmer geklettert, da hatte ich überhaupt nichts zu suchen. Ich kam dem Krater nur so nahe, wie es eben erforderlich war.

Alle Rettungskräfte, die später in das Loch hinuntersteigen mussten, hatten ein Namensschild, das an einem Karabinerhaken befestigt war. Dieses Schild hängten sie oben an einen Zaun, so dass man zu jeder Zeit wusste: Da sind jetzt drei Leute unten, und die heißen Müller, Meier und Schmitz. Im Ernstfall, falls der Boden noch weiter nachgegeben hätte und Erde nachgerutscht wäre, hätte man genau gewusst, nach wem man suchen musste.

Hinter dem Hochhaus des ehemaligen Präsidiums, auf dem alten Parkplatz, baute die Polizei eine Befehlsstelle auf, direkt neben der Feuerwehr. Von nun an sollte ich die nächsten 26 Stunden ununterbrochen vor Ort sein. Insgesamt betrachtet haben alle Beteiligten über viele Tage hinweg alles gegeben, teilweise auch bis an den Rand der Erschöpfung. Die Feuerwehr, die Stadt, das Technische Hilfswerk, die Hilfsorganisationen, die Polizei – einfach alle. Schwer beeindruckt hat mich in diesen Tagen der Direktor der Berufsfeuerwehr, Stephan Neuhoff, mit seiner unermüdlichen und umsichtigen Art und seinem enormen Fachwissen.

Bei der Polizei gibt es für so genannte Großschadensereignisse eine festgelegte und erprobte Führungsstruktur. Ob es sich um ein Zugunglück handelt, um einen Flugzeugabsturz oder um einen Chemieunfall – egal, man braucht nur in die Akten zu schauen, es ist alles vorbereitet. Jedenfalls in der Theorie. Aber wann stürzt schon mal ein Stadtarchiv mitten in einer Innenstadt ein? Wann öffnet sich in Köln schon mal der Boden unter einem? Das war für uns alle neu. Und obwohl das Geschehen tragisch war für alle Beteiligten, vor allem für die Angehörigen der beiden Todesopfer, so hatten wir es doch hier immerhin „nur" mit einer punktuellen Situation zu tun. Irgendwann, viel später, fragte ich mich mal: Was würden wir denn eigentlich nach einem Erdbeben machen, wo, wie in Mexico City oder in der Türkei oder sonst wo auf der Erde, tausende Menschen auf einmal sterben oder verletzt werden? Das sind ja nochmal völlig andere Dimensionen.

Als Regionalverantwortlichem der Inspektion, in der das Unglück geschehen war, übertrug mir der Leitende Polizeidirektor sehr schnell die Leitung des „Einsatzabschnittes Ereignisort". Ich war somit zuständig für alle polizeilichen Maßnahmen direkt an der Unglücksstelle.

Zunächst galt es, zügig ein Konzept zu erstellen: Wo ziehen wir die Absperrlinie? Wir mussten den Autoverkehr weiträumig umleiten und Einbahnstraßensysteme einführen, damit die ganzen Betonmischer später freie Fahrt hatten. Dazu gleich mehr. Wir mussten eine Presseanlaufstelle einrichten, denn natürlich dauerte es nur Minuten, bis die ersten Journalisten eintrafen.

Später überlegten wir unter anderem: Wer kriegt einen Anwohnerausweis und darf die Unglücksstelle betreten, etwa um Habseligkeiten aus seiner Wohnung zu holen? Wo werden diese Ausweise ausgestellt? Werden die laminiert? Welche Anwohner haben ein Interesse, ins nahegelegene Hotel zu ziehen, weil ihre Wohnung zerstört war? Und wie wird das organisiert? All das war zwar originäre Aufgabe der Stadt, aber die Polizei unterstützte dabei.

Die Feuerwehr holte den Bewohnern der einsturzgefährdeten Nachbarhäuser auf Zuruf wichtige Dokumente aus den Wohnungen. Stellen Sie sich mal vor, Sie hätten nur ein paar Minuten Zeit, um alles mitzunehmen, was Ihnen wichtig ist. Was nehmen Sie mit? Den Kanarienvogel? Das Lieblingskuscheltier von Ihrem Kind? Die Eheurkunde? Kommt vielleicht darauf an, wie glücklich die Ehe ist. Alte Fotos? Erinnerungstücke an die Eltern? Jeder hat etwas anderes, das ihm wichtig ist. In der Georgstraße gab es auch Objekte, die die Bewohner zunächst selbst noch einmal kurz betreten durften, um ein paar persönliche Gegenstände herauszuholen. Für manche der Betroffenen war das eine traumatische Situation. Ich kenne den Fall einer Frau, die an diesem 3. März nachmittags von der Arbeit nach Hause gekommen ist – und ihr Haus war zerstört. Unbewohnbar. Alles verloren. Sie ist darüber verzweifelt und berufsunfähig geworden.

Unsere Spezialeinheiten bauten Kameras auf, die alle weiteren Veränderungen wie zum Beispiel Risse an den Gebäuden dokumentierten. Die Techniker hatten dafür die nötigen Überwachungsgerätschaften. An Beschädigungen wurden Gipsmarken mit Datum angebracht, um jede Veränderung aus der sicheren Entfernung minutiös verfolgen und so erkennen zu können, welche Dynamik an der Einsturzstelle herrscht, ob noch Bewegung drin ist.

In den ersten Stunden nach dem Einsturz hatte niemand eine Übersicht, was genau passiert war – und warum. Es dauerte Tage, bis sich erstmals mögliche Ursachen herausschälten. Das Strafverfahren zog sich schließlich über zehn Jahre bis 2019. Von anfangs 90 Beschuldigten blieben am Ende zwei übrig: ein Bauüberwacher der Kölner Verkehrsbetriebe (KVB) und ein Oberbauleiter. Beide erhielten Bewährungsstrafen wegen fahrlässiger Tötung. Die Richterin sprach im Prozess vom „größten Schaden einer deutschen Kultureinrichtung seit dem Zweiten Weltkrieg", die Rede war von insgesamt 1,3 Milliarden Euro Gesamtschaden.

Unmittelbar nach dem Einsturz galt die gesamte Umgebung an der Unglücksstelle als hoch gefährdet. Trümmer konnten nicht weggeschafft werden, solange der Boden den schweren Abrissbaggern und Baumaschinen nicht standhielt. Bei der Suche nach den zwei vermissten Bewohnern räumten die Helfer den Schutt mit bloßen Händen weg. Immer wieder liefen Rettungskräfte und Polizisten mit Leichenspürhunden die Trümmer ab. Am fünften Tag nach dem Einsturz wurde der Leichnam des 17 Jahre alten Bäckerlehrlings Kevin gefunden, am neunten Tag der des 24-jährigen Studenten Khalil.

Noch am Abend des Einsturzes hatte man sich entschieden, Flüssigbeton in die fast 30 Meter tiefe, mit Trümmern gefüllte Baugrube zu pumpen, um die unterirdischen Hohlräume der U-Bahn-Baustelle zu stabilisieren. Gegen 18:30 Uhr rückten die ersten Betonmischer an, und schon bald staute sich die Karawane der Fahrzeuge bis zur Deutzer Brücke. Ein Betonmischer nach dem anderen fuhr bis zum Krater vor, fast 2000 Kubikmeter Beton wurden schließlich in dem Loch versenkt.

108

Eine Sache allerdings erschien uns schon bald merkwürdig: In manchem Fahrerhaus saßen gleich zwei Leute, das ist unüblich bei Betonmischern. Wir gingen der Sache auf den Grund – und stellten fest, dass die Personen auf dem Beifahrersitz offenbar eine Art Eintrittsgeld für das Fahrerhaus bezahlt hatten. Es waren Pressefotografen, die sich exklusive Aufnahmen von der Einsturzstelle sichern wollten. Manche hatten dem Fahrer 200 Euro gegeben. Sehr findig, das muss ich schon sagen. Aber auch respektlos. Ein Fotograf fragte mich: „Wenn der Betonmischerfahrer dahin darf, warum darf ich denn dann keine Fotos von da machen?" Ich konnte das sogar verstehen. Aber das ging natürlich nicht. Es war zu gefährlich. Unbefugte hatten dort schlicht und ergreifend nichts verloren. Also mussten wir jedes Auto durchsuchen, bevor es die Absperrung passieren durfte. Ein Riesentheater. Und so unnötig.

Verständlicherweise war das Medieninteresse überwältigend. Sobald feststand, dass das Gelände um die direkte Einsturzstelle einigermaßen sicher war, führten wir nur wenige Stunden nach dem Einsturz einen Tross Medienvertreter relativ nahe an den Krater heran, damit sie Übersichtsaufnahmen machen konnten. Aus der Luft fertigte ein Fotograf zusätzlich Bilder aus einem Hubschrauber an und stellte sie den übrigen Journalisten anschließend zur Verfügung. Das war der Deal. Denn was wir nicht wollten, war ein Konkurrenzkampf zwischen den verschiedenen Sendern, so wie man das aus den USA kennt: ABC gegen FOX und CNN und so etwas. Um das zu verhindern, ließen wir eine Flugverbotszone über dem Waidmarkt einrichten.

Irgendwann wurde mir das gigantische Ausmaß der gesamten Situation erneut bewusst, als wir dem Ordnungsamt in der Löwengasse halfen, die Eigentümer von Autos zu informieren. Die sollten ihre Fahrzeuge aus den Garagen holen, denn Teile des Garagenhofs hinter dem Theater Comedia Colonia mussten plattgemacht werden, damit die großen Baugeräte wie Kräne und Lastwagen besser an das Loch heranfahren konnten. Als die Autos alle weg waren und der Caterpillar langsam durch den Hof rollte und die völlig intakten Garagen einfach zur Seite schob, da wurde mir klar: „Okay, Think Big"– das war hier das Motto.

Herrschte anfangs eine Doppelzuständigkeit von Feuerwehr und Polizei am Unglücksort, so übernahm nach dem zweiten Leichenfund am

12. März die Staatsanwaltschaft das Kommando. Der Unglücksort war jetzt offiziell ein Tatort. Eine Mordkommission der Polizei musste ermitteln, woran die beiden jungen Männer gestorben waren. Eigentlich schien die Ursache ja klar. War da wirklich noch eine Obduktion nötig? Andererseits wäre es rein theoretisch auch denkbar gewesen, dass die Männer schon tot im Bett gelegen hatten, als das Archiv einstürzte. Also ordnete die Staatsanwaltschaft zwei Obduktionen an. Die Juristen müssen sich da formal sauber bewegen. Die Ergebnisse fielen dann aber erwartungsgemäß aus.

Khalil G. war sofort tot – so viel konnten die Rechtsmediziner feststellen. Der 24-Jährige hatte sich zum Unglückszeitpunkt in seiner kleinen Dachgeschosswohnung aufgehalten, zwölf Meter über der Straße. Seine Leiche wurde neun Meter unter der Erde gefunden. Über ihm türmten sich fünf Meter Schutt. Ein Gewicht von zehn Tonnen drückte auf seinen Oberkörper. Die Rechtsmediziner stellten in ihrem Gutachten fest: Khalil muss gestorben sein, noch während das Haus einstürzte.

Auch der 17-jährige Kevin war von herabfallenden Trümmern sofort getötet worden. Er war nach einer Nachtschicht in der Bäckerei erst am Vormittag von der Arbeit nach Hause zurückgekehrt und hatte vermutlich geschlafen, als sein Haus einstürzte.

Für manche gibt es auch noch ein drittes Todesopfer. Denn sie zählen eine ältere Frau dazu, die ihre Wohnung an der Severinstraße nach dem Einsturz aufgeben musste. Sie starb zwei Wochen später in einem Hotel an einer Überdosis Schlaftabletten. Aus dem Abschiedsbrief ging nicht klar hervor, warum sie den Freitod gewählt hatte. Allerdings beschrieb sie darin, dass ihr alles zu viel war, dass sie mit der Katastrophe überfordert war.

12

Einsatz in zwei Welten

Party, Alkohol, Gewalt –
wenn es Nacht wird auf den Ringen

*E*ine erfahrene Jugendrichterin ist vieles gewohnt. Sie hat unzählige *Geschichten gehört, in Abgründe geblickt und furchtbare Schicksale kennengelernt. Aber: Das Setting einer Gerichtsverhandlung gleicht in gewisser Weise einer Laborsituation. Was Richterinnen und Richter in den Ermittlungsakten lesen, ist das eine. Was sie im Saal erleben, oft etwas ganz anderes.*

Da sitzen die jungen Angeklagten geknickt neben ihrem Rechtsbeistand. Frisch frisiert, das Hemd in der Hose, die Hände auf dem Tisch gefaltet. Sofern sie gut beraten wurden, präsentieren sie sich von ihrer bestmöglichen Seite. Geben sich freundlich, höflich, vielleicht reuig. Nicken artig, wenn die sozialpsychologische Betreuerin ihnen eine gute Prognose stellt.

Nachtschicht auf den Ringen 2008.

Ein Jugendrichter, der die Polizisten um Einsatzleiter Volker Lange eine Nacht lang über die Kölner Ringe begleitet hat, sagte in der Morgendämmerung: „Oh Mann, sind wir weit weg von der Realität. Nach dieser Nacht kann ich mir vorstellen, dass die sich auch richtig Scheiße benehmen können."

Eine Geschäfts- und Vergnügungsmeile mitten in der Innenstadt – so könnte man die Kölner Ringe bezeichnen, und das sogar im Wortsinn. Vom Barbarossaplatz über den Hohenzollernring bis zum Kaiser-Wilhelm-Ring sind es ziemlich genau 1,6 Kilometer, eine Meile. „Die Ringe" schließen aber auch die vielen kleinen Seitenstraßen mit ein, sprechen wir also vielleicht besser vom „Umfeld" Kölner Ringe. Und das hat zwei Gesichter, die unterschiedlicher kaum sein könnten. Es sind zwei Welten im 24-Stunden-Betrieb.

Tagsüber wuseln Menschen umher, die hier arbeiten oder einkaufen, die bummeln und Besorgungen erledigen. Teure Möbelgeschäfte und Designshops reihen sich auf den Ringen aneinander, Startups, Notare und Arztpraxen, Banken und Versicherungen, dazwischen Bäckereien und Cafés, die täglich tausende Coffees-to-go verkaufen.

Aus polizeilicher Sicht bereitet am Tag vor allem das dichte Verkehrsgeschehen Probleme. Radfahrer und Fußgänger kommen sich untereinander oder gegenseitig in die Quere. Es gibt einen schmalen, völlig fehlkonstruierten Fahrradweg voller Löcher im Steinpflaster, der in den nächsten Jahren komplett umgestaltet werden soll; teilweise ist das auch schon geschehen. Und es gibt viele rücksichtslose Autofahrer – und damit meine ich nicht nur die Kuriere von Paketdiensten und Lieferfirmen, die ihre Kleintransporter parken, wo sie wollen, sondern auch die ganzen Angeber, die in ihren aufgemotzten Karren die Ringe rauf und runter fahren, um gesehen zu werden.

Vor Jahren habe ich mal einen angesprochen, der mit seinem tiefergelegten AMG Mercedes mitten auf dem Fußgängerweg hielt: „Sie stehen hier ziemlich schlecht", sagte ich zu ihm, „außerdem sind Sie da vorne falsch abgebogen."

Als mein Kollege dem Mann dafür 20 Euro abnehmen wollte, antwortete der großkotzig: „Mach 40. Wenn ich wegfahre, biege ich wieder falsch ab."

Manchmal frage ich mich, ob sich solche Typen untereinander einen Wettbewerb liefern: Wer verhält sich am abgrundtiefsten?

Ab 18 Uhr, wenn die ersten Läden schließen, verändert sich die Atmosphäre auf den Ringen allmählich. Während die Einen nach Hause gehen, steigen die Anderen aus den U-Bahnen, strömen in die Bars, Restaurants und Shisha-Lounges oder ins Kino. Schichtwechsel. Das Publikum wird jünger. Bis 23 Uhr haben viele Diskotheken Happy Hour, weil sie froh sind um jeden Kunden. Erst ab Mitternacht beginnt das eigentliche Geschäft. Vor allem an Wochenenden und Feiertagen endet die große Party für viele erst am späten Vormittag.

Auch die Aufgaben für die Polizei ändern sich mit Einbruch der Dunkelheit. Nicht alle jungen Leute kommen auf die Ringe, um hier friedlich zu feiern. Manche würden vielleicht gerne mitfeiern, dürfen aber nicht, weil sie dank massiver Türsteherpräsenz nicht in die Läden kommen und dann Streit suchen – oder sie können nicht, weil eine Partynacht auf den Ringen ihr Budget sprengt. Sie mäandern stattdessen stundenlang zwischen den Diskotheken hin und her. Im Polizeideutsch würde man sagen: Sie nutzen die „Tatgelegenheitsstrukturen" für Übergriffe und Raubüberfälle, für sexuelle Belästigungen junger Frauen – oder sie wollen sich einfach nur prügeln.

Vor Rotariern hielt ich mal einen Vortrag mit dem Titel: „Wie schützt Polizei Leib und Leben in einer weltoffenen Metropole?" Na gut … ob Köln jetzt eine Metropole ist im Vergleich zu London, Manila oder Nairobi, ist eine ganz andere Frage. Das soll jeder für sich beurteilen. Für Kölsche ist Köln der Bauchnabel der Welt. Das kann man so sehen, ist ja auch schön, wenn man so zufrieden ist. Aber führt man sich eine 10- oder 20-Millionen-Megacity vor Augen, wo jeder Vorort größer ist als Köln, könnte man auch eine andere Perspektive entwickeln. Jedenfalls habe ich den Rotariern Videos von unseren nächtlichen Einsätzen auf den Ringen gezeigt – und sie kamen aus dem Staunen nicht mehr heraus. Solche Zustände kannten sie bislang nur aus dem Fernsehen.

Da gibt es natürlich die netten, die wirklich schönen Erlebnisse, von denen ich immer gerne berichte. Zum Beispiel die Situation, als wir mit mehreren Polizisten vor einer Diskothek auf den Ringen standen. Ein paar junge Frauen sprachen uns an, wollten Fotos machen. Nicht von uns, sondern von den beiden uniformierten Kolleginnen der Reiterstaffel, die in dieser Nacht zu unserer Unterstützung eingesetzt war.

Ein Pferd ist ein äußerst probates „Einsatzmittel", wie es bei der Polizei heißt. Hoch zu Ross sieht man viel mehr als eine Fußstreife, die sich durchs Getümmel schlagen muss. Und andersherum wird man in den gelbleuchtenden Uniformjacken auf dem Rücken eines Pferdes auch viel besser wahrgenommen. Es ist eigenartig, aber wenn zwei Pferde nebeneinander auf der Straße gehen, machen die Leute automatisch Platz – auch die, die sonst gern den dicken Max markieren und einen Streifenwagen eher nicht durchlassen würden. Ob das am Schaum vor dem Mund liegt, der heruntertropft und von dem man sich sein Outfit nicht besudeln lassen will, am klackernden Geräusch der Hufe auf dem Asphalt oder ob es einfach der Respekt vor diesen großen Tieren ist – ich weiß es nicht. Ein Pferd macht jedenfalls Eindruck. Und natürlich ist der Einsatz der Reiterstaffel immer auch ein bisschen PR für die Polizei. Sehen und gesehen werden. Darum geht es.

Vor der Diskothek auf den Ringen hatten sich die zwei jungen Frauen gerade für das Selfie vor den beiden Pferden in Position gestellt, als aus dem Club ein Tänzer mit freiem Oberkörper hinzukam. Er trug eine hauteng Balletthose, war perfekt trainiert, wie Ballettkünstler so sind. Er stellte sich in die Mitte zwischen diese riesigen Tiere, lächelte und fragte die beiden Nachtschwärmerinnen: „Na, Mädels, welchen von den drei Hengsten wollt ihr haben?"

Meine charmante Kollegin Heike grinste süffisant und sagte: „Also, ich sitze auf einem Wallach."

Lustige, aber auch weniger schöne Momente habe ich am so genannten Betonauto erlebt. Jeder in Köln kennt es, das Kunstwerk von Wolf Vostell mit dem Titel „Ruhender Verkehr". 1969 erschaffen, steht die Aktionsplastik seit Ende der 80er Jahre zwischen dem Rudolfplatz und der Ehrenstraße mitten auf der Fahrbahn. Ein vollständig einbetonierter Opel Kapitän, Baujahr 1960. Eine echte Landmarke in der Stadt. Bei Fußballspielen ist das Betonauto der Platz für den Sieger, dann ruht der Verkehr hier auch im wörtlichen Sinn. Nach Siegen der deutschen Nationalmannschaft oder der Nationalteams der hier heimisch gewordenen kölschen Griechen, Kroaten, Türken, Italiener, Spanier oder wem auch immer wird der vielfach besungene „Kölsche Stammbaum" am Betonauto stimmungsvoll sichtbar. Dann kommen die Leute mit Fahnen, ein paar stehen oben auf dem Auto und heizen der Menge ein, der Rest steht drum herum und jubelt. Ein Ritual vor allem bei Welt- und Europameisterschaften, aber auch bei Aufstiegsfeiern des 1. FC Köln.

Bei der EM 2008 stand das Halbfinale Deutschland gegen die Türkei an. Die Türken hatten bei der EM bis dahin spektakuläre Spiele abgeliefert mit großer Dramatik und mehreren Last-Minute-Siegen. Ich war der Einsatzleiter auf den Ringen. Klar war schon vor dem Spiel: Es würde nachher eine große Party auf den Ringen geben, egal wer gewinnt. Drei Tage vor dem Halbfinale ging ich abends mit meiner Kollegin Rosi über die Ringe. Ein paar Fans sind ja immer latent aggressiv, aber an diesem Tag nicht, alles war entspannt. Am Betonauto sprachen uns drei Jungs im Nationaltrikot der Türkei an und fragten, ob sie ein Foto mit mir machen dürften. Kein Problem, ich willigte ein, wir haben uns noch kurz nett unterhalten, dann ging jeder wieder seiner Wege.

Damals gaben wir in den drei Tagen vor dem Halbfinale 106 Statements für die Presse ab – mein persönlicher Rekord. Meistens hatte ich den Kollegen Mehmet Karapinar an meiner Seite, ein türkischstämmiger Polizist aus Köln-Mülheim, sehr engagiert, äußerst eloquent, ein schlauer Typ. Er hat viele Interviews mit den türkischen Medien geführt.

Als der Tag des Spiels gekommen war, baute ein Team der Tagesschau auf den Ringen sein Equipment auf. Die wollten nach dem Schlusspfiff live berichten, aber nur, wenn es im Hintergrund Auseinandersetzungen gäbe. Mich hatten sie für ein Interview angefragt. Deutschland gewann 3:2 in einer packenden Partie. Auf dem Ring explodierten die Emotionen, es war laut, wild und ausgelassen. Aber es blieb friedlich. Eine Jura-Referendarin, die wir bei dem Einsatz dabeihatten, verzog sich trotzdem in einen Streifenwagen auf den Ringen und verließ das Auto auch nicht mehr. Sie hatte Angst. Dabei war gar nichts Schlimmes passiert. Auch die Tagesschau packte alles wieder ein und verzichtete auf ein Interview. Später bedankte sich die Referendarin in einer Mail bei mir dafür, dass sie dabei sein durfte. Sie war inzwischen an einem Amtsgericht tätig; die kurze Hospitanz bei uns hätte ihr viel gebracht für ihr weiteres Leben, schrieb sie. Und was wir Polizisten uns alles gefallen lassen müssten, fügte sie hinzu … das hätte sie vorher nicht gedacht.

Jedenfalls, wir standen mitten im Trubel, als ich auf einmal jemanden rufen hörte: „Ey, Herr Lange, kennst du mich noch?" Ich drehte mich um und sah einen der drei türkischstämmigen Jungs, die sich drei Tage vorher mit mir fotografiert hatten. Er trug jetzt kein Nationaltrikot mehr, sondern ein Vereinstrikot.

„Klar", sagte ich, „aber beim letzten Mal hattest du ein anderes Trikot an."

Er lachte und rief: „Wir haben ein Foto gemacht, weißt du noch? Das habe ich jetzt als Bildschirmschoner auf dem Computer. Wir beide."

Meine Kollegin grinste und fragte ihn: „Hast du einen 16:9-Bildschirm?" Der Junge hatte eine ähnliche Statur wie ich.

Etwas brenzliger wurde es kurz darauf vor dem Kino gegenüber dem Betonauto. Pflanzen aus einem Blumenkübel flogen plötzlich durch die Luft, geworfen aus einer Gruppe von Leuten heraus, die sich türkische Fahnen vorne um die Schulter geknotet hatten und den langen Stoff wie ein Supermann-Cape trugen. Ein Zugführer der Bereitschaftspolizei ließ die Gruppe umstellen und zog eine Absperrlinie, um die Männer in Ruhe kontrollieren zu können. Der Zugführer, im früheren Beruf Landschaftsgärtner, erläuterte mir später: „Hier fliegen keine Blumen durch die Gegend, wenn ich dabei bin. Die brauchten mal eine ordentliche Ansage."

Zwei besonders uneinsichtige junge Männer wurden auf dem Boden festgehalten und sollten gefesselt werden. Vor der Absperrung zogen sich weitere knapp hundert Leute Sturmhauben und Schals über und wollten ihre Kumpels da offensichtlich rausholen.

Ich ging zu ihnen, sagte zum Rädelsführer: „Zieh mal deine Gangster-Maske runter."

„Warum?"

„Dann können wir uns viel besser unterhalten."

„Was ist da los?", wollte er wissen.

„Die Jungs haben irgendeinen Scheiß gemacht", antwortete ich. „Meine Kollegen stellen jetzt die Personalien fest, und dann können die wieder gehen. Was ist euer Problem?"

„Die Polizisten stehen mit den Stiefeln auf der türkischen Fahne", sagte der Rädelsführer.

„Wartet", erwiderte ich knapp, „ich kläre das."

Ich forderte meine Kollegen auf, von der Fahne zu treten, nahm die Fahne hoch, legte sie zusammen und erklärte dem Besitzer, der da am Boden lag, kurz, was ich vorhabe: dass ich die Fahne seinen „Brüdern" geben werde, die damit weiterziehen wollten. Ich übergab sie dem Rädelsführer und sagte: „Meine Kollegen haben das nicht gesehen, hier ist die Fahne."

Die Jungs packten sie ein. Sie machten noch ein Foto – und sind gegangen. Friedlich und unvermummt.

Ganz streng genommen hatte ich soeben möglicherweise einen Diebstahl begangen. Denn die Fahne gehörte denen ja nicht. Juristen könnten argumentieren, ich hätte mich „wie ein Eigentümer geriert" und mir die Fahne „zugeeignet". Aber gut, die etwas unorthodox eingeholte „kölsche Zustimmung" des tatsächlichen Besitzers war für den weiteren Abend jedenfalls friedensstiftend und zielführend.

Aus polizeilicher Sicht überwiegen bei all den schönen Momenten leider die Schattenseiten auf den Ringen. Vor allem nachts. Es sind Situationen, wo Menschen blutüberströmt auf der Erde liegen. Oder aus der Disco kommen und völlig erregt sind, weil man sie ausgeraubt oder verhauen hat.

Eine fast typische Situation, die ich selbst erlebt habe: Ein Mann kommt mit zwei jungen Frauen im Arm die Treppe aus einer Disco hoch. Oben steht eine Gruppe Männer, von denen einer offenbar Streit sucht. Es schert ihn nicht die Bohne, dass wir Polizisten nur ein paar Meter entfernt stehen. Er spricht die beiden Frauen an: „Was wollt ihr denn mit dem Lutscher da, wenn ihr auch uns haben könnt?"

Der so Beleidigte macht sich gerade, baut sich vor dem anderen auf, kassiert ein paar Schläge und sinkt mit blutiger Nase auf den Boden. Wir nehmen den Täter fest, rufen einen Rettungswagen – und es folgt das übliche Stelldichein von Polizei und Rettungskräften auf den Ringen mit dem immer gleichen Ende: Wir fahren die Gewinner, die Feuerwehr die Verlierer.

Wenn wir nachts auf den Ringen zu einer Schlägerei gerufen werden, sind schnell sieben oder acht Kollegen notwendig. Denn wenn sich zwei kloppen, braucht man allein vier Beamtinnen oder Beamte, um die zu trennen – zwei für jeden. Anschließend musst du die Personalien feststellen, eventuell Platz für die Rettungskräfte schaffen. Das sind oft sehr komplexe Lagen, die von angeheiterten oder empörten Schaulustigen häufig noch gestört und kommentiert werden. Die kommen dir dann sehr nahe und rufen: „Ey, was machst du mit meinem Bruder?" Oder sie mischen sich ein, meinen das vielleicht auch gut, stören aber trotzdem. Es ist einfach nicht ihre Aufgabe. Sie haben auch kein Recht zu erfahren, warum dieser oder jener nun gefesselt und in den Streifenwagen gebracht wird.

Dann gibt es die Fraktion der Schlauschwätzer, die das Handy zückt und alles filmt. Wobei … eben nicht alles, und genau da liegt das Problem. Denn in der Regel kommen sie zu spät. Die eigentliche Auseinandersetzung, die Entstehungsgeschichte des Einsatzes haben sie nicht mitbekommen, nur den Zugriff – und den filmen sie, stellen diesen kleinen Ausschnitt isoliert ins Internet und grölen dazu: „Polizeigewalt!" Nicht nur für die beteiligten Polizisten ist das eine schwierige Situation. Ich habe auch schon erlebt, dass der Gefesselte den Handyfilmer angebrüllt hat: „Lass die Scheiße sein", weil er nicht gefilmt werden wollte.

Ein angetrunkener Bundeswehrsoldat sagte mir mal mitten in einem solchen Einsatz: „Wir haben das aber anders gelernt."

Ich antwortete: „Ja, aber ich leite diesen Einsatz, und wir machen das so."

Er blieb beharrlich: „Ich würde das aber anders machen."

„Können Sie gerne tun. Machen Sie ein gutes Abitur, bewerben Sie sich bei der Polizei, bestehen Sie Ihr Bachelorstudium, setzen Sie vielleicht noch einen Master drauf, und wenn Sie genug Einsatzerfahrung gesammelt haben und so gut sind, dass Sie in Köln arbeiten dürfen – dann machen Sie das so, wie Sie das für richtig halten. Bis dahin lassen Sie mich die Verantwortung tragen." Als er immer noch keine Ruhe gab, wurde ich lauter: „Was ich Ihnen gerade erklärt habe, muss reichen. Ich muss mich jetzt um meine Kundschaft kümmern."

Eine weitere Szene geht mir bis heute nicht aus dem Kopf: Ein junger Mann lief nachts mit voller Absicht vor meinen Augen bei Rot über die Straße. Ich sprach ihn darauf an, und er wurde sofort frech. Er sagte: „Mein Vater zahlt im Monat so viel Steuern, wie Sie verdienen."

„Ja", entgegnete ich ruhig. „So ist das halt, die Polizei ist steuerfinanziert."

Mein Kollege fragte den jungen Mann nach seinem Ausweis, da warf er dem Kollegen seinen Döner vor die Füße, zog statt des Ausweises einen Bündel Geldscheine aus der Tasche und fragte: „Wie viel muss ich Ihnen bezahlen?"

In solchen Momenten frage ich mich: Was haben wir den Leuten eigentlich getan? Was ist das für eine Art?

In jener Nacht war eine städtische Dezernentin bei uns. Sie begleitete den Einsatz, weil sie sich ein Bild von der Situation auf den Ringen machen wollte. Sie hatte alles mitbekommen und sagte: „Herr Lange, schreiben Sie meinen Namen als Zeugin auf. Ich glaube, ich kenne den Vater von dem jungen Mann. Wenn es zum Gerichtstermin kommt, sage ich auch aus." Und zu dem Nachtschwärmer gewandt sagte sie: „Das wird dann eine öffentliche Verhandlung. Und so, wie ich Ihren Vater kennengelernt habe, glaube ich nicht, dass ihm das so recht wäre. Vielleicht überlegen Sie sich, was Sie gerade gesagt haben und fangen nochmal neu an."

Als Polizeibeamter sollte man sich in solchen und ähnlichen Situationen immer so benehmen, dass man im Nachgang Dritten gegenüber genau darlegen kann, warum man wie gehandelt hat. Meine Devise ist, erstmal freundlich zu sein, die Hand auszustrecken und „Guten Tag" zu sagen. Wenn das nichts nutzt, dann kann die ausgestreckte Hand aber auch zur Faust werden. Dann kann oder muss man vielleicht Zwang anwenden. Und wenn da zehn Handys mitlaufen – das ist mir dann in dem Moment egal. Wenn es geboten ist, setze ich Gewalt ein. Denn anders als der Delinquent oder der Randalierer dürfen oder müssen wir als Polizei Gewalt anwenden, wenn es nötig ist. Wir vertreten das Gewaltmonopol. Das weiß eigentlich auch jeder. Und solange wir damit verhältnismäßig und sorgsam umgehen, haben wir auch bei den allermeisten Menschen in der Bevölkerung einen hohen Zuspruch. Nicht ohne Grund genießt die Polizei hierzulande ein sehr hohes Vertrauen.

Falls möglich, sollte man sich allerdings immer drei Sekunden Zeit nehmen, bevor man Gewalt anwendet. Man sollte dem Gegenüber seine Maßnahme erklären und ankündigen, zum Beispiel so: „Sie haben sich hier geprügelt, ich lege Ihnen jetzt Handfesseln an, machen Sie mal die Hände auf den Rücken." Tut man das nicht, dauert das, was dann folgt, oft länger als drei Sekunden. Es ist also auch eine Frage der Ökonomie: Wenn ich mir die Zeit nicht nehme und stattdessen sofort an jemandem herumrobbe, ziehe und zerre, und der sperrt sich passiv dagegen … was mache ich dann? Einen Blendschlag? Einen Schockschlag? Trete ich den? Schlage ich den? Dann ist man unnötig nah beieinander und riskiert, selbst verletzt zu werden. Mit einer kurzen, klaren Ansprache im Vorfeld lässt sich das oft vermeiden. Funktioniert natürlich nicht, wenn gerade jemand auf dem Boden zusammengetreten wird. Dann fange ich nicht an zu diskutieren: „Guten Tag, mein Name ist Lange, stellen Sie das bitte ein." Dann gehe ich dazwischen und hole mir den Schläger.

Hässliche Bilder können entstehen, wenn derjenige, den man gefesselt ins Auto setzt, mit den Füßen nach einem tritt. Denn was passiert dann? Man geht auf die andere Seite des Wagens, greift dem von hinten ans Schlafittchen und an den Arm, an die Hände, zieht ihn ein Stück ins Fahrzeug rein, damit er nicht mehr so gut treten kann. Er muss hingesetzt und angeschnallt werden, der Beifahrersitz wird nach hinten geschoben, so dass derjenige weniger Möglichkeiten hat, seine Aggressionen auszuleben. Das alles kann für Außenstehende schon mal rabiat aussehen.

Es kommt auch schon mal vor, dass Leute einen anspucken und sagen: „Ich habe Aids." Dann kriegt der eine Spuckhaube oder eine medizinische Maske aufgesetzt. Gewalt darf allerdings nie Selbstzweck sein. Es geht nicht darum, sein Mütchen zu kühlen. Der schönste Tag ist doch, wenn man als Polizist gar nicht gebraucht wird.

Im Zuge der „Black Lives Matter"-Bewegung, die nach dem gewaltsamen Tod des schwarzen US-Bürgers George Floyd durch einen weißen Polizisten im Mai 2020 so richtig Fahrt aufgenommen hat, wurde auch hierzulande intensiv über Polizeigewalt und rassistische Tendenzen bei der Polizei diskutiert. Einige wenige Diskussionsteilnehmer erhoben den Vorwurf, wir hätten diesbezüglich auch in Deutschland inzwischen amerikanische Verhältnisse.

Gewalt und Rassismus sind bei der Polizei ganz wichtige Themen. Und es ist richtig, dass wir offen darüber diskutieren und konsequent dagegen vorgehen müssen. Aber amerikanische Verhältnisse? Nein, nicht mal im Ansatz. Nicht, was Schusswaffengebrauch und Aggression durch die Polizei angeht. Es gibt Gewalt und mitunter überzogene Gewalt auch bei uns. Aber dennoch, mit den Verhältnissen in den USA kann man das nicht vergleichen. Könnte man es, hätte ich nicht 43 Jahre bei so einer Polizei gearbeitet.

Es geht schon damit los, dass Polizisten in Deutschland eine völlig andere Ausbildung genießen. Die Ausbildung der Polizei in NRW ist die längste und umfangreichste polizeiliche Ausbildung auf der Welt. Auch in den USA gibt es sehr gute Trainingsmodule und exzellente Aus- und Fortbildungseinheiten. Aber in manchen Teilen der USA kriegst du eben auch nach sechs Wochen Lehrgang eine Schussweste und einen Sheriffstern in die Hand gedrückt – und dann mach mal. Das kommt mir manchmal vor wie im Wilden Westen, wie bei John Wayne: Jeder, der nicht betrunken ist, wird Hilfssheriff.

Die Fälle aus den USA, in denen Menschen bei zweifelhaften Polizeieinsätzen ums Leben kommen, insbesondere wenn sie keine weiße Hautfarbe haben, sind furchtbar tragisch. Es sind Skandale. Das ist unverzeihlich. Aber es ist meiner Überzeugung nach vor allem auf strukturelle Defizite in der Aus- und Fortbildung zurückzuführen. Das ist in Deutschland anders.

Wer hier nach dem Studium in seine erste Verwendung auf die Straße kommt, nach Köln, ist in der Regel ungefähr 23 Jahre alt, hat 20 Jahre aktives Leben hinter sich, ist vielleicht in Köln aufgewachsen, hat also Bezug zur Großstadt. Hat vielleicht selber eine Zuwanderungsgeschichte in der Familie, wie ganz viele und immer mehr Mitarbeiterinnen und Mitarbeiter bei der Polizei.

Mein Leitspruch ist, und das habe ich auch allen Kollegen immer gesagt: Behandele die Leute nach ihrem Tun, nicht nach ihrem Aussehen oder ihrer Herkunft. Das ist der kleinste gemeinsame Nenner, die einfachste Lösung. Wenn einer freundlich ist – wunderbar. Egal, ob er weiß ist, gelb, rot, grün oder schwarz. Wenn einer aber einen Stein auf mich wirft, ist mir völlig Wurscht, welche Abstammung dieser Täter hat. Der Stein tut genauso weh – ob derjenige, der ihn geworfen hat, nun weiß ist, gelb, rot, grün oder schwarz.

Über eines muss man sich als Polizistin oder Polizist allerdings im Klaren sein: In diesem Beruf bekommst du oft einen verzerrten Ausschnitt der Wirklichkeit präsentiert. Du hast nicht mit allen Menschen aus einem Staat zu tun, sondern nur mit einem sehr kleinen Teil, nämlich vor allem mit denen, die sich gefährlich oder kriminell verhalten. Zur Zeit des so genannten Jugoslawienkriegs, als ich bei den Spezialeinheiten war, hatten wir es auch in Köln zum Beispiel häufig mit Zielpersonen zu tun, die im Kosovokrieg gekämpft hatten. Viele waren traumatisiert. Und viele haben sich nichts dabei gedacht, in ihrem Kulturbeutel eine Handgranate mitzuführen. Bei manchen standen Handgranaten sogar als Schmuckstück im Badezimmer, so wie bei anderen da eine Duftkerze steht. Aber es hilft zu wissen, warum das so ist. Und du darfst es nicht verallgemeinern.

Als Polizist erlebt man insbesondere auf den Ringen das ganze Spektrum an schwarz, weiß, rot. Deutsche, Deutsche mit Zuwanderungsgeschichte, Nichtdeutsche, Gläubige, nicht Gläubige, Betrunkene, nicht Betrunkene, Aggressive, nicht Aggressive. Und das dröselt sich weiter auf: Unter den Aggressiven gibt es die, die wenig Geld haben, die sich nichts leisten können und es auf die Kohle von anderen abgesehen haben. Es gibt Leute, die sind aggressiv, weil sie zeigen wollen, dass sie kampfsporttrainiert sind und ihre Schaukämpfchen abhalten wollen. Und es gibt solche, die sind aggressiv, weil sie einfach nur zu viel Alkohol getrunken haben. Die naheliegende Erklärung muss nicht immer die richtige sein. Man sollte sich hüten vor allzu schnellen Urteilen. Ich bin aber überzeugt davon, dass die Kölner Ringe keinen Polizisten zum Rassisten machen.

Wenn mir ein Kollege oder eine Kollegin sagt, er oder sie sei genervt von einem bestimmten Verhalten einiger auf den Ringen, frage ich zurück: Was machst du denn dagegen? Boxt du dich bei jeder Gelegenheit mit denen? Oder gehst du hin und überlegst, was eigentlich die Ursache dafür ist? Wenn ich merke, ein Kollege oder eine Kollegin ändert sein oder ihr Verhalten, seine oder ihre Sprache, er oder sie wird abgestumpfter oder sagt Dinge wie: „Wir hatten wieder Schwierigkeiten mit so einer Türkengang", und man hinterfragt das dann und stellt fest, der oder die benutzt das Wort „Türkengang" als Schablone – dann muss ich dafür sorgen, dass der- oder diejenige die eigene Sprache und das eigene Verhalten reflektiert und im Zweifel Unterstützung bekommt. Darauf müssen alle Kolleginnen und Kollegen im Team achten, vor allem die Führungskräfte. Dafür gibt es bei der Polizei auch spezielle Fortbildungen.

Stehe ich als Chef mit beiden Füßen fest auf dem Boden und werde von meinen Mitarbeiterinnen und Mitarbeitern zuverlässig informiert oder auch vorgewarnt, weil man Vertrauen zu mir hat, dann kann ich auch einen Beitrag dazu leisten, dass die Kolleginnen und Kollegen weiterhin motiviert in den Dienst gehen und gesund zurückkommen. Dass sie allen Belastungen zum Trotz menschlich und unvoreingenommen bleiben, neutral und gerecht gegenüber jedermann auftreten. Aber all das läuft größtenteils an mir vorbei, wenn ich als Führungskraft unnahbar bin, wenn ich mich hinter meinem Sakko und meiner Krawatte mit Windsor-Knoten verstecke, nur in meinem stillen Kämmerlein hocke, Hochglanzprospekte schreibe und Strategiepapiere entwickele, um in Besprechungen zu glänzen.

Im Zweifel muss ich als Vorgesetzter die Notbremse ziehen. Ich darf nicht warten, bis erst etwas passiert, bis Kolleginnen und Kollegen schwere Fehler begehen. Notfalls muss ich sie rechtzeitig rausnehmen, sie oder ihn mit anderen Aufgaben in einem anderen Arbeitsumfeld betrauen – wobei das immer ein zweischneidiges Schwert ist. Denn andererseits schätzt man es natürlich, wenn Kolleginnen oder Kollegen sich in bestimmten Themenfeldern oder in bestimmten Gegenden der Stadt gut auskennen, wenn sie wissen, wie da die Uhr tickt, wenn sie zum Beispiel durch jahrelange Arbeit auf den Ringen die Türsteher und Ansprechpartner kennen und ein gewisses Vertrauensverhältnis aufgebaut haben.

Ich habe in all den Jahren festgestellt: Je mehr Zeit man als Polizist auf den Ringen verbringt, desto weniger Gewalt wendet man an. Weil man irgendwann die handelnden Personen und die Strukturen kennt. Man weiß, wen man ansprechen muss und sagt dann zu dem: „Hör mal, wenn Person X wieder hier auftaucht, sag mir Bescheid, wir müssen mal mit dem sprechen. Der braucht mal eine Ansage."

Um die Ringe nachts sicherer zu machen, haben sich Stadt, Polizei, Zoll und weitere Behörden schon in den 90er Jahren zur „Ordnungspartnerschaft Ringe" zusammengeschlossen, kurz: Opari. Dieses Bündnis hat sich bewährt, es besteht bis heute. Es geht darum, Kompetenzen zu bündeln. Denn es ist ja so: Polizei darf das eine tun, das andere aber nicht. Beim Ordnungsamt ist es genauso. Jeder hat seine Aufgaben und Grenzen. Aber alle haben das Betretungsrecht in den Läden. Warum sollte der eine um 1 Uhr kontrollieren, der andere um 4 und der dritte um 6? Warum plant man nicht gemeinsame Einsätze? Die Stadt, die den Betrieb der Bars und Clubs und anderer Läden am Ring genehmigt und die Konzessionen überprüft, kann das außerdem viel konsequenter tun, wenn sie die Polizei als Backup hinter sich weiß. Und der Zoll deckt bei dieser Gelegenheit Steuervergehen auf oder Verstöße gegen illegale Beschäftigung – schließlich muss ein guter Türsteher nicht nur ein guter Boxer sein, er muss auch angemeldet sein, und sein Arbeitgeber muss Sozialversicherungsbeträge für ihn abführen.

In den Konzessionen der Barbetreiber steht, welche Kapazität ein Laden hat, wie viele Gäste sich darin aufhalten dürfen. Manchmal gibt es unter der Theke aber eine doppelte Buchführung. Dann sind 600 Leute drin statt offiziell 500. Ob das dann auch immer korrekt durch die Bücher läuft, entzieht sich meiner Kenntnis. Ich bin ja kein Steuerfahnder.

Ein weiteres Problem: In vielen Shisha-Bars wird unversteuerter Tabak verkauft. Da kommen ordentliche Sümmchen zusammen. Die Betreiber scheinen sich zu denken: Wenn ich mir die Steuern spare, habe ich 30 Prozent mehr Einkommen, kann mir ein noch dickeres Auto leisten und mich irgendwann mit einem goldbereiften Mercedes vor meiner Shisha-Bar produzieren. Auch diese Menschen spielen auf den Ringen eine Rolle.

Die städtischen Mitarbeiter vom Bauaufsichtsamt wiederum haben zum Beispiel ein Auge darauf, dass die Fluchtwege in Diskotheken oder auf den Gehwegen frei sind. Üblicherweise läuft es so: Erst steht draußen neben der Eingangstür ein Barhocker für den Türsteher. Dann kommt ein Stehtisch dazu, vielleicht noch ein Heizstrahler, irgendwann Lampen, dann eine künstliche Palme, schließlich wird ein Teppich hingelegt, Drängelgitter aufgestellt und Stromkabel nach Lust und Laune verlegt. Und im Handumdrehen hast du zwar ein bombastisches Entree, aber auf dem Gehweg kommt niemand mehr durch.

Verheerend kann es enden, wenn Fluchtwege in den Clubs versperrt oder blockiert sind. In einer Nebenstraße der Ringe gab es mal eine Kellerdisco mit einem Notausgang, einer Stahltür, die in eine Häuserschlucht führte. Das Problem: Die Türklinke war abgezogen und lag im Kühlschrank. Wer raus wollte, musste sie sich erst an der Theke geben lassen, um in den Innenhof zu gelangen. Der stellvertretende Leiter des Bauaufsichtsamtes war bei unserer Begehung dabei – ein ehemaliger Ringer, ein sehr ruhiger, erfahrener Mann. Er machte vier, fünf Beweisfotos und sagte dann zum Verantwortlichen: „So, abkassieren jetzt, für heute ist hier Schluss." Und damit das Ganze ein bisschen schneller ging, fügte er hinzu: „Wir sind die Letzten, die hier rausgehen, und wir gehen jetzt gleich." Der Wirt bekam später Post von der Bauaufsicht und musste ein Bußgeld bezahlen.

Wenn in einer Diskothek Panik ausbricht, zum Beispiel weil jemand Pfefferspray versprüht und die Leute zum Ausgang drängen und abhauen wollen, dann müssen die Fluchtwege einfach begehbar sein. Sonst sitzt man in der Falle und es gibt Tote. Immer wieder sieht man diese Bilder von jungen Leuten, die irgendwo auf der Welt bei Bränden in Diskotheken ums Leben kommen – entweder weil man sich nicht an bestimmte Vorschriften gehalten hat oder weil es die Vorschriften in dem Land gar nicht gibt. Bei uns gibt es sie, und dann sollte man auch kontrollieren, ob sie eingehalten werden.

Die Opari-Maßnahmen richten sich, nebenbei gesagt, auch gar nicht immer nur *gegen* die Betriebe. Man muss es mal so sehen: Die Clubbetreiber haben doch auch nichts davon, wenn das Umfeld vor ihrer Tür verwahrlost, wenn die Gehwege mit Einweggeschirr der Imbisse, mit schmutzigen Servietten und Dönertaschen übersät sind, wenn sich Schlägerbanden und Kriminelle herumtreiben, die das Publikum vergraulen.

Wann immer ich mit Menschen aus Politik und Stadtverwaltung gesprochen habe, die in der Stadt die maßgeblichen Entscheidungen treffen, musste ich feststellen, dass sie leider nicht durch die Brille der Polizei blicken können, die 24 Stunden auf Streife ist, draußen ist, bei den Leuten ist. Morgens um 5 Uhr auf den Ringen – wer ist denn da noch da? Die Polizei und die Feuerwehr. Und wer sonst? Jahrzehntelang war selbst das Ordnungsamt abends für die Polizei nicht zu erreichen. Das hat sich zum Glück in den vergangenen Jahren geändert.

Ich finde, die Personen, die in der Stadt die großen Linien vorgeben, aber auch Richter oder Staatsanwälte sollten mit so vielen Facetten des wahren Lebens wie nur möglich vertraut sein. Ich war daher immer sehr offen dafür, mich bei Einsätzen – gerade auf den Kölner Ringen – von eben jenen Entscheidungsträgern begleiten zu lassen. Viele haben diese Möglichkeit auch wahrgenommen. Und fast alle waren nachher schwer beeindruckt.

Bei einer unserer nächtlichen Routine-Begehungen auf den Ringen war die damalige Leiterin des Jugendamtes dabei. Wir standen vor einem stadtbekannten Club, als eine schicke, gepflegte junge Frau herauskam, ziemlich angeschickert, mit Stilettos in der Hand, weil ihre Füße schmerzten. Sie setzte sich auf einen kleinen Vorsprung. Ich fragte sie, ob alles klar sei. Sie antwortete, sie feiere gerade ihren Geburtstag, könne aber auf den Schuhen nicht mehr gehen, die seien neu.

Dann blickte sie kurz zu mir auf, schaute wieder hinunter – und ja, musste sich übergeben. Es war dann ganz gut, dass sie ihre Schuhe nicht anhatte. Reflexhaft hielt ich ihr die langen Haare hinter dem Kopf zusammen. Die Leiterin des Jugendamtes gab mir ihr Haarband, und ich steckte die Haare der jungen Frau damit zusammen. Das ist sicher nicht üblich oder typisch, aber es passiert eben, wenn man als Schutzmann mittendrin ist, mittendrin im Leben.

Auch der frühere Kölner Polizeipräsident und spätere Oberbürgermeister Jürgen Roters hat es sich nicht nehmen lassen, als OB mal eine Nacht an der Seite der Polizei über die Ringe zu laufen. Und manchmal muss man bei solchen Gelegenheiten ein bisschen auf der Hut sein. Vor einem Club stand der Chef vor der Tür. Als er Jürgen Roters erkannte, begrüßte er uns freundlich und lud uns ein: „Kommen Sie doch bitte kurz mit rein."

Ich raunte meinem Kollegen zu: „Du gehst links von Herrn Roters, ich rechts, wir bleiben eng zusammen." Denn ich wusste: Die hatten in dem Laden einen Galeriefotografen, und was ich unbedingt vermeiden wollte, war, dass der Clubbetreiber und der OB später alleine auf einem der Bilder an der Wand auftauchten, und da steht dann so etwas drunter wie: „Der OB war zu Gast bei uns."

Eine Beigeordnete aus der Stadtverwaltung schickte mir nach ihrer nächtlichen Hospitanz auf den Ringen ein Dankes-Kärtchen, darauf stand mit Füller geschrieben: „Herr Lange, Sie haben mir Türen geöffnet von Räumlichkeiten, die ich seit 30 Jahren nicht mehr betreten habe und in die ich heute auch nicht mehr hineinkommen würde. Neben den Erinnerungen an meine Jugend konnte ich mir einen Eindruck davon machen, was sich so alles abspielt."

Viele Entscheider haben schlicht nicht auf dem Schirm, dass es in Köln Leute gibt, die von Freitagabend bis Sonntagmittag durchmachen, durchfeiern und auch am Sonntagmorgen um halb neun noch mal die Location wechseln. Sonntags ab acht Uhr morgens ist übrigens eine ganz gute Zeit, um auf den Ringen Auto- oder E-Scooter-Fahrer auf Drogen zu kontrollieren. Nicht wenige haben irgendetwas eingeworfen, was lustig macht oder sie durchhalten lässt.

Andere dagegen sind völlig klar im Kopf und nutzen die Umstände für ihre Zwecke aus. Um vier Uhr früh hielten eine Kollegin und ich auf den

Ringen mal zwei Autos an, in denen je zwei junge Männer saßen. Vier Freunde. Meine Kollegin wollte die beiden Fahrer gerade auf Alkohol überprüfen, da sagte der eine: „Wir haben nichts getrunken, wir sind gerade erst aufgestanden." Wir kamen mit den Männern ins Gespräch. Freimütig erzählten sie, sie kämen um diese Uhrzeit „zum Resteficken" auf die Ringe. „Wir suchen uns jetzt vier Mädels", meinte der eine. „Mein Kumpel hier wohnt um die Ecke, der hat extra seine Bude aufgeräumt." Ich werde nie vergessen, wie er noch hinzufügte: „Das ist unser Return of investment für das frühe Aufstehen."

Aber wie auch immer. Solange alles freiwillig geschieht, ohne Gewalt und ohne K.O.-Tropfen, ist es okay. Sind ja alles erwachsene Menschen, sie sollen tun, was ihnen gefällt. Das interessiert die Polizei nicht.

Mit einem Kölner Stadtdirektor bin ich morgens um halb vier vom Rudolfplatz über die Ringe gegangen. Wir blieben vor der Magic Hall stehen, einer Spielhalle über mehrere Etagen. Wir fuhren hoch in den 7. Stock und kamen vorbei an den ganzen Internetplätzen. Es ist schon spannend, wer da mitten in der Nacht alles so vor dem Computer sitzt – die eine Connection da, die andere dort, jeweils zu zehnt vor einem PC. Sie machten irgendwelche Dinge, die wir nicht kontrolliert haben. Aber ich kann mir nicht vorstellen, dass die nur ihre Mails gecheckt haben.

Der Stadtdirektor wurde nachdenklich, er sagte: „Das ist aber jetzt nicht die Stadt, die wir mit der Stadtverwaltung regieren."

Ich antwortete: „Nee, ich könnte Ihnen aber die Namen nennen von denen, die jetzt in der Nacht das Sagen haben."

Ich verstehe das ja: Als Stadtdirektor wird man frühmorgens vom Chauffeur ins Büro gebracht. Man ist froh, wenn man nach 14 Stunden Arbeit um 21 Uhr nach Hause kommt. Im besten Fall hatte das Glas Rotwein dann schon eine Stunde Luft, damit der Wein atmen konnte und man noch ein wenig entspannen kann, ehe es am nächsten Morgen ab 6 Uhr weiter geht. Ein Stadtdirektor und diese Menschen vor den Computern in der Magic Hall – die leben in völlig verschiedenen Welten.

Was sind das für Menschen, die nachts die Stadt „übernehmen"? Ich will es mal so sagen: Es sind Menschen, die sich in legalen und andere, die sich in illegalen Strukturen durchgesetzt haben – in einer Marktwirtschaft, die nachts weniger sozial ist als tagsüber. Ich kenne eine wahre Geschichte

127

von einem körperlich starken Laufburschen, der es über die Jahrzehnte bis zum Immobilienbesitzer gebracht hat. Wenn ich fleißig bin, wenn ich wenig schlafe, die richtigen Partner habe, vielleicht auch einen Geldgeber … dann kann ich auf den Ringen tatsächlich vom Tellerwäscher zum Mogul aufsteigen.

All das legal durchzusetzen, mit legal erwirtschaftetem Geld, und dabei alle Vorschriften einzuhalten – das funktioniert. Aber es ist verdammt schwierig. Und meine Erfahrung ist: Die Verlockung, wenigstens Teile der Geschäfte in der Grauzone oder noch darunter abzuwickeln, ist sehr groß.

13

Hausbesuch bei bösen Buben

Von Höllenengeln und Banditen

*D*ie vier Polizisten erscheinen pünktlich zum vereinbarten Treffen in Frechen. Sie halten vor dem „Angels Place", dem Hauptsitz des Kölner Charters der „Hells Angels". Hohe Mauern umgeben ein Wohnhaus mit Schwimmbad in einem großen Garten.

Eine Überwachungskamera springt an; das Eingangstor öffnet sich und gibt den Blick frei auf einen schwarz lackierten Lastwagen, der am etwas höher gelegenen Ende einer Zufahrt steht. Der Motor ist aus, die Handbremse gelöst, der Leerlauf eingelegt. Unter den Vorderreifen klemmen Bremsklötze. Es ist eine ziemlich spezielle Einbruchsicherung. Sollten ungebetene Gäste das Zufahrtstor durchbrechen, muss ein Höllenengel bloß die Klötze wegziehen – und den Eindringlingen rollen ungebremst 20 Tonnen entgegen.

Die Polizisten fahren die Einfahrt hoch und parken neben dem LKW. Im Haus streckt Rockerpräsident Jörg K. (Name geändert) Volker Lange die Hand zur Begrüßung entgegen. K. drückt so kräftig zu, dass der Polizist den Eindruck hat, der Rocker wolle ihm die Finger zerquetschen. Lange hält dagegen. „Armdrücken?", fragt der Hells-Angels-Chef lächelnd. „Ich bin nicht im Kindergarten", antwortet Lange. „Wir sind gekommen, um ein Gespräch unter Erwachsenen zu führen."

Auf den Ringen hat die Polizei nicht nur mit dem „Ruhenden Verkehr" zu tun, sondern auch mit dynamischem Verkehr. Mit Leuten, die Motorrad fahren, oder besser: manchmal Motorrad fahren. Oder auch nie. Viele Rocker haben ja inzwischen nicht mal mehr einen Motorradführerschein und cruisen stattdessen im Auto durch die Gegend.

Weltweit verfolgen Rockerbanden ein Territorialprinzip, auch in Deutschland. Sie gliedern sich auf in so genannte Ortschapter – oder wie die Hells Angels sagen: Charter. Sie meinen, sie müssten sich den Kuchen untereinander aufteilen. Im Ruhrgebiet zum Beispiel sind vor allem die

Bandidos verbreitet, im Rheinland gibt es mehr Hells Angels. Im Grunde ist das wie bei Hunden, die an die Hausecke pinkeln, um ihr Revier zu markieren. Der nächste Hund pinkelt ein bisschen höher, um zu zeigen: „Ich bin größer."

Auch Köln bleibt von diesem Phänomen nicht verschont. Hier erheben die Hells Angels einen Gebietsanspruch, daher ist immer gleich Alarm, wenn mal ein paar Bandidos durch die Stadt fahren.

Die Rocker alter Prägung sind lupenreine Rassisten. Eine ihrer eisernen Regeln lautete: „No cops, no niggers." Ein Prozent der organisierten Motorradfahrer in den USA bezeichnet sich zudem selbst als kriminell. Die so genannten One-Percenter. Sie sind stolz darauf. Der Begriff stammt aus den USA der 40er Jahre. In der kalifornischen Kleinstadt Hollister eskalierte 1947 ein großes Motorrad-Treffen der American Motorcyclist Association (AMA), es gab Ausschreitungen und Schlägereien. Die AMA ist nicht zu verwechseln mit der NRA, der National Rifle Association, Amerikas größter Waffenlobby. Aber es gibt sicher Doppelmitgliedschaften. Die AMA stellte nach den Ausschreitungen in Hollister klar, dass sich 99 Prozent der amerikanischen Motorradfahrer friedlich und gesetzestreu verhielten, nur 1 Prozent benehme sich daneben. Jene Biker, die sich mit den harmlosen 99 Prozent nicht identifizieren wollten, grenzten sich ab und nannten sich fortan „One-Percenter". Wer dazugehört, zeigt das durch einen entsprechenden „1%"-Aufnäher auf seiner Lederkutte oder einer sichtbaren Tätowierung.

Heute haben Rocker hierzulande zunehmend einen migrantischen Hintergrund. Sie nennen sich zum Beispiel „Turkey Nomads", ein Ableger der Hells Angels, der auch eine Zeitlang in Köln verbreitet war. Eine ehemalige Kölner Rotlichtgröße soll vor Jahren Präsident der „Turkey Nomads" in der Türkei gewesen sein und soll versucht haben, trotz Verurteilung und Einreiseverbots über diese Vereinigung auch in Deutschland wieder „geschäftlich" mitzumischen. Er und seine Gefolgsleute sind sich auch nicht zu schade, aus Callcentern in der Türkei heraus Rentnerinnen und Rentner in Deutschland mit Trickanrufen um ihre Ersparnisse zu bringen.

Was heißt Gebietsanspruch? Ich will es mal so sagen: Man kann sich vorstellen, dass die Hells Angels im Kölner Nachtleben eine gewisse Rolle spielen. Wo immer Geld zu verdienen ist, wollen sie mitmischen. An den

Ringen und in der Altstadt gibt es eine bestimmte Affinität von Rockern zu bestimmten Kneipen. In diesen Lokalen stellen die Hells Angels den Sicherheitsdienst beziehungsweise kontrollieren diesen. Sie bestimmen, wer in die Läden reindarf und welche Geschäfte dort laufen. Ob es nun um Drogen geht, um Waffen oder Prostitution – im Einzelnen weiß ich das nicht. Auch wie die Eigentums- oder Dienstleistungsverhältnisse im Detail aussehen, vermag ich nicht genau zu sagen. Das gehört auch nicht in dieses Buch, sondern besser in eine Strafakte. Außerdem ändern sich die Verhältnisse da ständig. Das Prinzip jedenfalls ist einfach: Wer die Tür hat, hat die Macht.

Während eines Opari-Einsatzes stand ich in Uniform mit dem Leiter des Ordnungsamtes und dem Oberbürgermeister vor einer Ring-Disko. Wir wollten da rein, wollten uns umsehen, mal dem Inhaber „Guten Tag" sagen. Ich wandte mich an den Türsteher: „Guten Abend, mein Name ist Lange, ich möchte gerne mit dem Geschäftsführer sprechen."

Die Antwort war knapp: „Der ist nicht da."

„Wer vertritt ihn denn?"

„Ich."

„Und wer sind Sie?"

„Ich mache hier die Sicherheit."

Der Ordnungsamtsleiter meldete sich zu Wort und klärte den Türsteher auf: Nach Paragraf Sowieso müsse hier aber ein Verantwortlicher vor Ort sein. Der Mann am Eingang bestellte über sein Funkgerät Verstärkung, und kurz darauf standen uns vier gut gebaute Türsteher gegenüber. „Wenn Sie den Weg nicht freigeben", sagte der Ordnungsamtsleiter vollkommen unbeeindruckt, „können Sie den Geschäftsführer für Montag, 10 Uhr, in mein Büro bestellen. Ach, und er soll seine Konzession mitbringen. Wollen wir mal sehen, ob er die in einem Stück wieder mit nach Hause nimmt." Junge, Junge, dachte ich, der ist aber auf Schub. Und er setzte noch einen drauf, sagte zum Türsteher: „Wir können auch sofort reingehen, die Musik abstellen und das Putzlicht einschalten. Wie Sie wünschen."

Ich wollte die Situation etwas entspannen und schlug dem Türsteher vor: „Wir kommen nochmal neu, gut? Ich sage gleich Guten Tag, dann sagen Sie auch Guten Tag, und wenn wir reingehen wollen, holen Sie einen

Kollegen, der uns auf kürzestem Weg dorthin führt, wo wir hin möchten. Können Sie damit leben?"

„Ja."

„Sehen Sie? So machen wir das. Also: Schönen Guten Tag, mein Name ist Lange von der Kölner Polizei."

Er antwortete: „Warten Sie kurz, ich kann hier nicht weg, ich rufe einen Kollegen. Der bringt Sie zum Chef."

Na also, ging doch.

Ein zweiter Türsteher erschien, zwei Meter groß, breites Kreuz, und bat uns mitzukommen. Über eine kleine Wendeltreppe ging es nach unten. Und da wurde mir klar, warum sie oben am Eingang so ein Theater gemacht hatten: Sie wollten Zeit schinden. Unten im VIP-Bereich traf sich der Stammtisch der Hells Angels. In ihren „Big Red Machine"-Shirts saßen die Männer in der ersten Reihe vor der Tanzfläche, in einem für sie abgesperrten First-Class-Bereich. Wie Graf Koks von der Gasanstalt. Was da genau gelaufen war, bevor wir hinzukamen, weiß ich bis heute nicht.

In den 90ern haben Rockerclubs ihre Gebietsansprüche auf den Ringen häufig mit Waffen durchgesetzt. Das kommt zwar auch heute noch hin und wieder vor, aber längst nicht mehr in dem Maße wie früher. Heute drücken sie ihre Macht Konkurrenten gegenüber eher auf andere Weise aus, subtiler. Sie kommen zum Beispiel in einer beeindruckenden Größenordnung zusammen und besetzen alle Tische in einem Café. Typisches Platzhirschverhalten. Jeder bestellt ein Glas Wasser und bleibt stumpf da sitzen. Dann unterhalten sie sich. Zwei Stunden lang. Während dieser Zeit kann das Lokal keinen einzigen Tisch vergeben. Und wenn der Kellner am Ende das Wasser abkassieren will, sagen sie nur: Freunde bezahlen nicht – und fahren davon.

Als Polizei müssen wir wachsam sein und den Mitgliedern dieser „Outlaw Motorcycle Gangs" immer wieder aufs Neue klarmachen, dass wir bestimmte Dinge und Verhaltensweisen nicht dulden. Wir stehen ihnen eng auf den Füßen, setzen immer wieder Nadelstiche und kontrollieren sie an unterschiedlichen Orten und zu jeder Tages- und Nachtzeit.

Dabei lernt man sich mit der Zeit unweigerlich ein bisschen gegenseitig kennen. Man hat ja immer wieder mit denselben Personen zu tun. Wichtig ist, trotzdem professionell und distanziert zu bleiben. Es darf kein enges Verhältnis entstehen, es darf auch keinerlei Verhalten geben, das auf Außenstehende wie eine Verbrüderung wirken könnte.

Wenn Rocker kontrolliert werden, muss stets auf die Eigensicherung geachtet werden – auch wenn es eigentlich nicht üblich ist, dass Rocker sich in einer einfachen Kontrollsituation mit der Polizei anlegen. Die reagieren in der Regel höchstens besonders abweisend. Ich bin immer gut damit gefahren, sie deutlich anzusprechen, mich mit meinem Namen vorzustellen und klar und deutlich zu kommunizieren.

Ich erinnere mich an eine Situation in der Altstadt. Ein warmer Sommerabend. In den Kneipen lief ein Fußball-Länderspiel. Auf dem Alter Markt versammelten sich Hells Angels auf ihren Motorrädern. Irgendetwas schienen die vorzuhaben, so viel stand fest. Aber was genau, wussten wir nicht. Wir überlegten uns: Sobald die losfahren, kontrollieren wir sie.

Was wir dann lernen mussten, war, dass Einbahnstraßen eine große Gruppe Rocker auf Motorrädern nicht im Geringsten interessieren. Die fuhren durch die Altstadt, wie sie wollten. Insgesamt zwanzig Mann, nachts um halb zwei. Es war kaum möglich, an ihnen dranzubleiben. Nach ein paar hundert Metern trennte sich die Gruppe auch noch.

Gegenüber der Stadtbücherei am Neumarkt konnte ein Motorradfahrer von uns acht von denen überholen. Ich kam mit zwei Kollegen im Bulli dazu. Etwas später folgten Kräfte einer Hundertschaft, aber zunächst waren wir vier Polizisten mit den acht Rockern alleine. Wir hielten an einer Ampel, rechts daneben waren freie Parkplätze. Wir bedeuteten den Hells Angels, dort anzuhalten und auf den Motorrädern sitzen zu bleiben. Das taten sie auch.

Als die Hundertschaft eintraf, starteten wir die Kontrolle – je zwei Beamte stellten sich zu einem Rocker. Wir haben alles überprüft, und fast alles an den Maschinen war nach unserer Ansicht viel zu laut, technisch umgebaut, hatte keine Betriebserlaubnis. Ich eröffnete den Männern: „So, eure Papiere kriegt jetzt ein Kollege. Der prüft die. Das dauert eine Weile. Falls irgendwas ist: linke Hand heben, dann komme ich."

Mein Kollege André auf seinem Motorrad kriegte gleich Druck von einem der Rocker: „Wenn du mir noch einmal an den Arm packst beim

Fahren", herrschte er André an, „dann breche ich dir die Knochen." Tatsächlich hatte André ihm – weil der zuvor alle Anhaltezeichen ignoriert hatte – vor der roten Ampel seine Hand auf den linken Arm gelegt, um ihm klarzumachen, dass er rechts ranfahren soll.

Ich wandte mich an den Rocker: „Sportsfreund", sagte ich. „Ich war in 26 Ländern mit dem Motorrad, bin zweimal durch die Sahara gefahren. Und ich weiß genauso gut wie du, dass du den Motor locker mit der rechten Hand ausstellen kannst, wenn ein Schutzmann vor der roten Ampel deinen linken Kupplungsarm ergreift und dir sagt: Mach mal den Motor aus. Du musst hier nicht den Maxe machen."

Man darf sich nicht für dumm verkaufen lassen. Wenn ich Maßnahmen treffe, dann nicht, weil ich Lust darauf habe, sondern weil ich sie für notwendig halte. Und wenn es hart auf hart kommt, muss man auch schon mal dazwischengehen.

Fünf Minuten später hob dieser Maxe seinen linken Arm. Ich ging zu ihm, er hielt mir sein Handy hin und sagte: „Der Präsident ist dran."

„Welcher?", fragte ich, „meiner oder deiner?"

Ich nahm das Handy und begrüßte den Präsidenten des Hells Angels Charters Cologne, Jörg K. Wir kannten uns von einigen früheren Zusammentreffen.

„Herr Lange", begann K. das Gespräch, „Sie haben meine Brüder angehalten."

„Ja", antwortete ich, „das kommt schon mal vor. Was ist?"

„Ich sitze hier gerade mit einem Anwalt. Der will Sie mal sprechen."

„Von mir aus, aber kurz", erwiderte ich.

Der Jurist stellte sich mir vor, erklärte, er sei Anwalt.

„Das habe ich schon gehört", sagte ich, „und weiter?"

„Sie halten Leute an, das dürfen Sie nicht."

„Die Motorräder werden jetzt alle abgeschleppt, kommen zum TÜV, und dann schauen wir weiter", erklärte ich ihm knapp.

Aber er blieb stur: „Nee, das dürfen Sie nicht. Da haben Sie keine Ermächtigung zu."

„Eine Frage nur, um das hier abzukürzen", sagte ich. „Sind Sie mandatiert? Wenn ja, von wem?"

„Nein, ich bin nicht mandatiert."

„Gut, ich brauche im Moment keine allgemeine Rechtsberatung. Vielen Dank. Geben Sie mir bitte noch mal Herrn K." Und zu Jörg K. sagte ich: „Ich habe gerade keine Zeit, einem Anwalt zu erklären, was ich darf und was ich nicht darf. Wir nehmen die Motorräder jetzt mit. Wenn die in Ordnung sind, kriegen Sie die wieder. Wenn nicht, müssen sie erst instand gesetzt werden. So sieht's aus. Einen schönen Abend noch."

Abschlepper rollten an, die Motorräder wurden aufgeladen, und die Rocker fuhren im Großraumtaxi davon. Die waren ziemlich stinkig. Dem Kollegen André gab ich noch mit auf den Weg, er solle die nächste Zeit ein bisschen aufpassen, wenn er alleine auf dem Motorrad unterwegs ist. Aber eigentlich brauchte er solche Zuwendungsgespräche nicht. Er ist ein erfahrener Beamter.

Wenn ich eben sagte, dass zwischen Polizisten und Rockern kein vertrautes oder gar kumpeliges Verhältnis entstehen darf, dann meinte ich das genauso. Duzen aber hat damit nichts zu tun. Mitglieder der Hells Angels oder der Bandidos habe ich oft geduzt, es ist eine Art „kölsches Duzen". Das hat nichts mit Anbiedern zu tun, sondern damit, dass ich in dem Moment meine Peer Group erreichen will. Eine Horde Fußballfans frage ich schließlich auch: „Wo wollt ihr hin?" und nicht: „Halten Sie bitte mal an, wo möchten Sie denn hin?"

Als stellvertretender Leiter der Innenstadtinspektion war ich polizeilich verantwortlich für alle größeren Events im Zuständigkeitsbereich. Und so baten mich eines Tages die Bandidos um ein Gespräch. Wir vereinbarten einen Termin auf der Wache in der Stolkgasse. Es erschienen der Chef der Kölner Bandidos und sein Sergeant at Arms, also derjenige, der sich um den Schutz und die Bewachung des Clubs kümmert. Die beiden wollten uns mitteilen, dass sie eine Geburtstagsfeier planten, unten am Rhein, in einer alten Fischhalle an der Rheinuferstraße. Anlass war das zehnjährige Bestehen der Bandidos in Köln.

Nun muss man eine Geburtstagsfeier eigentlich nicht bei der Polizei anmelden. Andererseits war die Information durchaus interessant für uns. Eine Bandidos-Party mitten in der Stadt, die die Hells Angels für sich beanspruchen, war in der Tat ein nicht ganz ungefährliches Unterfangen.

Wir nahmen in einem Besprechungsraum Platz. Ich erkannte, dass die beiden unter ihren Kutten schusssichere Westen trugen. Ich fragte sie: „Was ist los? Habt ihr Angst vor uns?" Keine Reaktion.

Sie erklärten, dass sie ungefähr 200 Leute aus dem ganzen Bundesgebiet zu ihrer Feier erwarteten. Sie hätten ein Programm vorbereitet, unter anderem mit Topless-Service an den Tischen.

Wenige Tage nach diesem Gespräch gab es in Duisburg eine Auseinandersetzung im Rockermilieu, bei der das Bandido-Mitglied Rudi Heinz Elten, genannt „Eschli", auf offener Straße erschossen wurde. Ein Hells-Angels-Anwärter und Käfigkämpfer wurde wegen der Tat später zu elf Jahren Haft wegen Totschlags verurteilt.

Der Kölner Bandidos-Chef rief mich an und sagte: „Wir müssen uns nochmal unterhalten." Ich fragte ihn, welche Auswirkungen die Schießerei in Duisburg auf die geplante Party in Köln hatte. Er erwiderte, die Topless-Bedienung habe man jedenfalls schon mal abbestellt, das sei nicht mehr passend, es sei immerhin ein Bruder getötet worden. Ich konnte nicht umhin, zu antworten: „Siehst du, dem hat seine Weste auch nicht geholfen."

Ich fragte den Bandidos-Chef, warum er die Party nicht komplett absagte, wenn seinen Jungs doch nicht nach Feiern zumute wäre. „In Köln", klärte ich ihn auf, „feiert man ja sowieso eher den elften als den zehnten." Er erklärte mir, er könne die Party nicht absagen, dann verlöre er sein Gesicht vor den Brüdern.

Ehrlich gesagt war auch die Polizei nicht sonderlich scharf auf diese Party, erst recht nicht nach den Geschehnissen in Duisburg. Es wäre zu erwarten gewesen, dass sich Hells Angels und Bandidos in Köln erneut in die Haare kriegen könnten. Wie also kamen wir am besten aus der Sache raus?

Ich hatte eine Idee und wollte ihm eine Brücke bauen: „Wenn ich richtig informiert bin", sagte ich „gibt es da in dieser Fischhalle sowieso keinen zweiten Fluchtweg."

Er: „Wir laufen ja auch nicht weg."

Ich: „Das meine ich auch nicht. Ich zeig's dir."

Wir verabredeten uns für Freitagnachmittag an der Location, tags darauf sollte die Party steigen. Vor unserem Ortstermin rief ich noch eben im Bauaufsichtsamt an. Ich weihte den zuständigen Mitarbeiter ein, dass wir den Rockern die Veranstaltung kaputtmachen wollten. Der Mitarbeiter erklärte sich spontan bereit, dazuzustoßen. Und kurz darauf legte er den Bandidos die Location still – ganz formal, wegen baulicher Mängel. Die Halle sei für 200 Leute nicht geeignet.

Die Bandidos haben die Entscheidung des Bauaufsichtsamtes sofort akzeptiert. In einem Interview mit dem „Express" durften sie noch ein bisschen auf die Polizei und die Stadt schimpfen und sich beklagen: „Wir dürfen leider nicht feiern." Im Ergebnis haben sie so vor ihrer Gruppe ihr Gesicht gewahrt, und Köln ist eine mögliche Auseinandersetzung unter Rockern erspart geblieben.

Einige Tage vor dieser Absage hatte ich bereits mit Jörg K., dem Präsidenten der Hells Angels Cologne, ein Hintergrundgespräch vereinbart. Die Hells Angels waren ob der bevorstehenden Bandidos-Party ein wenig nervös. K. schlug vor, dass wir ihn besuchen kommen sollten, im Stammsitz des Kölner Charters, das in Frechen gleich neben der Autobahn lag. Eine Audienz im „Angels Place" also. Aber wir, die Polizei, waren es, die die Audienz gewährte. Darauf lege ich Wert.

Für meine drei Kollegen – Arne von der Kripo, Stefan aus der PI Mitte und Paul, Chef der Zivilfahnder in der Innenstadt – und mich war das Treffen eine willkommene Gelegenheit, uns mal ein wenig im Headquarter der Hells Angels umzusehen. So eine Möglichkeit nimmt man ja gerne wahr. Denn vielleicht kommt man ja irgendwann nochmal wieder – ohne Voranmeldung. Und dann weiß man schon mal, wo was ist und was einen erwartet. Zum Beispiel ein 20 Tonnen schwerer Willkommensgruß vor dem Haus.

Nachdem man uns das Tor geöffnet und uns eingelassen hatte, ließen wir erst einmal unsere Blicke schweifen. Ein großes Haus mit großer Wiese drum herum, ein Schwimmbad, mehrere Wohnwagen, die im Kreis standen und in denen vermutlich Gäste übernachten konnten, wenn eine Feier mal etwas länger dauern sollte. Der ein oder andere Wohnwagen kam mir bekannt vor: Stand der nicht manchmal auch am Straßenstrich im Kölner Süden?

Im Haus empfingen uns der Secretary, der Road Captain und der Sergeant at Arms – nur der Chef fehlte noch. Auf den Tischen standen große rote, mit Kaffee gefüllte Becher mit der Aufschrift „Big Red Machine". Die anderen setzten sich, ich blieb stehen.

Dann erschien Jörg K., ein ziemlich großer, kräftiger Mann mit Bürsten-haarschnitt. Er trat hinter die Theke, wusch sich die Hände und fuhr sich mit den nassen Fingern durchs Gesicht. Ich fragte ihn: „Haben wir dich beim Mittagsschlaf gestört?"

Er zog die Bürste auf seinem Kopf gerade, trocknete sich ab, grinste und sagte: „Ich bin immer ausgeschlafen."

Ich erwiderte seinen kräftigen Händedruck und tat sein kindisches Angebot zum Armdrücken ab. Er fragte: „Kaffee?"

„Ist keiner mehr da", antwortete ich, „aber ich nehme gerne einen frischen." Der Präsident kochte Kaffee, und wir nahmen Platz.

Der Secretary erkundigte sich nach der Zahl der erwarteten Geburtstagsgäste: „Wie viele von denen kommen denn?"

„200", antwortete ich.

Die Rocker lachten. „Was? Mehr kriegen die nicht zusammen?"

Der Road Captain legte Luftaufnahmen von Google Maps auf den Tisch, sie zeigten den Ort der geplanten Feier – oder besser jenen Ort, von dem die Angels glaubten, dass dort die Party stattfinden würde. Aber sie hatten sich geirrt. Die Ausdrucke zeigten die Salzgasse und den Fischmarkt. Irgendwie hatten die Hells Angels das mit der Fischhalle falsch verstanden, sie glaubten, die Location befinde sich am Fischmarkt, in der Nähe des Alter Markt – und somit im Herzen des selbst beanspruchten Hells-Angels-Gebiets.

„Da seid ihr aber schlecht informiert", sagte ich. „Das ist da gar nicht."

„Wie?", fragte der Road Captain.

Ich antwortete: „Die Party ist nicht in der Altstadt, sondern in der alten Fischhalle am Hafen."

Jörg K. schien diese Antwort zu beruhigen: „Ach so, so weit draußen? Nicht in unserem Zentrum? Das ist ja was ganz anderes."

Ich schaute ihm in die Augen, sagte: „Ich muss nur wissen, ob ihr da hinkommt oder nicht. Wenn ihr nicht kommt, brauche ich 40 Einsatzkräfte. Wenn ihr kommt, brauche ich 400. Und wir müssen uns dann darauf vorbereiten, dass wir euch verhauen müssen." Ich sah ihn erwartungsvoll an.

Jörg K. erwiderte den Blick und winkte ab. „Nee, nee", sagte er, „wir werden uns hier einen gemütlichen Herrenabend machen und uns ans Feuer setzen." Klammer auf: Wir bewachen unser Objekt, den „Angels Place",

Klammer zu. Das hieß es durch die Blume. K. ergänzte noch: „Aber wenn die meinen, die müssten hier durch die Stadt fahren, dann müssen wir zeigen, dass wir auch da sind." So viel zum Hund und der Hausecke.

Am Ende, nachdem die Feier abgesagt worden war, hat die Polizei am betreffenden Abend nur eine kleine Aufklärung betrieben, verstärkten Streifendienst, mehr nicht. Keine Hundertschaft. Es ist auch alles ruhig geblieben. Wir hatten also offenbar die richtige Saite angeschlagen im Gespräch mit den beiden verfeindeten Rockergangs.

Auch wenn Optik und Auftreten dieser Motorcycle Gangs durchaus auf Einschüchterung angelegt sind, so will ich doch anmerken, dass ich bisher persönlich nie von einem Rocker bedroht worden bin. Darauf ist deren Geschäftsmodell auch nicht ausgerichtet. Aus gutem Grund. Denn was würde passieren, wenn ich als Inspektionsleiter bedrängt, bedroht oder

2010: Geschenk des Kripo-Kollegen Achim Paulat zum Abschied. Volker Lange wechselt von der Polizeiinspektion Mitte in die Leitung der Polizeiinspektion West (Ehrenfeld): Volker Lange als „Road Captain" der PI Mitte.

unter Druck gesetzt werden würde? Es würde den Zusammenhalt innerhalb der Polizei nur noch weiter verstärken. Rocker müssten damit rechnen, fortan bei jeder Gelegenheit in der Stadt angehalten und kontrolliert zu werden. Wir alle machen immer irgendetwas falsch. Und wenn es ein abgefahrener Reifen ist. Oder das Handytelefonat an der roten Ampel. Es gibt immer Gründe, jemanden zu überprüfen. Und genau das wollen die Rocker vermeiden. Sie wollen nicht auffallen, sie wollen sich nicht mit dem Staat anlegen.

Mitglieder von Rockerbanden wollen nur eines: Geschäfte machen. Geld verdienen, es steuerfrei ausgeben und dem legalen Wirtschaftskreislauf zuführen. Und das so unauffällig wie möglich.

Den Ball am Kopf

Hooligans und fröhliche Engländer

Juni 2006, Deutschland – ein Sommermärchen. Köln ist Austragungsort von vier Gruppen- und einem Achtelfinalspiel der Fußballweltmeisterschaft. Zum letzten Spiel der Gruppe B, Schweden gegen England, strömen am 20. Juni 60.000 englische Fans nach Köln. Die wenigsten haben Karten fürs Stadion, sie wollen einfach nur in der Nähe ihrer Mannschaft sein, sie wollen das Spiel in einer Kneipe sehen, Bier trinken und Spaß haben.

Nach Erfahrungen mit englischen Fans in anderen Städten stuft die Polizei die Begegnung als Risikospiel ein, sie befürchtet Ausschreitungen bis hin zu Straßenschlachten mit deutschen Hooligans mitten in der Stadt – und fragt sich: Wie um alles in der Welt lässt sich das verhindern?

Ich habe selber nie besonders gut Fußball gespielt. Als Kind und Jugendlicher war ich ein passabler Straßenkicker, wie so viele. Aber eine Affinität zum Fußball hatte ich immer. 1966 war ich zum ersten Mal bei einem Spiel von Schalke 04, später hatte ich eine Dauerkarte. Hin und wieder bin ich auch nach England gefahren, um Fußball zu sehen. Ich habe Derbys miterlebt und war von der Atmosphäre begeistert. Für meine mündliche Abiturprüfung in Englisch 1985 habe ich die Fangesänge in englischen Fußballstadien analysiert.

We've travelled far and wide	Wir sind weit und breit gereist,
We've been to merseyside	wir waren in Merseyside.
But there's only one place	Aber es gibt nur einen Ort,
I'd rather be	an dem ich lieber sein würde:
It's in the Fulwell end	in der hintersten Ecke von Fulwell.

(legendärer Schlachtruf der Fans von Newcastle United in den 70er Jahren)

Man könnte also sagen: Ich kenne mich ein bisschen aus mit der Mentalität englischer Fußballfans. Und ich weiß: Wenn die englische Nationalmannschaft auf Reisen geht, erst recht bei einer WM, dann hat sie zehntausende Fans im Schlepptau, die das Feeling an den Spielorten miterleben wollen. Viele reisen mit spärlichem Gepäck. Trikot, kurze Hose, Turnschuhe und ein Bauchtäschchen mit Geld; sonst haben sie nichts dabei. Es sind Fußballfanatiker, fast alle im positiven Sinne. Englische Fans sind ja nicht von Grund auf gewalttätig. Sie können laut sein, und sie sind vielleicht ein bisschen auffälliger als andere Fußballfans. Aber klar, sie haben auch Potenzial, und wenn sie Alkohol getrunken haben, können sie in der Masse zum Problem werden.

In Köln waren während der WM 2006 an verschiedenen Orten in der Innenstadt so genannte Fanzonen eingerichtet, in denen die Spiele auf Leinwänden übertragen wurden. Auf dem Heumarkt zum Beispiel. Es gab Sponsoren, die Kneipen machten hohe Umsätze, die Stimmung war gut, es blieb meistens friedlich. Das ist nicht unbedingt selbstverständlich, wenn tausende Menschen dicht gedrängt beieinander stehen, viele von ihnen alkoholisiert sind und je nach Spiel und Spielstand stark emotional. Aber zehntausende Engländer – das war nun wirklich eine neue Dimension.

Die erste Frage, die wir uns stellten, lautete: Wohin mit ihnen? Wir brauchten ein sicheres Gelände. In Stuttgart hatte es ein paar Tage vorher schwere Ausschreitungen mit englischen Fans gegeben. Wir waren gewarnt. Es hieß, es kämen mindestens 30.000 nach Köln, am Ende sollten es sogar 60.000 werden.

60.000 Fans der englischen Nationalmannschaft feierten ihre Mannschaft 2006 friedlich beim Public Viewing auf der Deutzer Werft.

142

Der Heumarkt, so viel stand schon mal fest, war zu klein. Ich erhielt den Auftrag, mir die Deutzer Werft anzusehen. Ein Gelände auf der rechten Rheinseite, direkt am Fluss, zwischen Deutzer Brücke und Severinsbrücke gelegen, 540 Meter lang. Traditioneller Schauplatz der Frühjahrs- und der Herbstkirmes.

Wir machten eine Begehung mit Vertretern der Stadt. Beim ersten Ortstermin hatte ich gleich den Ball am Kopf – ich wurde Verantwortlicher für den dortigen Polizeieinsatz. Und wir waren uns schnell einig: Die Fläche war geeignet. Mit einem Architekten haben wir überlegt, wie wir das alles stemmen können. Fragen gab es viele, Antworten erst einmal nur wenige, die Herausforderung war immens.

Vorgesehen waren eine kleine Bühne und zwei Videowalls. Flächen wurden eingeebnet, Rettungswege gestaltet, sieben Eingänge eingerichtet. Alles ohne europaweite Ausschreibung, es musste schnell gehen. Wir hatten ja nur ein paar Tage Zeit.

Wo sollte der Getränkeausschank stehen, wo die Toiletten? Beides musste möglichst weit entfernt voneinander platziert werden, denn die Menschen sollten sich beim Bier holen und beim Bier wegbringen nicht in die Quere kommen. Jeder weiß: Reibung erzeugt Hitze, und das galt es zu vermeiden.

Verhindern mussten wir auch, dass man an der Theke stehend freie Sicht auf die Videowalls hatte – dann wäre jeder einfach an der Theke stehen geblieben, hätte das Spiel geschaut und keiner wäre mehr zum Tresen durchgekommen.

Die Verantwortlichen orderten Dixi-Klos, und wir ließen sie nebeneinander vor dem Geländer direkt am Rhein aufstellen, hundert Stück. Auf der gegenüberliegenden Seite des Platzes wurden die Bierpavillons aufgebaut. Dazwischen standen Bäume, die von der Theke aus den Blick auf die Videowalls versperrten. Das Kalkül sollte aufgehen: Was meinen Sie, wie schnell die Fans von der Theke weg waren, nachdem sie sich ihr Bier geholt hatten? Die Brauereibetriebe fanden das auch gut, das hat ihren Umsatz gesteigert. Wenn ich richtig informiert bin, wurden an diesem Tag 260.000 Liter Bier getrunken. Von 60.000 Engländern.

Aber wie bekamen wir die nun alle auf die Werft? Ich nahm Kontakt mit Kevin Miles auf. Kevin ist Engländer, seit Jahrzehnten mit englischen Fans unterwegs, trinkfest, Herausgeber eines Fanmagazins und voll anerkannt in der Szene. Von 1973 bis 1975 war Kevin als Austauschschüler meines älteren Bruders in unserer Familie zu Gast. Er hatte bei uns Deutsch gelernt. Der Kontakt zu ihm ist nie abgebrochen.

Ich rief ihn in Stuttgart an und sagte: „Kevin, geh mal auf Google Earth und gib ‚Deutzer Werft' ein."

Er schaute sich das Gelände auf dem Computer an, stellte mir ein paar Fragen und sagte: „Okay, ich habe einen SMS-Verteiler, damit erreiche ich 33.000 englische Fans, die gerade in Deutschland sind. Denen schreibe ich: Wir treffen uns alle auf der Werft."

Guter Plan.

Mit Bordmitteln, für wenig Geld, ließen wir die Außengeländer der Deutzer Werft mit englischen Fahnen schmücken. So erkannten die Fans von weitem, wo das englische Lager war. Und auch das klappte: Zielstrebig strömten sie später in Heerscharen über die Brücken nach Deutz.

Alle Bauten auf der Werft, an denen man hochklettern konnte, schmierten wir vorsichtshalber mit Seife ein – eine Idee, die ich aus Berlin mitgebracht hatte, von einer Neonazi-Großdemonstration 2004 am Alexanderplatz. Ich war dort als Abteilungsführer mehrerer Hundertschaften eingesetzt. Eines der markanten Merkmale des Berliner Funkturms am Alexanderplatz ist der Überbau des Eingangspavillons – ein wellenförmiges Dach aus weiß gestrichenem Beton. Es beginnt 30 Zentimeter über dem Boden und neigt sich schräg dem Turmschaft entgegen bis in 20 Metern Höhe. Dort hochzuklettern reizt natürlich so manchen, ist aber gefährlich und verboten. Statt das Dach aufwändig mit Stacheldraht, Zäunen oder zusätzlichem Personal zu sichern, hatte ich eine andere Idee: Ich schickte einen Kollegen in eine Drogerie um die Ecke, Schmierseife kaufen, 18 Euro der Eimer, Marke „Denkmit". Die unteren vier Meter des Schrägdachs schmierten die Kollegen mit Lauge ein – eine Höllenarbeit, die Hundertschaft hat mich dafür gehasst. Aber: Der Trick funktionierte, niemand kam da mehr hoch.

Dasselbe machten wir in Deutz. Allerdings hatten wir nicht an die Dächer der Dixi-Klos gedacht. Die blieben frei von Seife. Und dort sind die Engländer dann auch prompt hochgeklettert. Haben sich auf die Plastikdächer gesetzt, die sich nach innen gewölbt haben, so dass die

Fans mit ihrem Bier in der Hand wie in einem Sessel lagen und bequem Fußball gucken konnten. Ist aber zum Glück alles gut gegangen, keiner ist abgestürzt, niemand wurde verletzt. Ein paar Tage später hatte ich mit der Bereitschaftspolizei einen Folgeauftrag in Gelsenkirchen – auch ein Spielort der WM 2006. England gegen Portugal auf der Trabrennbahn, Viertelfinale. Und diesmal dachten wir auch an die Dächer der Dixi-Klos.

Auf der Werft benötigten wir als Nächstes eine Firma, die während des gesamten Tages über Lautsprecher mit den Fans kommunizieren sollte. Der DFB bestellte ein Unternehmen aus Rheinland-Pfalz. Die hatten Autos mit großen Flüstertüten auf dem Dach und konnten alles – nur leider weder Hochdeutsch noch Englisch. Sie sprachen breitestes Pfälzisch, das nicht mal wir verstanden, geschweige denn die Engländer. Glücklicherweise war mein Bruder Jürgen, der sehr gut Englisch spricht, mit seiner Fußball-hobbytruppe auf der Werft, um das Spiel zu sehen. Ich habe ihn gebeten, die Lautsprecher zu bedienen. Das hat er auch getan, im Deutschland-Trikot und mit einer Flasche Kölsch in der Hand. Ich sagte ihm, er müsse irgendwie dafür sorgen, dass die Leute sich gleichmäßig auf alle Eingänge verteilen und nicht nur auf die ersten drei. Er nahm das Mikro und sagte: „There is more cheap beer next to the entrances four, five and six." Eine geniale Idee.

Irgendwann fing der WDR an, eine Kameraplattform aufzubauen, mitten vor einer der Videowände. Niemand hätte mehr etwas sehen können. Ich sagte den WDR-Mitarbeitern: „Entweder bauen Sie den Turm wieder ab oder wir. Das können Sie sich aussuchen." Sie haben es dann selbst getan. Und haben später sogar dafür gesorgt, das BBC-Signal auf die Videowände zu bekommen, so dass die englischen Fans die Originalübertragung verfolgen konnten statt Béla Réthy im ZDF. Wie der WDR das geregelt hat, weiß ich bis heute nicht. Ob das rechtemäßig alles so in Ordnung war, weiß ich auch nicht. Aber es war natürlich ein toller Service.

Damit die Fans auch in den Stunden vor dem Anpfiff keine Zeit hatten, auf dumme Gedanken zu kommen, ist einer von uns los und hat zehn Fußbälle besorgt. Eine der beiden Videowände stand im Norden des Platzes, und bei einer Großbildleinwand ist es ja so, dass der unmittelbare Bereich davor immer frei bleibt, weil man von dort sowieso nichts sieht. Dahin wurden die Fußbälle geworfen. Die Engländer haben sie in die Menge geschossen, und sie kamen zurückgeflogen, und das immer wieder, stundenlang. Die hatten richtig Spaß. Sicherheit durch Service. Dieser Satz wurde spätestens an diesem warmen Junitag 2006 zu meinem Motto, das ich fortan bei der Planung von Großveranstaltungen immer beherzigt habe.

Ich lief vor Ort herum, führte die Lage von vorne, wie man so sagt. Mein Assistent Tom war dabei, er hat früher American Football gespielt, ein Glatzkopf, eine richtige Kante. Das war zumindest kein Nachteil, denn für die Engländer sah er offenbar so aus wie einer von ihnen. Einen sprach er an, gab ihm das Drahtlosmikro, und dann haben alle zusammen englische Schlachtlieder gesungen: 6000 Mann vor dem Eingang. Eine Riesenstimmung.

Ich erinnere mich an einen älteren Engländer mit freiem Oberkörper, kurzer Hose, das Trikot an der Seite reingestopft, kahler Schädel und überall Narben auf dem Kopf. Ich fragte ihn, was er beruflich mache.

Er sagte: „Doorman in einem Billardclub." Türsteher also.

Ich wollte wissen, ob es da viele Schlägereien gebe oder woher die ganzen Verletzungen stammten.

„Nein, nein. Fußball." Er zeigte auf eine Narbe und sagte: „Stoke City '88." Und so ging das weiter. Der konnte mir zu jeder Narbe eine Geschichte erzählen.

Wir hatten an diesem Tag eine Hundertschaft vor Ort und mussten nicht ein einziges Mal eingreifen. Es gab nicht eine einzige Auseinandersetzung mit den Engländern. Das Konzept hat voll gegriffen.

Diese Erfahrung hat mich gelehrt, den Servicegedanken nach vorne zu stellen. Transparent sein, viel miteinander sprechen und den Leuten im Zweifel auch ihren Allerwertesten hinterhertragen – warum denn auch nicht? Wenn ich dadurch Sicherheit erreichen kann, dann mache ich das doch gerne.

Diese Einstellung habe ich auch beibehalten, als ich vier Jahre später, im September 2010, die Leitung der Polizeiinspektion (PI) 3 in Köln-Ehrenfeld übernahm und somit auch die polizeiliche Zuständigkeit für alle Veranstaltungen im Rhein-Energie-Stadion. Egal, ob da ein kurdi-

sches Familienfest stattfindet, Bon Jovi spielt, die deutsche Fußballnatio-
nalmannschaft oder der 1. FC Köln: Einsatzleiter ist qua Amt immer der
Chef der Inspektion 3.

Dass damit auch viel Arbeit auf mich zukommen würde, war mir von
Anfang an bewusst. Zum normalen Einsatzgeschehen im Alltag gesellen
sich immerhin 17 Bundesligaspiele pro Jahr, Länderspiele, das Frauenpo-
kalfinale, Musikkonzerte und manchmal auch ein Fußballcup im Sommer
mit europäischen Teams. Das bedeutete: deutlich mehr Aufwand als in
anderen Polizeiinspektionen. Mindestens jedes zweite Wochenende war
verplant. Vielleicht ist das ein Grund, warum der Posten der PI-Leitung in
Ehrenfeld nicht sonderlich begehrt ist innerhalb der Polizei.

Als die Stelle 2010 neu zu besetzen war, hat die Behörde ein so genanntes Interessenbekundungsverfahren gestartet. Das bedeutet, die Stelle war
wochenlang landesweit ausgeschrieben. Jede Polizistin und jeder Polizist
in Nordrhein-Westfalen im Dienstrang einer Direktorin oder eines Direk-
tors konnte sich bewerben. Ich nicht, denn ich war zu diesem Zeitpunkt
noch kein Direktor. Auf die Ausschreibung hin meldete sich allerdings:
niemand. Kein einziger. Daraufhin wurde ich gefragt, ob ich nicht Interesse hätte – und ich habe mich erfolgreich beworben.

Die Stelle war aus meiner Sicht erstrebenswert. Als Inspektionsleiter in
Ehrenfeld bist du verantwortlich für 185.000 Einwohner, verteilt auf elf
Stadtteile. Ehrenfeld liegt im Westen der Stadt, ein früheres Arbeitervier-
tel, ehemaliger Standort vieler Fabriken. Heute ist die Bevölkerung bunt
gemischt und vor allem bei jungen Familien zunehmend beliebt. Bezahl-
barer Wohnraum ist genauso schwer zu finden wie ein freier Parkplatz –
selbst für ein Lastenfahrrad.

Ehrenfeld ist nicht der größte, aber einer der vielfältigsten, quirligsten
Bezirke der Stadt. Ein permanent hohes Grundrauschen. Nicht nur po-
lizeilich gesehen spannend. Die letzten elf Jahre bis zu meiner Pensionie-
rung habe ich gerne dort gearbeitet. Außenstehende sagen, ich hätte den
Job mit Leben gefüllt. Das freut mich. Ich habe mich immer um eine enge
Zusammenarbeit mit dem Bezirksbürgermeister Jupp Wirges bemüht, mit
dem Kriminalpräventiven Rat, dem Bürgerverein und den Menschen und
Politikern vor Ort.

Jan Böhmermann (Polizistensohn, Moderator und Satiriker) beim Fachgespräch
auf der Polizeiwache in Köln-Ehrenfeld.

Zwei Monate nach meinem Amtsantritt stand im November gleich das
Derby 1. FC Köln gegen Mönchengladbach an. Traditionell ein Hochri-
sikospiel. Die Anhänger beider Vereine sind regelrecht verfeindet. Beim
vorerst letzten Heimspiel des FC gegen Gladbach im Frühjahr hatte es
Ausschreitungen gegeben. Ich musste also überlegen: Wie kriegen wir es
hin, dass es diesmal friedlich bleibt?

Ich habe sofort losgelegt, habe mich an den 1. FC Köln gewandt, an
die Stadtverwaltung, an die Kölner Verkehrsbetriebe, die Bundespolizei,
die Sportstätten GmbH und den privaten Sicherheitsdienst im Stadion.
Ich habe Gespräche geführt mit meinem Amtsvorgänger und unseren so
genannten szenekundigen Beamten, die in der Fanszene ermitteln. Und
ich habe eine Liste von relevanten Personen erstellt, die in der organsierten Fanszene die Fäden ziehen, bis hin zu den Chefs der Ultra-Gruppie-
rungen.

148

Jedem habe ich eine Mail geschrieben. Ich habe mich vorgestellt und ein Gesprächsangebot gemacht. Ich wollte mich auch mit den Ultras an einen Tisch setzen, möglichst bevor das Kind in den Brunnen gefallen ist. Viele schrieben zurück, wünschten mir Glück. Die Ultras in der Südkurve machten sich zum Teil lustig, sie rollten während eines Heimspiels ein Banner aus: „Lange sucht Brieffreunde." Fand ich witzig.

Mit Anführern der Ultraszene habe ich mich ein paar Tage vor dem Derby früh morgens in einer kleinen, vertraulichen Runde in einem Besprechungsraum im Rhein-Energie-Stadion zusammengesetzt. Acht Leute an einem großen Tisch. Nach zwei Stunden stand einer der Wortführer auf, verabschiedete sich und sagte: „Lange, Sie sind schon mal kein Arschloch." Das war jetzt keine Liebesbekundung, aber schlecht war es auch nicht. Es war ein Anfang. Wir haben uns in dieser oder ähnlicher Zusammensetzung auch in den folgenden Jahren regelmäßig getroffen. Das war neu. Einen ernsthaften Dialog zwischen Polizei und organisierten Fans hatte es in Köln bis dahin so nicht gegeben.

Aber ich hielt und halte es auch nach wie vor für wichtig, dass sich die Polizei der aktiven Fanszene öffnet. Ich habe den Leuten meine Taktik dargelegt. Vor dem Spiel bin ich nach Gladbach gefahren und stand dort in Uniform mit dem Fanbeauftragten der Borussia vor 200 Menschen im Ultra-Heim. Ich habe ihnen erklärt, was sie in Köln erwartet, wie wir uns als Polizei aufstellen, wie wir vorgehen werden – und wer Fragen hatte, konnte sie stellen.

Normalerweise ist ein Ultra-Heim eine „No-Go-Area" für Polizisten. Einige fanden es sicher auch ätzend, dass da ein Polizeibeamter ihr Allerheiligstes betrat. Aber das ist mir doch immer noch lieber, als wenn ich eine Woche später mit einem Durchsuchungsbeschluss vor der Tür stehen muss. Auch für die Fans ist das angenehmer.

In Frankfurt stellte mir bei einem solchen Besuch mal jemand eine blöde Zwischenfrage, eine junge Frau, die Randale ankündigte. Ich antwortete: „Sie sagen, Sie wollen die Busse entglasen? Okay, Sie sind 1,90 Meter groß und haben ellenbogenlange Haare. Ich habe das gespeichert. Wenn was passiert, sind Sie die Erste, die fällt." Und es ist nichts passiert.

Reden, reden, reden – am besten miteinander und nicht übereinander. So lassen sich viele Konflikte im Ansatz lösen und Eskalationen vermeiden. Ich erinnere mich gut an das Heimspiel 1. FC Köln gegen Bayer

Leverkusen am 18. März 2018, einem Sonntag. Anstoß war um 15:30 Uhr. Ungefähr eine Stunde vorher sahen wir in unserer Befehlsstelle im Stadion auf den Monitoren der Videoüberwachung, dass sich im Oberrang der Nordkurve etwas Übles zusammenbraute. Wie eine schwarze Wand hatten ein paar hundert Leverkusener die Tribüne betreten, alle gleich gekleidet, dynamischer Schritt. Sie fielen durch einen ausgeprägten Sonnenschutz auf, trugen fast alle Käppis und Sonnenbrille. Man könnte auch sagen: Sie waren vermummt. Sie haben die Kartenkontrolleure am Einlass überrannt und sich im Oberrang in die vordersten Reihen gesetzt. Auf den Monitoren sahen wir, dass sie an irgendetwas herumbastelten. Jugend forscht. Einer füllte aus einem Säckchen etwas in ein Behältnis um, es war schnell klar: Die planen offenbar eine große Pyroshow. Eine Feuerchoreografie.

Mit dem Sicherheitsbeauftragten und dem Veranstaltungsleiter des 1. FC Köln überlegten wir, was wir tun konnten. Sicher war: Wir mussten ein-

Zu Besuch in der Befehlsstelle der Polizei im Rhein-Energie-Stadion: NRW-Innenminister Herbert Reul (r.) mit Einsatzleiter Volker Lange (l.).

schreiten, irgendwie. Wir konnten denen nicht tatenlos bei ihren Vorbereitungen zuschauen, einfach mal abwarten, was passiert. Dann hätten
nachher alle gesagt: Wieso seid ihr nicht früher eingeschritten, ihr habt
doch alles gesehen!

Also, was tun? Für die Sicherheit im Stadion ist erst einmal der Verein
zuständig. Aber die Vertreter des 1. FC Köln winkten ab, sagten, sie könnten da keine Ordner reinschicken. Zu gefährlich.

Mit einer Hundertschaft in den Block stürmen? Auf die Gefahr hin, sich
im Oberrang eine Schlägerei mit den Ultras zu liefern – vor einer Absturz-
kante von 80 Zentimetern, und dahinter geht es steil in die Tiefe? Auch
keine gute Idee.

Irgendwann sagte ich: „Wir machen jetzt erst einmal alle Gästeeingänge
zu, ich brauche 30 Ordner und eine Hundertschaft." Und dann sind wir
Richtung Nordkurve gegangen. Für jedermann gut sichtbar haben wir uns
hinter der Kurve gesammelt: Vereinsverantwortliche, das Team des sozial-

Volker Lange in der Einsatzzentrale des Rhein-Energie-Stadions.

pädagogischen Fanprojekts von Bayer Leverkusen, Ordnerdienst, Polizei. Die Eingänge wurden geschlossen. 2000 Leverkusener Fans standen noch vor dem Stadion, sie mussten jetzt warten.

Mein einziges Ziel war, dass das Spiel stattfinden konnte. Das zu ermöglichen, ist die Aufgabe der Polizei. Eine Pyroshow mit starker Rauchentwicklung hätte aber zu einem Abbruch führen können.

Mit meinem Führungsassistenten habe ich den Block im Oberrang betreten, nur wir zwei, in Uniform. Die Hundertschaft blieb draußen. Angst hatte ich nicht, ich fand es eher spannend. Meine Devise war: Wer sich schwach macht, macht sich stark. Was sollte auch passieren? Ich bin ein rationaler Mensch. Warum sollten mir 300 Mann, die mir überlegen sind, etwas antun? Ich will ja nur reden. Außerdem: Sie hatten durchaus gesehen, dass im Hintergrund eine Hundertschaft wartet. Den Kollegen hatte ich vorher halb im Spaß so etwas gesagt wie: „Ich gehe alleine rein, ihr bleibt draußen. Wenn die mich runterschmeißen, kommt ihr hinterher und verhaut sie."

Ich bin ganz ruhig da reingegangen, mein Assistent blieb an der Treppe stehen. In der Befehlsstelle folgten die Kollegen jedem meiner Schritte auf den tonlosen Monitoren der Überwachungskameras.

Fünf oder sechs Vermummte stürmten gleich brüllend auf mich zu, machten mich an, ich solle hier nicht eskalieren, ich solle mich verziehen. Ich ließ 20 Sekunden Schimpftiraden über mich ergehen, dann antwortete ich: „Passt auf. Ihr seid 300, ich bin alleine." Ich habe sozialen Druck aufgebaut: „Leute, so lange ihr das nicht einstellt, kommt kein einziger Leverkusener Fan mehr ins Stadion. Draußen warten 2000 von euch auf Einlass. Denen sagen wir unten gerade, dass es im Moment nicht weitergeht, weil die Ultras oben eine Pyroshow vorbereiten. Der Anstoß steht auf der Kippe – wegen euch. Ich möchte jetzt eure Zusage, dass gleich nichts aufs Spielfeld geworfen wird. Dass nicht kollektiv gezündelt wird. Ihr habt fünf Minuten Zeit zu überlegen, ob ihr darauf eingeht."

Die wollten sich besprechen. Das war schon mal ein Erfolg. Sie forderten: „Zehn Minuten."

Ich erwiderte: „Fünf. Es ist 15:05, um 15:10 bin ich wieder hier. Dann hätte ich gern eine Antwort. Bis dahin bleibt unten alles zu."

152

Ich ging weg, ließ die Gruppe hasserfüllt zurück. Der Mitarbeiter des Fan-projekts raunte mir zu: „Sensationell." Dann ging er zu den Ultras und kam nach drei Minuten wieder heraus. Er sagte zu mir: „Die machen das so." „Wunderbar", antwortete ich ihm. „Aber ich will das von denen selber hören. Die sollen mir in die Augen gucken."

Und so haben wir es gemacht. Der Eingang wurde wieder geöffnet. Wäh-rend des Spiels später wurde zwar gezündelt, aber immerhin nichts aufs Spielfeld geschleudert, keine Raketen geschossen, nichts in die Menge ge-worfen.

Ein Stadionbesucher aus der Fanszene des 1. FC Köln schrieb mir ein paar Tage später, das sei ja wohl ein Witz gewesen, ich hätte das Spiel gar nicht abbrechen dürfen. Das stimmt, da hatte er Recht. Ich hätte gar nicht erst anpfeifen lassen. Wenn ich eine Hundertschaft in den Mittelkreis stelle, pfeift kein Schiedsrichter der Welt an. Die normative Kraft des Faktischen. Da hätte man mich später mit Schadensersatz überziehen können – mir egal, ich bin versichert. Aber im Ernst: Diese gesellschaft-liche Auseinandersetzung hätte ich gerne geführt.

Andere aus der Fanszene schrieben provozierend: „Polizei genehmigt Pyrotechnik." Sogar in einer Talkshow im Fernsehen hat das ein selbster-nannter Experte später mit diesem Zungenschlag wiederholt: Polizei-Ein-satzleiter von Köln befürwortet Pyrotechnik im Stadion. Eine sehr inter-essante Sichtweise.

Der Mitarbeiter vom Fanprojekt aus Leverkusen rief an und übermit-telte mir die Reaktion der Leverkusener Fanszene: „Der hat ja Eier", hieß es da. „Kommt alleine zu uns rein. Und eigentlich hat er ja sogar Recht."

Aber nicht nur kommunikativ, auch strategisch haben wir als Polizei zu-sammen mit dem Verein einiges an den Abläufen bei den FC-Heimspie-len verändert, zum Beispiel die Wegeführung am Rhein-Energie-Stadion. Ehrlich gesagt kein großes Ding, aber mit ein paar kleinen Umstellungen ließ sich so verhindern, dass die Anhänger der beiden Vereine vor und nach dem Spiel direkt aufeinandertreffen. Bei diesen Gelegenheiten ergibt ja schnell mal ein Wort das andere, und das kann man durch Planung im Vorfeld zumindest weitgehend ausschließen. Wer sich professionell prü-geln will, der wird natürlich auch immer einen Weg finden, und der wird das in der Regel auch nicht am Stadion tun, wo viel Polizei ist. Aber es geht um all die anderen, um die, die das Spiel sehen wollen, die oft schon zwei Stunden vor dem Anpfiff kommen. Die müssen zeitverzögert in und aus dem Stadion geführt werden.

Eines muss ich in diesem Zusammenhang klarstellen: Von 50.000 Zuschauern sind 49.500 völlig unproblematisch. Für die anderen 500 verwende ich gern den Begriff „Fußballstörer". Man könnte auch sagen: Kriminelle, Gewalttäter, Schläger. Jedenfalls keine „Fans", das ist ein positiv belegter Begriff. Die Störer nutzen ein Fußballspiel für ihre Zwecke aus. Viele haben ja nicht einmal eine Karte, oder sie haben Stadionverbot und kommen trotzdem, um sich irgendwo im weiteren Umfeld des Stadions zu boxen.

Fast alle eint eine Begeisterung für den Kampfsport. Manche sind Käfigkämpfer, Leute, die sich messen wollen, die sich mit Gewalt messen wollen. Die gemeinsam ins Ausland fahren und die deutschen Farben in England oder in Österreich vertreten wollen.

Mit Grauen erinnere ich mich an den Angriff betrunkener deutscher Hooligans auf den französischen Polizisten und Familienvater Daniel Nivel in Lens während der Fußball-WM 1998. Sie haben auf ihn eingeschlagen und -getreten, als er schon am Boden lag. Er fiel ins Koma, ist erst nach Wochen wieder erwacht und ist bis heute gesundheitlich schwer gezeichnet. Einer der verurteilten Schläger ist nach seiner Entlassung aus der Haft in einer Leitungsfunktion eines Outlaw Motorcycle Clubs tätig geworden, einer Rockervereinigung.

Ich habe mich mal länger mit einem so genannten Althooligan aus Köln unterhalten, der auch heute noch aktiv ist. Er besitzt eine eigene Firma, hat zwei Kinder, und er sagt: „Zweimal im Jahr muss es einfach knallen, das brauche ich."

In der öffentlichen Diskussion wird oft unterschieden zwischen „Hooligans" und „Ultras" oder neuerdings auch „Hooltras". Das ist Quatsch. Es ist vollkommen egal, wie man sie nennt, man muss diese Begrifflichkeiten aufbrechen. Man muss die Menschen nach ihrem Tun bewerten. Zu viele sind gewaltgeneigt. Kriminelle, die einen persönlichen Gewinn daraus ziehen, andere zusammenzuschlagen. Sie fahren irgendwohin, teilweise mit großem Aufwand, um andere zu verletzen. Es geht ihnen ausschließlich darum, körperliches Leid zu verursachen – für den eigenen Kick. Diesen

Gewalttätern muss man mit aller Konsequenz begegnen. Nicht nur als Polizei und als Staatsanwaltschaft, sondern auch als Verein, als gesamte Gesellschaft. Gewalttäter, die Leute halb totschlagen, haben auch in den Vereinsstrukturen nichts zu suchen. Wenn ich Vereinspräsident wäre, würde ich mir sehr genau überlegen, ob ich diese Leute dauerhaft als Fans in meinem Verein haben will – oder ob ich sie nicht ausschließen sollte. Aber stattdessen werden lieber Spieler bestraft und gegängelt, weil sie im Mannschaftsbus kritische Aussagen über die aktive Fanszene gemacht haben und ein Nachwuchsspieler dies gleich weltweit posten musste.

Viele Clubs machen es sich zu einfach. Sie behaupten, die Störer seien halt irgendwelche Schläger, für solche Wirrköpfe könne man doch nicht den Verein verantwortlich machen. Doch, das kann man, man muss es sogar. Denn natürlich hängt das eine mit dem anderen eng zusammen. Wir Polizisten sehen es ja, wenn wir diese Menschen auf der Wache erkennungsdienstlich behandeln: Ihre Körper sind übersät von Tattoos ihres Vereins.

Bei solchen Leuten kommt man natürlich auch mit dem Servicegedanken nicht weit. Die halten sich einfach an nichts. Aber grundsätzlich lässt sich mit „Sicherheit durch Service" einiges erreichen. Es ist in dieser Hinsicht allerdings auch noch viel Luft nach oben. Nicht nur, was polizeiliche Maßnahmen betrifft, auch die Städte, die Vereine, die Verbände, die örtlichen Verkehrsbetriebe und die Deutsche Bahn sind hier gefragt. Oft scheitert es nicht einmal an der Einsicht oder am Willen einzelner Beteiligter, sondern an der Bereitschaft, Geld auszugeben – und das bei Milliardenumsätzen im Profifußball jedes Jahr.

Dazu ein kleines Beispiel: Am S-Bahnhof in Ehrenfeld reisen bei FC-Heimspielen die Gästefans aus Mönchengladbach an. Bis zu 1500 Leute kommen mit Sonderzügen an. Sie haben unterwegs Bier getrunken, gehen vom Bahnsteig runter auf die Straße und wollen mit der Straßenbahn weiter zum Stadion fahren. Aber es gibt keine einzige öffentliche Toilette für sie. Ich habe das mal in Duisburg-Schlenk am Bahnhof erlebt, als Fans von Rot-Weiß Essen angereist sind. Die Anwohner haben angsterfüllt mit dem Gartenschlauch im Vorgarten gewartet, weil sie wussten: Gleich wird meine Hauswand von hundert Leuten angepinkelt. Manche hatten vorsorglich schon die Rasensprenger angestellt, damit sich niemand in ihre Büsche stellt.

Das Ordnungsamt sagt: Dann gehen wir eben hin und kontrollieren die Wildpinkler, aber ihr, Polizei, müsst uns bitte beschützen. Was für ein Unsinn. Wenn ich doch weiß, als Deutsche Bahn, als KVB, als Verein, als Stadt Köln: Wir sind die Gastgeber, und die Fans sind Fahrgäste, die haben ein Ticket, dann muss man doch überlegen, welches Angebot man ihnen machen kann. Und dann stellt man eben mobile Urinale auf. Zehn Stück, tausend Euro. Das ist doch nicht so schwer.

War es aber lange Zeit. Leider. Was mussten wir nicht alles tricksen, bis bei Heimspielen des FC am Ehrenfelder Bahnhof endlich Urinale aufgebaut wurden. Die Kosten hat von da an jedes Mal ein anderer übernommen. Mal die Bundespolizei, mal der Nahverkehr, mal der Verein. Aber es war ein anstrengender Weg. Immerhin läuft es jetzt.

Ein anderes Beispiel: ein fast unbeleuchteter Busparkplatz für die Gästefans am Stadion in Köln-Müngersdorf, Waldboden, nur zum Teil geschottert. Die Fans steigen aus dem Bus und landen erstmal knöcheltief in der Mocke. Und das soll der erste Eindruck sein, den die Gästefans von Köln bekommen?

Natürlich gibt es Stadionanwohner, die sich dann beklagen: „Wenn auf dem Parkplatz Licht brennt, kann ich abends aus meinem Garten nicht mehr in den Wald schauen." Einer sagte mal: „Ich habe doch nicht eine Million für mein Grundstück ausgegeben, damit ich abends vor dem Fenster beleuchtete Busse sehe."

Ein Kollege entgegnete darauf nur knapp: „Was? So günstig ist das hier?"

Es gibt auch Bürgerinitiativen, die führen angebliche Fledermäuse an, die durch das Licht gestört werden könnten. Von den regelmäßigen Lärmbeschwerden wegen des Hubschraubers der Bundespolizei, der bei FC-Heimspielen die Bahngleise abfliegt, mal ganz zu schweigen.

Aber ich finde, da darf man sich nicht von beeindrucken lassen. Solange es Fußballstörer gibt, die ICE-Züge aufhalten, um sich mit ihren Gegnern darin einen Kampf zu liefern, solange muss ein Hubschrauber mit Wärmebildkamera eben die Strecke überwachen, um zu erkennen, wenn da 50 Vermummte neben den Gleisen warten. Tut man das nicht, und es passiert etwas, dann haben wir einen Massenanfall von Verletzten. Es ist nicht übertrieben, wenn ich sage: Es geht hier manchmal um Leben und Tod.

15

Der Überfall

Zwanzig gegen Einen

Schon zur Halbzeit scheint das Spiel im Rhein-Energie-Stadion so gut wie gelaufen zu sein. Es ist der 5. Februar 2011, ein Samstagnachmittag, 21. Spieltag. Der Tabellendritte Bayern München führt 2:0 beim Drittletzten 1. FC Köln. Äußerst unwahrscheinlich, dass der abstiegsgefährdete Bundesligist noch einmal in die Begegnung zurückfindet. Aber: Er findet zurück. In der 75. Minute schießt Milivoje Novaković das 3:2, Köln hat die Partie tatsächlich gedreht.

Auf den Rängen liegen sich die Menschen in den Armen. Ihr Jubel ist bis auf die fast menschenleere Vorwiese am Stadion zu hören, wo sich Volker Lange, sein Stellvertreter Ralf Remmert, ein Verantwortlicher des 1. FC Köln und ein leitender Mitarbeiter der Sportstätten GmbH zu einem Arbeitstermin treffen. Es geht um die mangelhafte Beleuchtung der Zugangswege.

Ob stärkeres Licht verhindert hätte, was gleich passieren wird, ist ungewiss. Sicher ist aber, dass die Schläger im Dunkeln leichtes Spiel hatten. Was sie anrichteten, sollte bundesweit Schlagzeilen machen.

Es war nur eine kurze Besprechung. Unspektakulär eigentlich. Wir wollten vor Ort klären, wie eine bessere Beleuchtung des Stadionumfeldes die Sicherheit bei der An- und Abreise der Fans verbessern könnte. Dazu trafen wir uns an der großen Wiese vor dem Stadion. Es gab hier nur wenige Laternenmasten. Die hüfthohen Büsche und Sträucher, die den Fußweg neben der Wiese vom VIP-Parkplatz für die Stadionbesucher trennten, waren gerade mal ein paar Meter entfernt, aber um diese Uhrzeit am späten Nachmittag trotzdem nur mehr als schwarze Umrisse erkennbar.

Drinnen im Stadion tobte ein spannendes Spiel. Eines mit Seltenheitswert. Wann hat der FC schon mal ein 0:2 gegen Bayern München gedreht? Die Stimmung unter den Kölner Fans war großartig, umso unverständlicher ist es für mich bis heute, wie dieser Nachmittag geendet hat.

Wir waren eigentlich fertig mit dem Termin, hatten uns gerade voneinander verabschiedet. Jeder ging in seine Richtung davon. Ralf und ich, beide in Uniform, haben noch ein paar kurze Worte mit dem technischen Leiter der Sportstätten GmbH gewechselt.

Während wir da zu dritt standen, sprachen uns drei oder vier Leute an, Holländer, sie fragten nach einem Selfie mit uns. Das ist nichts Ungewöhnliches, und wenn Zeit dafür ist, mache ich das gerne. Wir machten also ein Gruppenfoto. Einer der Holländer fragte, ob er Ralfs Dienstmütze aufsetzen dürfe. Durfte er. Er ließ sich mit der Mütze fotografieren und gab sie Ralf zurück.

Da näherte sich von hinten eine Gruppe Kölner Ultras. Ein paar Dutzend, 50 oder 60 Mann. Sie schlenderten an uns vorbei – und dann ging alles ganz schnell. Einer riss Ralf die Mütze vom Kopf und rannte mit ihr davon. Ralf lief hinterher, holte den Mann ein und hielt ihn am Kapuzenpulli fest. Aber der rannte weiter, Ralf hing an ihm dran wie ein Wasserskifahrer. Ein großer Teil der Gruppe sprintete hinterher und wollte Ralf wegschlagen von diesem Menschen.

Durch eine niedrige Hecke verlagerte sich das Geschehen auf den Parkplatz. Einer trat Ralf die Beine weg. Er wurde regelrecht gefällt. Ralf stürzte, und im nächsten Moment sah ich ihn inmitten dieser dunkel gekleideten Gewalttäter in seiner leuchtend gelben Polizeijacke auf dem Boden liegen. Ich sah Füße und Arme, die auf ihn einprasselten. Ralf rollte sich zusammen, um sich gegen die Schläge und Tritte zu schützen. Er sagte mir später: Er lag auf dem Boden und dachte an Daniel Nivel.

Ich stand vielleicht 20 Meter entfernt, der Mitarbeiter der Sportstätten GmbH neben mir. Ein paar Ultras waren neben uns stehen geblieben. Sie sahen uns an. Umstellten uns, versperrten uns den Weg und provozierten uns. „Na, willst du auch ein paar?", rief einer. „Willst du nicht deinem Kollegen helfen?", fragte ein anderer. Ich wurde hin und her geschubst, bin aber nicht zu Boden gegangen. Die Gefahr bestand auch nicht. Es waren nicht unbedingt die Aggressivsten aus der Gruppe, die da bei uns standen. Aber klar ist, sie haben den Schlägern Beistand geleistet.

Plötzlich trat einer dem Sportstätten-Mitarbeiter in die Knie, mehrfach, er hatte erst kürzlich eine Meniskus-Operation hinter sich gebracht. Er ging zu Boden. Ein großer Zwei-Meter-Mann. Und Ralf wurde weiter niedergetreten. Ich kriegte die kalte Wut. Zwanzig gegen einen – das ist ein typisches Scheißverhalten. Das kann jeder, dafür muss man kein Held sein. Und man fragt sich: Was sind das für Menschen, die so durchdrehen, statt sich über den Sieg zu freuen? Die müssen eine ganz niedrige Reizschwelle haben. Was machen die denn eigentlich erst, wenn die mal richtig schlechte Laune haben?

Ich überlegte: Was kannst du tun? Du bist alleine, die anderen sind viel mehr. Mir schoss der Gedanke durch den Kopf, einen Warnschuss abzugeben. Aber genauso schnell verwarf ich ihn auch wieder. Ich dachte: Das bringt hier nichts. So aufgeputscht wie die sind, hören die den Schuss gar nicht. Oft nimmt man den Knall in einer solchen Situation nur dann wahr, wenn man auch sieht, dass jemand geschossen hat. Mir war klar: Es muss irgendwie anders gehen.

Mit Ralf habe ich später mal in Ruhe über diese wenigen Sekunden gesprochen. Um es im Polizeideutsch zu sagen: Wir haben die ganze Sache zwischen uns sauber nachbereitet. Er sah das mit dem Schuss genauso wie ich. Er hat mir deshalb auch nie einen Vorwurf gemacht.

Während diese Typen auf Ralf eintraten, fiel mir ein, dass ich ein paar Minuten vorher mit meiner Befehlsstelle im Stadion telefoniert hatte. Ich hielt das Telefon noch in der Hand, drückte die Wahlwiederholung und bat um Unterstützung. „Wo bist du gerade?", fragte der Kollege. Ich sagte es ihm, und er erwiderte: „Wir haben die Kamera drauf, man sieht da einen Tumult."

Ich rief: „Und mittendrin liegt der Ralf."

Nicht weit entfernt stand eine Gruppe Bereitschaftspolizisten. Sie nahmen ihre Knüppel in die Hand, liefen los und trieben die Gruppe auseinander. Drei Leute konnten sie festhalten. Zwei von denen waren am Ralf dran, der Dritte war ein polizeibekannter „Gewalttäter Sport" mit heller Trainingshose, die an den Knien dreckig war.

Und nun passierte leider etwas, das mich bis heute ärgert und enttäuscht. Ein Zeuge, der die ganze Zeit daneben gestanden und alles beobachtet hatte, war ein langjähriger Mitarbeiter des sozialpädagogischen Fanprojekts für den 1. FC Köln. Und der hat diesen Dritten aktiv aus den Händen der Bereitschafspolizei herausgesprochen. Er hat dem ein Alibi gegeben, hat behauptet, der wäre die ganze Zeit bei ihm gewesen – was nicht stimmte.

159

Und auch sonst trug der Sozialarbeiter während der Ermittlungen und später vor Gericht nichts dazu bei, die Täter zu identifizieren. Der Oberstaatsanwalt, der die Anklage gegen die beiden anderen Festgenommenen vertrat, sagte in seinem Plädoyer, es sei schwer nachvollziehbar, dass der Sozialarbeiter keinen der Schläger erkannt haben will. Wörtlich sagte er: „Es wäre seine verdammte Pflicht gewesen, genau hinzusehen."

Der FC dagegen reagierte vorbildlich. Der Mannschaftsarzt eilte aus dem Stadion herbei und kümmerte sich um Ralf. Die Vereinsverantwortlichen waren außer sich. Sie kennen den Ralf ja. Und jeder, der ihn kennt, weiß, dass er ein ganz ruhiger, sachlicher Vertreter ist. Sich zu prügeln, ist nicht seine Welt. Überhaupt nicht.

Nachdem Ralf verarztet worden war, wurden wir zur Kriminalwache gebracht. Ralf hatte multiple Prellungen, Muskelkater überall. Er ist ein sportlicher Typ, fährt viel Fahrrad, hat eine gute Muskulatur. Das hat ihn wohl gerettet. Und er hat sich geschützt, die Arme runtergemacht, sich eingeigelt. Trotzdem war es natürlich alles in allem großes Glück, dass er nicht liegen geblieben ist.

Auf der Wache wurden unsere Aussagen aufgenommen. Die beiden Verdächtigen waren neben Ralf sitzend festgenommen worden. Er konnte nur leider im Nachhinein nicht sagen, wessen Fuß und wessen Faust es genau war, die ihn getroffen hatten. Die Videobilder waren – auch wegen des schlechten Lichts – nicht zu gebrauchen. Und warum? Weil der VIP-Parkplatz zwar mit hellen LED-Lampen ausgeleuchtet war, aber der Bereich unmittelbar davor, der Tatort, komplett im Dunkeln lag. Da hätten nur zwei billige LED-Lämpchen hängen müssen. Hätte vielleicht schon geholfen.

Aber auch die Polizei hat Fehler gemacht. Ralfs neongelbe Jacke war übersät mit Fußspuren. Die Jacke hat man im Rahmen der Spurensicherung zwar fotografiert, nicht aber zum Beispiel die Schuhsohlen der beiden Festgenommenen. So konnte man die Spuren später nicht miteinander abgleichen.

Die Tat löste ein hohes Medieninteresse aus. Zeitungen und das Fernsehen berichteten bundesweit. Mir hat dieser Überfall vor Augen geführt, dass unser Engagement als Polizei, mit den Ultras im Gespräch zu bleiben, an diesem Nachmittag buchstäblich mit Füßen getreten wurde. Ein paar

Monate nach der Tat sprach ich einen polizeibekannten Ultra darauf an. Ich sagte zu ihm: „Wir bemühen uns hier um alles, und ihr greift die Leute an?"

Er blickte mich an, zehn Zentimeter vor meinem Gesicht, und antwortete: „Du weißt doch, Lange, es gibt keinen Fandialog."

Einige wollen es offenbar einfach nicht.

Einen anderen hochrangigen Ultraführer sprach ich 2014 nach einem Angriff von Gladbacher Gewalttätern auf Kölner Ultras vor dem Stadion an und sagte zu ihm: „Wir müssen dringend mal sprechen." Er hätte das vielleicht sogar gemacht, aber schließlich lehnte er ab. Mit der Begründung: „Wenn einer sieht, dass ich mit den Bullen spreche, bin ich bei den Jungs unten durch."

Auch im Kollegenkreis wurde meine Strategie des Dialogs nun verstärkt infrage gestellt. Viele sagten: „Du hast aber einen langen Atem, wir müssen uns langsam mal was anderes einfallen lassen." Aber ich habe diese Diskussionen immer schnell abgebrochen. Eines nämlich will ich nicht: Ich will nicht, dass irgendjemand uns vorwirft, die Polizei räche sich an den Ultras. Bei mir haben solche Gedanken keinen Platz. Das ist wie Nachtreten, dafür gibt es die Rote Karte. Im Gespräch zu bleiben ist und bleibt für mich alternativlos.

Ganze eineinhalb Jahre dauerte es bis zum Prozessbeginn gegen die beiden Männer, die die Kollegen der Bereitschaftspolizei am Tatort überwältigt hatten. Eineinhalb Jahre. Viel zu lang. Ich hatte schon nach einem Jahr kurz überlegt, dem Gericht eine Glückwunschkarte zu schreiben: „Ich gratuliere zum ersten Jahrestag." Habe es aber nicht getan. Man kann natürlich vieles erklären. Haftsachen haben bei Gericht Vorrang, ja, das kann alles sein. Aber eineinhalb Jahre auf einen Prozess warten zu müssen, ist nicht nachvollziehbar. Allein in dieser Zeit fanden 50 Fußballspiele statt, bei denen diese Leute wieder unterwegs waren, eineinhalb Jahre, in denen sie keine Konsequenzen gespürt haben und in denen ihnen auch gesellschaftlich nicht der Spiegel vorgehalten wurde.

Vor Gericht schwiegen die beiden Angeklagten. Einer stritt die Vorwürfe über seinen Anwalt ab. „Wie kann man nur so schwachsinnig sein?", fragte der Richter in seiner Urteilsbegründung. Die Angreifer hätten Ralf „in feigster Art und Weise niedergestiefelt", sagte der Oberstaatsanwalt in seinem Plädoyer. „Gott sei Dank blieb Herr Remmert bei Bewusstsein, sonst hätte das wohl schwere Folgen für ihn gehabt."

Mit klaren Worten verurteilte der Oberstaatsanwalt das Verhalten der gesamten Gruppe während und nach der Tat. Niemand habe Ralf Remmert geholfen, niemand habe die Schläger festgehalten, niemand habe zur Aufklärung beigetragen. „Das ist der eigentliche Skandal", sagte der Vertreter der Anklage und verglich die interne Struktur der Ultra-Gruppe mit der mafiöser Banden. Sie pflege ein Schweigegelübde gleich der mafiösen Omertà. „Das Kollektiv schweigt und ermöglicht Einzelnen auf diese Weise Straftaten. Das ist eine bedrohliche Entwicklung."

Aber: Nach drei Verhandlungstagen und detaillierten Zeugenaussagen wurden die beiden Angeklagten schließlich freigesprochen. Dem Vorsitzenden Richter zufolge ließ sich ihre konkrete Tatbeteiligung letztendlich nicht nachweisen. Aus demselben Grund hatte sogar der Oberstaatsanwalt einen Freispruch beantragt. In seiner Urteilsbegründung sagte der Richter: „Wenn ich nicht weiß, ob die beiden es waren, muss ich sie freisprechen. Das ist keine Niederlage des Rechtsstaats. So muss man juristisch arbeiten."

Mir steht keine Justizschelte zu. Ralf sagte damals, der Rechtsstaat habe gewonnen. Das ist auch völlig in Ordnung, dass der gewinnt. Als Polizei müssen wir uns fragen, ob *wir* alles richtiggemacht haben.

Bei einer Stadion-Großchoreografie der Ultragruppe „Wilde Horde" in der Kölner Südkurve wurde der Überfall Jahre später noch einmal thematisiert. Auf einem Banner sah man ein Schwein in Uniform, dem die Mütze geklaut wird. Das zeigt mir, dass sich die aktive Fanszene noch Jahre danach zu dem Überfall auf Ralf bekennt.

Eine Woche nach der Tat spielte der FC gegen Mainz, wieder ein Heimspiel. Ich stieg mit Ralf vor der Befehlsstelle am Stadion aus dem Auto. Ein Herr mit Kind blieb vor uns stehen. Ralf kannte den Mann, einen früheren Hooligan. „Wie geht's?", fragte er uns. Er erklärte seinem Sohn, dies sei der Polizist, der vor einer Woche zusammengeschlagen wurde – und dass das überhaupt nicht gehe. Und er machte uns ein klares Angebot: Wenn wir wüssten, wer die Täter seien, würde er mit seinen alten Freuden losziehen und Ohrlaschen verteilen. Ich bin mir sicher: Er hat das ernst gemeint. Der Althooligan wunderte sich, dass Ralf schon wieder im Einsatz war.

Ich grinste und sagte: „Ja, aber er macht nur Innendienst, er hat ja keine Mütze mehr."

Tatsächlich ist Ralfs Mütze bis heute verschwunden. Vielleicht finden wir sie irgendwann bei einer Wohnungsdurchsuchung wieder.

16

Die Schlacht vom Rudolfplatz

„Geil weggeklatscht"

*B*ei einer Schlägerei unter Ultras und Fußballhooligans aus Köln, Dortmund und Gelsenkirchen wird am 18. Januar 2014 ein 40-jähriger Mann am Kölner Rudolfplatz lebensgefährlich verletzt – getroffen vermutlich von einem Schlagring. Nachrichten aus Whatsapp-Chats von Beteiligten, einen Tag zuvor:

„Hast du noch Sandhandschuhe?" – *„Ne, nur für mich."*

„Hoffe, dass die Schalker mit ein paar Mann rankommen, sonst ist das ganze mega-sinnlos."

„Wir hauen den Volljuden auf die Fresse."

2014 übernahm Nordrhein-Westfalen turnusgemäß den Vorsitz der Innenministerkonferenz, des Abstimmungsgremiums der Innenminister und Innensenatoren der deutschen Länder. Zu einem Schwerpunkt ihrer Arbeit wollten die Länderchefs in den kommenden Monaten den Umgang mit Gewalttätern im Zusammenhang mit Fußballspielen machen. Das Jahr war noch keine drei Wochen alt, da wurde schon deutlich, wie nötig das war.

Die Bundesliga befand sich mitten in der Winterpause. Manchmal finden über Silvester Hallenturniere statt, die dann schon mal ausufern, weil auch die Gewalttäter die Spielpause ja irgendwie ausfüllen wollen – zum Beispiel mit Indoor-Fights statt mit Straßenkämpfen. Diesmal hatte der 1. FC Köln zur Vorbereitung auf die Rückrunde zwei Testspiele angesetzt: gegen Rapid Wien am 1. Februar und gegen Schalke 04 am 18. Januar, beide im Rhein-Energie-Stadion.

Ein paar Tage vor dem Spiel gegen Schalke erhielten wir aus den eigenen Reihen Erkenntnisse, dass sich nicht nur eine Vielzahl von Störern aus beiden Städten für dieses Spiel interessierte, sondern auch gewaltbereite Anhänger von Borussia Dortmund, die sich ihren Kölner Gesinnungsgenossen traditionell verbunden fühlen und Schalke zu ihren Erzfeinden zählen. Das machte die Sache besonders brisant.

Die Erkenntnisse hatten Polizisten in Köln, Dortmund und Gelsenkirchen gesammelt, so genannte szenekundige Beamte (SKB). Sie kennen sich in der Schlägerszene rund um die Vereine gut aus. Und ihre Informationen ließen nichts Gutes erahnen. Es war zu vermuten, dass Kölner und Dortmunder sich gegen die Schalker zusammenschließen und zu einer Schlägerei am Spieltag in Köln verabreden könnten.

Ihre Informationen erhalten die SKB grundsätzlich unmittelbar aus der Fanszene, aus Internetforen und aus sozialen Medien. Manchmal auch von Vereinsverantwortlichen und Fanbeauftragten, die uns dann so etwas sagen wie: „Ich habe da was gehört …" Manchmal auch nur: „Ich habe ein ungutes Gefühl." Mehr wollen sie oft nicht preisgeben in der irrigen Annahme, sie würden damit die eigenen Fans verpetzen. Dabei sprechen wir hier gar nicht von Fans, sondern im Kern von kriminellen Gewalttätern.

Unsere Hinweise waren also gut, aber nicht perfekt. Wir wussten, dass es an jenem Samstag, 18. Januar, irgendwo in Köln knallen sollte. Aber wir wussten nicht, wo und wann. Wir beurteilten die Lage und kamen zum Schluss, dass wir Raumschutz fahren müssen, und zwar nicht nur direkt am Stadion, sondern auch an anderen neuralgischen Punkten in der Stadt. Wir würden also deutlich mehr Einsatzkräfte brauchen als bei einem gewöhnlichen Vorbereitungsspiel.

Da traf es sich ganz gut, dass wenige Tage vor dem Spiel ein landesweites Treffen aller so genannten „Polizeiführer Fußball" anberaumt war. Wir wollten uns auf dieser Tagung eher allgemein über Einsatztaktiken und die Leistungsfähigkeit der NRW-Polizei bei Fußballeinsätzen austauschen. Wie gesagt: NRW wollte auf diesem Feld gerne bundesweit politischer Vorreiter sein.

Am Ende der Veranstaltung meldete ich mich zu Wort und berichtete knapp, dass in wenigen Tagen das Testspiel Köln gegen Schalke anstand – und dass ich vor dem Hintergrund der aktuellen Lageentwicklung mehr Einsatzkräfte bräuchte als üblich. Ich bat die Verantwortlichen des Ministeriums, ihren Einfluss wahrzunehmen und dafür zu sorgen, dass wir im Vorfeld nicht lange hin- und herschreiben und telefonieren müssen, sondern dass wir uns von vornherein professionell aufstellen. Und tatsächlich bekam ich noch während der Veranstaltung die Zusage, den Einsatz genau so planen zu können, wie ich es für optimal hielt. Und diese Zusage sollte sich auch bewahrheiten: Es gab kein nachträgliches Verhandeln um Einsatzkräfte und Einsparungen und was sonst noch gern an vielschichtigen Argumenten vorgetragen wird. Kurz: Ich bekam alle Einheiten, die ich haben wollte. Es sollte sich herausstellen, dass wir die auch alle brauchen würden.

Das mit der Kräfteanforderung ist immer so eine Sache. Oft hätten die Einsatzleiter gerne mehr Hundertschaften, als ihnen letztlich zugestanden werden. Andererseits weiß auch jeder bei der Polizei, dass die Ressourcen endlich sind. Das Landesamt für Zentrale Polizeiliche Dienste in Duisburg teilt die Einheiten den einzelnen Behörden landesweit zu – je nach Bedarf und Anlass. Dass die Kolleginnen und Kollegen der Bereitschaftspolizei besonders gefordert sind und regelmäßig Überstunden anhäufen, liegt zu einem großen Teil am Bundesligazirkus.

Fußball fängt am Freitag an. Es folgen Spiele am Samstag und Sonntag, manchmal noch am Montag. Dienstag und Mittwoch ist Champions League, Donnerstag Euroleague, und dann ist auch schon wieder Freitag, und es geht von vorne los. Eine Endlosschleife. Weil für uns als Polizeiinspektion jedes Spiel deutlich länger dauert als 90 Minuten, ist die Vorbereitung und Durchführung von Fußballeinsätzen längst zu einer permanenten, täglichen Vollzeitaufgabe für die Polizei angewachsen.

Durch die gespreizten Anstoßzeiten gibt es immer mehr Events, bessere Einschaltquoten, mehr Einnahmemöglichkeiten für Vereine, Verbände und Pay-TV-Sender – aber aus polizeilicher Sicht eben auch immer mehr Gelegenheiten für Gewalttäter, sich zu prügeln. In der Summe bleibt die Anzahl der Spiele gleich, aber da sie nicht mehr alle gleichzeitig stattfinden, kann die selbst ernannte „aktive Fanszene" heute hierhin und morgen dorthin reisen. Manchmal können die Fußballstörer sogar aus mehreren „Angeboten" auswählen. Dann fährt man eben auch mal eben als Dortmunder nach Köln und trifft sich hier mit seinen Kumpanen, um gemeinsam im Kampf gegen andere sein Mütchen zu kühlen.

Nur mal ein Beispiel: Zwischen August 2017 und Januar 2018 haben wir in der Inspektion Köln-Ehrenfeld insgesamt 27 Einsätze für Heim- und Auswärtsspiele vorbereitet, begleitet und durchgeführt. Mehrtägige

Dienstreisen zu UEFA-Meetings, drei Euro-League-Auswärtsspiele des 1. FC Köln für die SKB und die Delegationsleitung, drei Euro-League-Heimspiele, ein Länderspiel Deutschland gegen Frankreich inklusive zuvor absolvierter Terroranschlagsübung, neun Bundesligaheim- und neun Bundesligaauswärtsspiele sowie zwei DFB-Pokalspiele waren zu stemmen. Das eigentliche Kerngeschäft, eine Polizeiinspektion mit tausenden weiteren Einsatzanlässen zu leiten, darf dabei selbstverständlich nicht hinten anstehen.

Was also kann man tun, um die Polizei zumindest hinsichtlich der aufwändigen Fußballeinsätze zu entlasten? Das ist eigentlich nicht so schwer. Man muss darauf hinwirken, dass Vereine, Veranstalter und Verbände ihre eigenen Aufgaben wahrnehmen. Sie müssen ihren Teil zur Sicherheit beitragen. Die Polizei ist nicht der kostenlose Dienstleister nach dem Motto: *Die kommen ja eh.*

In den zehn Jahren, in denen ich „Einsatzleiter Fußball" war, gab es in Köln üblicherweise keine Polizei im Stadion – von wenigen Ausnahmen abgesehen, in denen der besondere Anlass es erforderte. Denn ich sehe es so: Die Lizenzspielerabteilung des 1. FC Köln verdient viel Geld. Die haben das Hausrecht im Stadion, und deshalb sollen sie sich zunächst mal selber um die Sicherheit bei ihren Veranstaltungen kümmern. Anders sieht es natürlich außerhalb des Stadions aus. Da ist die Polizei zuständig.

Ein Kern des täglichen polizeilichen Handelns besteht deshalb darin, die Vereine durch fundierte sachliche Berichte in die Lage zu versetzen, ihr Hausrecht wahrzunehmen und Störer und Provokateure konsequent aus den Stadien zu verbannen. Es geht nicht um die Durchsetzung von Kollektivstrafen, sondern um die temporäre Verhängung von Stadionverboten gegen Einzelne nach Anhörung durch eine Stadionverbotskommission.

In der Vergangenheit hat der 1. FC Köln in einem wichtigen Segment bundesweit vorbildlich agiert, indem er Geldstrafen durch den DFB – zum Beispiel wegen des Zündens von Böllern und Pyrotechnik im Stadion – zivilrechtlich an die Täter weitergegeben und höchstrichterlich eingeklagt hat.

Präventiv-polizeiliche Maßnahmen sind ein weiterer Schritt. So erhalten regelmäßig auffallende Gewalttäter für ein halbes Jahr genau definierte Bereichsbetretungsverbote an den Spieltagen. Sie dürfen sich zum Beispiel in einem festgelegten Radius um das Stadion nicht bewegen. Tauchen sie dennoch dort auf und werden erwischt, müssen sie ein Zwangsgeld von 500 Euro zahlen.

Auch den Medien fällt eine Verantwortung zu. Einige Berichterstatter sind erkennbar angesteckt von der allgemeinen FC-Euphorie. Sie bekommen frühzeitig FC-Insiderkenntnisse und füllen damit mehrere Zeitungsseiten und Sendeminuten mit alltäglichen, mitunter distanzlosen Belanglosigkeiten. Allerdings gibt es auch bissige Kommentare einiger kritischer Journalisten – auch wenn es für diese mitunter nicht ganz ungefährlich ist. So kenne ich zum Beispiel einen ehemaligen Clubpräsidenten, der beste Kontakte zu regionalen und überregionalen Intendanten und Verlagschefs pflegte. Und der wies Reporterinnen und Reporter unverhohlen darauf hin, davon auch Gebrauch zu machen, wenn ihm eine Berichterstattung mal nicht passte. Tja, im Stadion sind die Wege in die Logen halt kurz.

Vor dem Testspiel Köln gegen Schalke an jenem 18. Januar 2014 mussten wir also von einer so genannten Drittortauseinandersetzung ausgehen. „Drittort" heißt: Irgendwo im Wald oder auch mitten in der Stadt treffen sich am Spieltag kriminelle Schläger, um sich zu prügeln. Solche Auseinandersetzungen sind abgesprochen und gut vorbereitet. Es gibt Videos im Internet, auf denen man erkennt, dass die Schläger mitunter Leibchen in verschiedenen Farben tragen, damit sie in ihrem Wahn nicht versehentlich auf die eigenen Leute einprügeln. Die Gewalttäter kennen sich bundesweit alle untereinander. Bei Länderspielen reisen sie gemeinsam ins Ausland und bilden da den deutschen Mob. Aber im Bundesligaalltag kämpfen sie gegeneinander. Pack schlägt sich, Pack verträgt sich, sagt der Volksmund. Verstehe das, wer will.

Wir wollten ihnen am 18. Januar so früh wie möglich das Handwerk legen. Wir berieten uns Tage vorher mit den SKB aus Köln, Gelsenkirchen und Dortmund, fragten uns: An welchen Bahnhöfen kommt das Gros der Fans aus Schalke an? Über welche Routen fahren die Busse mit Fans zum Rhein-Energie-Stadion? Wo parken die? Über welche Strecken könnten 100 oder 200 gewaltbereite Schalker konspirativ anreisen? Wann und wie könnten Dortmunder hierhin kommen?

Ein Raumschutzkonzept kann man sich vorstellen wie ein Schachbrett: Auf jedem Feld sind vorsorglich Beamtinnen und Beamte postiert, um im Zweifelsfall direkt eingreifen zu können. Und so gingen am betreffenden Samstag an zahlreichen Orten in der Stadt und auf den Wegen zum Stadion überall kleinere Einheiten Bereitschaftspolizei in Stellung. Gewappnet, jederzeit dazwischenzugehen.

Der Rudolfplatz ist ein Verkehrsknotenpunkt auf den Ringen mitten in der Kölner Innenstadt. Es war ein trockener, nicht allzu kalter Wintertag. Viele Menschen waren in der City unterwegs, zum Shoppen, Bummeln, Kaffee trinken. Wenige hundert Meter vor dem Rudolfplatz, an der Rubensstraße, befindet sich ein kleines Parkhaus. Unscheinbar, mit nur wenigen Decks. Es liegt ein Stück abseits der trubeligen Ringe, geduckt zwischen zwei hohen Häuserzeilen. Gegen 14:30 Uhr, eine Stunde vor Spielanpfiff, machten sich in dem Parkhaus 100 Schläger aus Köln und Dortmund gemeinsam bereit für den Kampf. Zeugen sollten das später berichten.

Die Männer bandagierten ihre Hände, setzten den Zahnschutz ein und streiften mit Quarzsand gefüllte Handschuhe über, um ihren Fausthieben größere Wucht zu verleihen. Zwei Zeuginnen beobachteten, wie sich die dunkel gekleideten Gestalten absprachen und mit Schattenboxen aufwärmten; einige von ihnen waren maskiert. Dem „Kölner Stadt-Anzeiger" sagten die Frauen später: „Sie hatten Wachposten an der Straße aufgestellt, die die anderen warnten, wenn Polizei vorbeifuhr." Einmal habe einer „Bullen!", gerufen, die anderen seien daraufhin zurückgewichen.

Kurz nach 14:30 Uhr setzte sich die geschlossene Gruppe zügig in Marsch Richtung Rudolfplatz.

Die Schlägerei dauerte nicht lange, vielleicht eine knappe Minute. Die Kölner und Dortmunder auf der einen und die Schalker auf der anderen Seite trafen auf offener Straße aufeinander. Insgesamt fast 200 Personen. Es kümmerte sie nicht, dass ringsherum Passanten und Familien flüchteten oder versteinert stehen blieben. Ungläubig und sicher auch angstvoll starrten sie auf das, was sich da direkt vor ihren Augen abspielte. Der „Express" zitierte einen Zeugen: „Die liefen wie die Verrückten aufeinander zu und schlugen sich die Köpfe ein. So was habe ich noch nicht gesehen." Auf der Leitstelle gingen die ersten Notrufe ein.

Nach nicht einmal 60 Sekunden waren die ersten Kollegen der 14. Hundertschaft vor Ort, eine von insgesamt drei Kölner Hundertschaften. Denn gerade in der City waren vorsorglich besonders ortskundige Einheiten eingesetzt, die alle Schlupfwinkel kannten. Es gibt Videomaterial von diesen Szenen: Als die ersten Beamtinnen und Beamten hinzukommen, rennen die Schläger sternförmig in verschiedene Himmelsrichtungen davon. Allerdings nicht alle, einer blieb liegen.

Als ich mit dem Auto eintraf, war der Rettungswagen noch nicht da. Der 40 Jahre alte Mann lag mit schwersten Verletzungen auf der Straße, gleich vor dem Taxistand. Sein Körper war grotesk verdreht. Er trug Handschuhe, war offensichtlich einer aus der Schlägerszene um Schalke 04. Ärzte stellten später einen „zertrümmerten Gesichtsschädel" fest. Wie er da so lag, schwebte der Mann in akuter Lebensgefahr. Dem Notarzt schwante nichts Gutes. Ein Anhänger aus Gelsenkirchen, der die düstere Prognose mitgehört hatte, stellte vernehmlich und unmissverständlich klar: „Wenn der Blaue stirbt, fahren wir heute Nacht mit 1000 Mann nach Dortmund." Ich habe sofort die Landesleitstelle der Polizei NRW darüber informiert und auch mit dem Chef der Leitstelle in Dortmund telefoniert. Eine Notoperation sollte dem 40-Jährigen letztlich das Leben retten. Der Rachefeldzug nach Dortmund blieb glücklicherweise aus.

Ich sah umherwieselnde Polizisten, die die flüchtenden Schläger verfolgten. Es war wie Hase und Igel. Wir waren ja im Prinzip an der richtigen Stelle. Wir hatten nur darauf gewartet: Wo genau passiert es? Aber diese eine knappe Minute, in der es dann tatsächlich geknallt hat, die hatten wir nicht verhindern können.

Der Leiter der 14. Hundertschaft ist ein sehr erfahrener Beamter. Er und seine Leute gingen konzentriert und extrem professionell vor. Sie eilten den Tätern hinterher, die auf ihrer Flucht belastende Gegenstände wegwarfen. Vieles haben wir unter Autos oder in Mülleimern gefunden: Handschuhe, Totschläger, Sturmhauben. Die Beweismittel wurden spurenschonend in Tüten gepackt, dokumentiert, fotografiert und asserviert. Später versuchte die Kripo, die Gegenstände ihren Besitzern zuzuordnen, was in vielen Fällen gelang. Der damalige Präsident des 1. FC Köln, Werner Spinner, besuchte noch am Abend die Polizeiwache in Ehrenfeld, wo die beschlagnahmten Waffen gesammelt wurden. Der Anblick entsetzte ihn.

Auf der Suche nach den Beteiligten der Schlägerei gingen die Kollegen sämtliche Straßen ab, die vom Tatort wegführten. Jeden, den sie mit dem Straßenkampf in Verbindung brachten, hielten sie an. Bald hatten wir im Umkreis weniger hundert Meter an sieben verschiedenen Stellen Leute festgenommen. Die standen dann erstmal eine Weile mit der „Acht" – den Handschellen – auf dem Rücken irgendwo an der Hauswand, bis die Gefangenentransporter anrollten und sie zur Befragung und erkennungsdienstlichen Behandlung auf die Wache brachten.

Neben einem der Festgenommenen lag ein Handy auf dem Boden. Ein Kollege hob es auf, verstaute es in einer Klarsichthülle und legte es auf einer Motorhaube ab. Plötzlich leuchtete im Display eine Whatsapp-Nachricht auf: „Geil weggeklatscht, Alter". Bei der weiteren Auswertung der sichergestellten Mobiltelefone in den folgenden Wochen taten sich Welten auf, die ich dem Leser und der Leserin ersparen möchte. Wessen Geistes Kind diese Leute sind, ist einfach nur erschreckend.

In einem Haus an der Engelbertstraße, 300 Meter vom Rudolfplatz entfernt, fand ein Umzug statt. Auf der Straße parkte ein Umzugswagen, Leute schleppten Kartons ins Treppenhaus. Ein scheinbar normales Bild. Aber weil ja hier gerade nichts normal war, gingen misstrauische Kollegen hinterher – und siehe da: Auf einem Absatz im Treppenhaus kauerten verschwitzte Männer, die so taten, als seien sie Umzugshelfer, in Wahrheit aber vor der Polizei geflüchtet waren. Sie hatten noch hastig versucht, sich umzuziehen und ihre Tatkleidung zu entsorgen. Aber es nutzte ihnen nichts. Sie wurden festgenommen.

Ein anderer Täter flüchtete in ein Sonnenstudio um die Ecke und legte sich dort für 20 Minuten auf die Sonnenbank. Schön, aber doof; auch er wurde später überführt.

Die schnellen Fahndungserfolge waren dem ungeheuren Engagement der Bereitschaftspolizei zu verdanken. Für mich war das keine Überraschung. Ich habe die Kolleginnen und Kollegen der Bereitschaftspolizei immer so erlebt – top motiviert, pfiffig, leistungsstark. Ihre Bereitschaft, für die Gesellschaft die Kohlen aus dem Feuer zu holen, ist enorm hoch.

Da ich an jenem Samstag nicht nur Einsatzleiter war, sondern auch in der Funktion des Polizeiführers vom Dienst, alarmierte ich auf kurzem Wege eine Mordkommission aus der ständigen Rufbereitschaft. Die

171

Leiterin kam sofort raus zum Tatort. Die Kollegen der Kripo improvisierten und nutzten kurzerhand die erste Etage eines Steakrestaurants für die ersten Zeugenbefragungen. Sie dauerten bis zum Abend.

Das Ereignis sprach sich rasend schnell in der Stadt herum, die ersten Medienvertreter waren früh vor Ort. Eine Kollegin der Pressestelle half, die Fragen der Reporter zu beantworten. Aus Polizeisicht lief alles reibungslos. Wie ein Länderspiel der deutschen Nationalmannschaft. Oder besser gesagt: wie ein Länderspiel der deutschen Nationalmannschaft vor einigen Jahren. Ich möchte meinen Kolleginnen und Kollegen ja kein Unrecht tun.

Etwa eine Stunde nach der Schlägerei am Rudolfplatz kriegten wir mit, dass an einem polizeibekannten Hooligan-Treffpunkt im Kölner Norden Bewegung herrschte. Ich entschied, umgehend dorthin zu fahren und die Personalien aller aufzunehmen, die wir dort antreffen sollten. Es handelte sich um den Nebenraum einer Kneipe, den eine bekannte, kleine, aber gewaltaffine Kölner Ultra-Gruppierung angemietet hatte.

Auf dem Weg dorthin hielten Zivilfahnder ein Auto aus Dortmund an. Die vier Insassen waren polizeibekannte „Gewalttäter Sport", Personen also, die schon als Schläger bei Fußballspielen aufgefallen waren. Sie hatten so genannte Passivbewaffnung dabei. Sturmhauben, Quarzsandhandschuhe, Zahnschutz – das Übliche. Was man halt so braucht, wenn man in den Straßenkampf zieht.

Wir machten einen Stubendurchgang bei den Ultras und notierten, wer sich alles in diesem Vereinsheim aufhielt. Wir fanden zahlreiche Dinge, die auf kriminelle Taten hinwiesen. Eisenstangen lagen in Regalen bereit, Fotos und Collagen mit Szenen aus Box- und Kampftrainings hingen an der Wand, Schals und Trikots lagen herum, Teile von Bannern anderer Fußballvereine. Ich würde mal sagen, die wurden nicht im Katalog bestellt, das war Stehl- und Raubgut. Welcher Kölner kauft sich schon einen Schal von Borussia Mönchengladbach? Wir haben an diesem Nachmittag an die 200 Gegenstände sichergestellt.

Zeugen sagten aus, gegen zwölf Uhr hätten sich Ultra-Fans und Hooligans aus Köln und Dortmund vor diesem Haus getroffen. Autos, einige mit Dortmunder Kennzeichen, seien vorgefahren. Männer mit schwarzen Jacken seien ausgestiegen. Gegen 13 Uhr seien sie in Straßenbahnen gestiegen und zum Rudolfplatz gefahren.

Nachbarn dieses Vereinsheims beschrieben die regelmäßigen Besucher übrigens in den Medien als „nette Jungs". Das wunderte mich nicht: Bei unserer Durchsuchung der Räume fanden wir unter anderem einen Zettel mit Benimmregeln. Darauf stand, dass man im Treppenhaus die anderen Mieter grüßen sollte. Die ein oder andere wichtige Verhaltensregel fehlte aber ganz offensichtlich.

In den folgenden Tagen durchsuchte die Polizei insgesamt 87 Wohnungen von Verdächtigen, hauptsächlich in Köln und in Ruhrgebietsstädten wie Dortmund, Gelsenkirchen, Bochum und Recklinghausen. Wir suchten in erster Linie nach Handys, die am 18. Januar in eine Funkzelle in der Kölner Innenstadt eingewählt waren. So konnten wir den Verdächtigen immerhin schon mal nachweisen, dass ihre Telefone in der Nähe waren. Daneben wurden weitere Beweise gesammelt.

Die Staatsanwaltschaft hat das Geschehen am Rudolfplatz sehr umfangreich ermitteln lassen. 39 Verdächtige wurden noch in der Tatnacht rechtsmedizinisch untersucht, um sauber dokumentieren zu können, wer welche Verletzungen davongetragen hatte. Es wurden DNA-Proben genommen, Tätowierungen fotografiert, Fingerabdrücke gesichert. Einer hatte sich auf die Innenseite seiner Unterlippe den Namen seiner Ultraoder Hooligangruppierung tätowieren lassen. Das muss man sich mal vorstellen. Auf diese Weise kennzeichnen Landwirte sonst ihre Tiere. Die beiden Ärztinnen aus der Rechtsmedizin waren sichtlich erschrocken über so viel Hass und Gewalt.

Vor allem dank des guten kriminaltechnischen ersten Angriffs der Hundertschaft, aber auch dank der Erkenntnisse der szenekundigen Beamten und des Engagements der Mordkommission und der Staatsanwaltschaft mündeten die Ermittlungen Monate später in mehrere Anklagen. Der 1. FC Köln sprach zudem 53 Stadionverbote gegen Beteiligte der Schlägerei aus.

Einige Ultras und Hooligans, die bisher ohne Vorstrafen waren und Geständnisse ablegten, kamen mit Verfahrenseinstellungen und Geldbußen davon. Andere erhielten Geldstrafen. Darunter auch sehr erfahrene Hooligans, teilweise seit 30 Jahren in der Szene unterwegs. Der ein oder andere sagte nachher über die Polizei: „Respekt, wie schnell ihr da wart, diesmal haben wir verloren."

Ein 26-Jähriger aus dem Ruhrgebiet, der am Rudolfplatz in vorderster Front dabei gewesen sein und den Schalkern bei ihrem Anblick ein „Die kriegen eins aufs Maul, das Pack" entgegengeschmettert haben soll, musste 2400 Euro Geldstrafe bezahlen. Sein Verteidiger hatte das Geschehen in der Verhandlung als „kurzen Spuk von Idioten" abtun wollen. Die Richterin aber wurde deutlich: „Ein erwachsener Mann mit Hirn muss sich nicht zum Schlagen verabreden." Die Geldstrafe fiel nicht höher aus, weil der junge Mann noch von seiner Familie finanziert wurde. Er bekam 150 Euro Taschengeld pro Monat. Seine Mutter tankte ihm sein Motorrad voll und zahlte ihm Fitness-Studio und Handyvertrag. Hotel Mama, all inclusive. Selbst nichts leisten, aber andere zusammenschlagen.

Den meisten Beschuldigten konnte keine konkrete Tat nachgewiesen werden. Aber das war egal, sie wurden wegen schweren Landfriedensbruchs dennoch verurteilt – eine bemerkenswerte Entscheidung des Kölner Landgerichts, die der Bundesgerichtshof Jahre später auch bestätigt hat. Demnach reicht es für eine Verurteilung wegen schweren Landfriedensbruchs aus, Teil einer gewalttätigen Gruppe zu sein. Einer Gruppe, die sich verabredet hat und gemeinsam zu einer Schlägerei geht. Dass manche zum Beispiel vorher ausscheren, um das Geschehen zu filmen und es nachher über soziale Medien zu verbreiten, rettet sie vor Bestrafung nicht. Sie müssen nicht mitgeschlagen haben, sie sind dennoch Mittäter. Ein wirklich bahnbrechendes Urteil. Wer es nachlesen möchte: Aktenzeichen beim BGH 2 StR 414/16.

Wer den 40 Jahre alten Schalker so schwer verletzt hatte, dass er beinahe gestorben wäre, ist bis heute ungeklärt. Auch gegen ihn gab es ein Strafverfahren. Er wurde aufwändig operiert, die Kosten waren entsprechend hoch. Gezahlt hat das natürlich seine Krankenversicherung, die Beitragszahler, die Allgemeinheit. So ist nun mal das Regelwerk. Aber wenn man es genau bedenkt, ist das doch absurd: Da geht jemand aus freien Stücken, in voller Absicht, mit entsprechender Ausrüstung und Vorbereitung, in eine Straßenschlägerei – das Risiko, verletzt zu werden, nimmt er in Kauf. Und wir alle kommen danach für seine Behandlung auf? Ich finde, diese Gewalttäter sollten ihre immensen Krankenkosten selber tragen.

Der denkwürdige Nachmittag am Rudolfplatz hat einmal mehr sehr deutlich gezeigt, in welcher Absicht solche Menschen unterwegs sind. In Zerstörungsabsicht. Die Gesellschaft, wir alle, sollten ihnen Einhalt gebieten. Sonst ist es nur eine Frage der Zeit, bis einer mal tot liegen bleibt.

17

Ein Dom-Kapitel

Einsatz am Weltkulturerbe

Noch eine Viertelstunde bis zum Eintreffen der Bundeskanzlerin. Im Kölner Dom sind an diesem Nachmittag des 17. April 2015 neben Angela Merkel fast die gesamte deutsche Staatsspitze sowie Vertreterinnen und Vertreter anderer europäischer Länder versammelt. Gemeinsam mit 500 Hinterbliebenen und der Kölner Bevölkerung wollen sie der Toten des Flugzeugabsturzes in den französischen Alpen 24 Tage zuvor gedenken. Germanwings-Co-Pilot Andreas L. hatte die Maschine absichtlich zum Absturz gebracht, 150 Menschen waren gestorben.

Im Dom gilt die höchste Sicherheitsstufe. In einer Kirchenbank sitzt eine blonde Frau. Mit ihren fast zwei Metern Körpergröße hatte sie schon in der Warteschlange vor dem Eingang die meisten Besucher überragt. Sie trägt eine Pilotenuniform der Lufthansa.

Manchmal braucht es keinen konkreten Anlass, kein offenkundiges Fehlverhalten, um Polizisten misstrauisch werden zu lassen. Ein ungutes Bauchgefühl gibt dann den Ausschlag. So wie bei der mutmaßlichen Pilotin. Gleich mehrere Beamte beschleicht derselbe Eindruck: „Irgendetwas stimmt mit der nicht."

Der Dom. UNESCO-Weltkulturerbe. Jahrhundertealtes Erkennungszeichen der Stadt. Magnet für die Öffentlichkeit. Touristischer Hotspot – und mitsamt seiner Umgebung *die* Visitenkarte Kölns schlechthin. Hunderttausende Menschen aus aller Welt strömen jedes Jahr hierher, um die gotische Kathedrale zu bestaunen, deren Grundstein 1248 gelegt und deren Bau erst 1880 fertiggestellt wurde.

Die Menschen in Köln verbindet eine ganz besonders enge Beziehung zu ihrem Dom. Liebevoll nennen sie ihn „die große Bahnhofskappelle gegenüber von McDonald's". Hier feiern sie Gottesdienste, hier halten sie inne, sie trauern, freuen sich oder zünden vor besonders wichtigen Spielen des 1. FC Köln schon mal eine Kerze der Hoffnung an.

Auch für uns Polizisten hat der Dom eine besondere Bedeutung. Ich erinnere mich an zwei Kollegen, die nachts in Uniform Streife fuhren. Sie fuhren über die Domplatte, sahen, wie jemand gegen die Kirche pinkelte und stiegen aus. Einer der beiden Beamten war Messdiener im Dom gewesen und hatte dort geheiratet. Er sprach den Typen an. Der drehte sich nur kurz um – und pinkelte seelenruhig weiter. Der Kollege drückte ihn gegen den Dom und durchsuchte ihn zuerst nach Waffen oder anderen gefährlichen Gegenständen. Währenddessen sagte er ihm ziemlich erzürnt, dass es das Allerletzte sei, gegen ein Kirchengebäude zu urinieren – insbesondere gegen den Kölner Dom.

Der Wildpinkler fragte: „Ja, und jetzt? Soll ich das wegmachen oder was?" Der Kollege nickte. „Gute Idee."

Ja, und dann zog der Mann seinen Pullover aus und wischte die Sauerei weg. Stopfte den Pulli in einen Mülleimer, zog seine Jacke wieder an und schlich sich davon. Wenn es um den Dom geht, ist eben nicht mit allen Kollegen gut Kirschen essen.

Das Verhältnis zwischen der Polizei – insbesondere der zuständigen Polizeiinspektion in der Innenstadt (kurz *PI Mitte*) – und dem Domkapitel mit seinen Geistlichen ist traditionell gut und vertrauensvoll. Oder sollte ich neuerdings besser sagen: *war* vertrauensvoll? Je mehr sich der Nebel um das schamlose, systematisch erscheinende Verhalten katholischer Kirchenvertreter lichtet, je klarer wir die Dimensionen des jahrzehntelangen sexuellen Missbrauchs erkennen können, desto belasteter stellt sich mir inzwischen auch das ganz persönliche Verhältnis zwischen polizeilichen Schutzleuten und kirchlichen Repräsentanten dar.

Mit dem ein oder anderen Offiziellen – für einige ist der Begriff „Würdenträger" nicht mehr passend – musste ich dienstliche Dinge verhandeln oder abstimmen, mit dem ich heute kein Wort mehr sprechen könnte. Diese Menschen haben mit ihrer beispiellosen Doppelmoral bei mir jegliches Vertrauen verspielt. Und eines ist mal ganz klar: Diese Versäumnisse, Vergehen oder Verbrechen hätte auch eine repräsentative, polizeiliche Domstreife nicht verhindern können.

Neue Mitarbeiter der PI Mitte bekommen regelmäßig exklusive Führungen durch das Gotteshaus, oder wie man bei der Polizei sagt: durch das

„Objekt". Meistens abends, wenn der Dom für die Öffentlichkeit geschlossen ist. Denn im Ernstfall müssen wir wissen: Wie sieht es im Innern aus? Wie verlaufen die Wege? Wie gelangt man zum Beispiel in die Schatzkammer? Wie auf den Turm? Und auch die Dom-Verantwortlichen haben ja ein hohes Interesse daran, dass Menschen in Not schnell geholfen werden kann.

Nun behaupten einzelne Vertreter der katholischen Kirche schon mal gerne, um den Dom herum sei es sehr gefährlich. Sie fordern eine permanente Polizeipräsenz. Anfang der 80er Jahre gab es tatsächlich mal diese so genannte Domstreife: drei Zweierteams, die abwechselnd um den Dom gelaufen sind. Ich habe das selbst auch mal gemacht.

Die Sache ist nur: Am Dom ist es nicht gefährlich. Es gibt Taschendiebstähle, klar, wie überall, wo sich viele Touristen aufhalten. Und es gab natürlich die verheerende Silvesternacht 2015 vor dem Hauptbahnhof in unmittelbarer Nähe, mit hunderten von Straftaten. Aber wenn man die Gesamtzahl der Straftaten im Umfeld des Doms in Relation setzt zur Masse der Menschen, die täglich dort unterwegs ist, dann ist es auf anderen Plätzen in der Stadt im Vergleich deutlich gefährlicher.

In rechtlicher Hinsicht genießt der Dom allerdings tatsächlich gewisse Privilegien. So ist zum Beispiel in seinem gesamten Umfeld das Versammlungsrecht eingeschränkt. An Sonn- und Feiertagen dürfen zu bestimmten Zeiten keine Kundgebungen stattfinden. Den Gottesdienstbesuchern soll kein Spießrutenlauf durch Demonstrierende zugemutet werden. Bei Veranstaltungen oder Konzerten auf dem Roncalliplatz müssen die Lautsprecherboxen vom Dom weggerichtet sein, so dass sie nicht direkt die Kirche beschallen. Und an Silvester gilt in der gesamten Umgebung mittlerweile ein Verbot, Böller und Raketen zu zünden.

Zur Wahrheit gehört natürlich auch, dass der Dom von vorne bis hinten vermarktet ist. Er wird von vielen Menschen instrumentalisiert, manchmal auch missbraucht. Häufig zu politischen Zwecken. Viele melden ihre Kundgebungen oder Demonstrationen geschickt so an, dass der Leser oder Fernsehzuschauer in der medialen Berichterstattung über die Veranstaltung den Dom im Hintergrund sieht. Damit soll der Eindruck erweckt werden: Ganz Köln stehe hinter dieser oder jener Forderung.

Ein Aktivist der linken Szene, der den jährlich im Dom stattfindenden Soldatengottesdienst stören wollte, zog einmal die Aufmerksamkeit der

Gläubigen auf sich, weil er an einer schwer zugänglichen Stelle hinter einer Säule ein Handy versteckt hatte. Auf diesem rief er mitten während der Andacht an. In voller Lautstärke ertönte der Klingelton mit der Melodie von „Spiel mir das Lied vom Tod".

Wer in Deutschland Anliegen welcher Art auch immer verfolgt und die große Bühne sucht, der geht eben nicht unbedingt auf den Marienplatz in München, sondern eher zum Dom in die Medienstadt Köln, wenn er seine Botschaft um die Welt schicken möchte. Er könnte sich natürlich auch vor die Kranhäuser stellen, die sind auch schön. Aber in Honolulu kennt die niemand.

An einem Sonntag im April 2009 sorgte eine Gruppe von Tamilen für Frust bei Touristen, die plötzlich vor verschlossenen Türen standen. Die Tamilen protestierten gegen den Bürgerkrieg in Sri Lanka. Aus Sicherheitsgründen und nach Rücksprache mit der Polizei hatte die Dombauverwaltung die Kirche daraufhin vorübergehend zugesperrt. Ich war damals stellvertretender Leiter der PI Mitte und zuständiger Einsatzleiter.

Wir hatten schon früh einen Hinweis darauf bekommen, dass Tamilen aus ganz Nordrhein-Westfalen anreisen und an einem Gottesdienst im Dom teilnehmen wollten. Ganz unkritisch war das nicht. In Berlin war es bei einer ähnlichen Demonstration zu Ausschreitungen gekommen. In Genf hatten sich verzweifelte Tamilen sogar angezündet. Deshalb alarmierten wir vorsichtshalber auch die Feuerwehr zum Dom – diskret, nur für den Fall der Fälle.

Der Gottesdienst war gut besucht. Die Tamilen, vielleicht 150 Frauen und Männer, hatten den Dom einzeln betreten, um zunächst keine Aufmerksamkeit zu erregen. Soweit kein Problem. Aber als der Gottesdienst beendet war und die Gläubigen und Touristen den Dom verließen, blieben die Tamilen einfach sitzen. Erst nach und nach erhoben sich abwechselnd einige, trugen klagend etwas in einer Sprache vor, die ich nicht verstand, und nahmen wieder Platz.

Faktisch hatten wir es hier mit einer Besetzung zu tun. Wir beschlossen, sicherheitshalber alle Eingänge zu schließen und vorerst keine Besucher mehr hineinzulassen. Ich beriet mich unter anderem mit dem Hundertschaftsführer. Er war überzeugt: „Die gehen nicht freiwillig, ich befürchte, wir müssen die raustragen."

Aber ich wollte etwas anderes versuchen. Mit ein bisschen Geduld und Spucke müsste sich doch eine charmantere Lösung finden lassen. Was wären denn das für Bilder? Die Polizei trägt friedliche Tamilen aus dem Dom, die auf den Krieg in ihrer Heimat aufmerksam machen wollen! Solche Szenen wollten auch die Kirchenverantwortlichen möglichst vermeiden.

Ich sprach eine Frau und einen Mann an, die auf mich als die Organisatoren der Aktion wirkten. Ich fragte sie, wie sie sich das Ganze denn nun weiter vorstellten, wir würden nämlich die Eingänge ganz gerne wieder öffnen lassen. Sie antworteten, sie hätten den Dom als Ort für ihren Protest gewählt, weil Kirchen ein Symbol für Schutz seien – und sie bräuchten Schutz in ihren Heimatländern. Den Dom wollten sie nicht verlassen, ehe sie mit Medienvertretern gesprochen hätten.

Ich schloss mich mit den Kirchenoberen kurz und schlug vor, ein paar Journalisten anzurufen und vor das Südportal am Roncalliplatz zu bitten. So machten wir es. Auch die Tamilen waren einverstanden. Ein Pfarrer ergriff zuvor noch das Wort. Er hielt eine kurze Predigt vor den Anwesenden und schloss auch die Verfolgten in ihrer Heimat in sein Gebet ein. Dann führten wir die 150 Männer und Frauen in aller Ruhe vor das Südportal, wo sie den Medienvertretern ihre Botschaften in die Blöcke diktierten.

Bevor wir uns voneinander verabschiedeten, legte ich den Tamilen noch die Landeshauptstadt Düsseldorf als viel geeigneteren Demonstrationsort nahe, dort ist man schließlich näher an der Politik. Der Appell fruchtete, die nächsten Veranstaltungen fanden in Düsseldorf statt. Als alle den Dom verlassen hatten, sagte der Pfarrer: „Herr Lange, Sie haben einen gut bei mir."

Auf dieses Angebot sollte ich schon ein paar Monate später zurückkommen. Ein Samstagmittag. Der 1. FC Köln spielte auswärts bei Borussia Mönchengladbach. Vor der Abreise an den Niederrhein trafen sich hunderte Kölner Ultra-Anhänger auf der Domtreppe, um ein so genanntes „Mob-Foto" von sich zu schießen und sich zu präsentieren.

Die Treppe, die von der Kirche zum Hauptbahnhof hinunterführt, ist ein Symbol in der Ultraszene. Es kommt zum Beispiel vor, dass Gladbacher auf dem Weg zu einem Auswärtsspiel extra einen Zwischenstopp in Köln einlegen, um ein Mob-Foto auf der Domtreppe zu machen. Wenn die Kölner das rechtzeitig mitkriegen, besetzen sie die Treppe vorher. Wenn nicht, greifen sie die Gegner auf der Treppe an. Alles schon vorgekommen.

An diesem Samstag aber waren es die Kölner selbst, die sich vor „ihrem" Dom in Szene setzen wollten. Die Treppe war voll, ein Teil der Leute war es auch. Sie zündeten Bengalos, hüllten sich in roten Rauch, warfen Böller auf Reisende. Ein absolut beschämendes Verhalten und keine gute Visitenkarte für den Dom, die Stadt und den Verein. Die Bundespolizei führte verängstigte Reisende aus einem Seitenausgang hinaus, vor dem Hotel Excelsior Ernst mussten die Passanten an aggressiven Fußballstörern vorbei Pfützen von Erbrochenem ausweichen. Ein Reporter des WDR filmte diese Szenen, sie liefen abends entsprechend kommentiert in der „Lokalzeit".

Umso unverständlicher war es für mich, dass ein Teil dieser Bilder am selben Abend auch in der ARD-„Sportschau" gezeigt wurde – hier allerdings in ganz anderem Kontext, total weichgespült und positiv, mit dem Kommentar: „Schon vor der Abfahrt nach Gladbach herrschte in Köln südländische Stimmung." Das hat mich massiv geärgert. Es entsprach nicht der Wahrheit. Auf diese Weise wird das „Premiumprodukt" Fußball völlig verklärt dargestellt.

Die Wahrheit war, dass wir zusehen mussten, wie wir diese Chaoten so schnell wie möglich weg vom Dom und in die Züge nach Mönchengladbach bekamen. Mal wieder ein klarer Fall für eine pragmatische, kölsche Lösung. Ich rief den Pfarrer an, den ich beim Gottesdienst mit den Tamilen kennengelernt hatte. Ich fragte ihn, ob er bereit wäre, zu den Ultras zu sprechen. Das war er. Und nicht nur das: Er war nur Minuten später zur Stelle. Über den Lautsprecherwagen der Bundespolizei sagte er ein paar Sätze über den FC und schloss sinngemäß mit den Worten: „Und nun gehet hin in Frieden und bringet drei Punkte mit." Und die Ultras sind tatsächlich alle im Bahnhof verschwunden.

Einem Einsatz von ganz anderer, viel größerer Dimension am und im Dom sah sich die Polizei sechs Jahre später gegenüber. Am 24. März 2015 war ein Airbus von Germanwings, Flug 9525, auf dem Weg von Barcelona nach Düsseldorf im südfranzösischen Département Alpes-de-Haute-Provence in den Alpen zerschellt. Die Ursache war erschütternd: Co-Pilot Andreas L. hatte sich im Cockpit eingeschlossen, um den Absturz der

Maschine bewusst herbeizuführen und Suizid zu begehen. Alle 150 Passagiere und Besatzungsmitglieder starben, auch Andreas L., außerdem unter anderem auch 16 Schülerinnen und Schüler sowie zwei Lehrerinnen eines Gymnasiums aus Haltern am See in Nordrhein-Westfalen.

Eine zentrale ökumenische Trauerfeier für die Absturzopfer mit anschließendem Staatsakt war für den 17. April im Kölner Dom geplant. Bundeskanzlerin Angela Merkel hatte ihr Kommen angekündigt, Bundespräsident Joachim Gauck, NRW-Ministerpräsidentin Hannelore Kraft und andere hochrangige Politikerinnen und Politiker aus dem In- und Ausland. Außerdem die komplette Vorstandsriege der Lufthansa.

Polizeilicher Gesamteinsatzleiter war mein Kollege Polizeidirektor Peter Römers, Chef der PI Mitte. Ich wurde an Gründonnerstag an meinem freien Tag angerufen und gebeten, den Einsatzabschnitt vom Maternushaus bis zum Dom zu übernehmen. Im Maternushaus, einer Tagungsstätte des Erzbistums unweit der Kathedrale, sollten sich vor Beginn der Trauerfeier die Angehörigen der Opfer aus Haltern treffen und von dort gemeinsam zum Dom gebracht werden.

Ein großer Pluspunkt aus meiner Sicht war, dass ich es in meinem Team mit extrem erfahrenen Kollegen zu tun hatte. Das war schon mal die halbe Miete. Einige kannte ich noch aus meiner Zeit bei den Spezialeinheiten: Der Leiter der Einsatzhundertschaft, die für den Dom zuständig sein sollte, war ein ehemaliger SEK-Mann, ebenso der Kollege, der während der Zeremonie den Innenschutz im Dom verantworten sollte – und selbst der Chef des privaten Sicherheitsdienstes, der die Polizei bei dem Einsatz unterstützte, war ein alter Bekannter vom SEK. Er war vor einiger Zeit in die Privatwirtschaft gewechselt. Und nicht zuletzt waren „Hombre" und Ralf Remmert an meiner Seite. Ralf hatte unter anderem bei den polizeilichen Vorbereitungen für den Papstbesuch 2005 großartige Arbeit geleistet. Allesamt Top-Leute also.

Dennoch, wir hatten gerade mal elf Tage Zeit für die professionelle Vorbereitung. Am Ende sollten 72 Überstunden auf meinem Zettel stehen. Eine der zentralen Fragen, die meine Mitarbeiter und ich klären mussten, lautete: Welche schutzwürdigen Personen werden erwartet?

Wir erstellten einen so genannten Beschickungs- und Ablaufplan, legten fest: Wer fährt aus welcher Richtung an? Wer wird protokollarisch wie begleitet? Wo kann geparkt werden? Auf dem Roncalliplatz jedenfalls schon mal nicht. Das ist statisch nicht möglich, der Platz trägt keine 60 gepanzerten Limousinen. Also: Welche Parkhäuser kommen in Frage? Wann kommt die Kanzlerin? Wann Frau Kraft? Wann darf die normale Bevölkerung rein? Durch welchen Eingang? Und wer darf im Dom wo sitzen? Wann müssen die Sprengstoffhunde rein?

Die Angehörigen der Opfer aus Haltern sollten mit Bussen zum Dom gefahren werden, aber sie wollten unerkannt bleiben und mit ihrer Trauer nicht im Blitzlichtgewitter der Medien stehen. Wir organsierten es so, dass Busse mit abgedunkelten Scheiben die Menschen bis vor das Südportal brachten. Dort stellten sich die Fahrzeuge leicht versetzt so auf, dass die Passagiere abgeschirmt von den neugierigen Blicken Schaulustiger und von Journalisten aus aller Welt in die Kirche geführt werden konnten.

Weitere Dinge, die wir vorab klären mussten, waren: Wie viele Medienvertreter werden erwartet? Am Ende waren es allein 37 Satellitenwagen, die live in alle Welt berichteten. Wir mussten im Vorfeld klären: Wo stellen wir die hin? Wer verbraucht wieviel Fläche? Wo verlaufen die Kabel – auf der Erde oder in luftiger Höhe? Wo stellt sich die Polizei auf? Wo die Rettungskräfte? Wo die Feuerwehr? Wo sind die Evakuierungswege? Dafür brauchte es einen Architektenplan.

Jetzt muss man dazu sagen: Ganz neu waren Großveranstaltungen im und um den Dom für die Polizei natürlich nicht. Wir hatten den Weltwirtschaftsgipfel 1999 in der Stadt, den Papstbesuch 2005. Aber diesmal kam erschwerend hinzu, dass das Bundespräsidialamt teilweise eigene Vorstellungen von den Abläufen mitbrachte, die Staatskanzlei in Düsseldorf ebenso. Nur deckten die sich größtenteils leider nicht mit den erforderlichen und auch nicht verhandelbaren Sicherheitsanforderungen oder auch mit den technischen Erfordernissen der Medienvertreter. Einiges war schlicht nicht umsetzbar.

Ich habe den verantwortlichen Mitarbeiter der Staatskanzlei in einem günstigen Moment unauffällig zur Seite genommen und ihn eindringlich darum gebeten, alles vorher mit uns abzusprechen. Ich habe ihm mitgeteilt, was aus polizeilicher Sicht machbar ist – und was nicht. Und dass es natürlich sehr schade wäre, wenn vieles, was bei ähnlichen Gelegenheiten erprobt war und gut funktioniert hatte, nun über den Haufen geworfen werden sollte.

Er guckte mich an und sagte: „Gut, also, wie würden Sie es denn machen?"

Kurz vor Beginn der Trauerfeier entdeckte ein uniformierter Kollege, der aus einem Haus am Roncalliplatz die Umgebung beobachtete, auf dem Dach eines Hauses gegenüber zwei Reporter mit langen Kameraobjektiven. Sie kletterten zwischen Blitzableitern und Dachluken herum – nicht ungefährlich. Er wollte ihnen signalisieren, dass sie von dort keine Fotos machen dürften, dass sie das Dach verlassen sollten. Das Problem: Der Kollege hatte seine Mütze nicht an, und er befürchtete, dass die Journalisten ihn auf die Entfernung nicht als Polizist erkennen würden. Was er dann tat, entdeckten drei Bereitschaftspolizisten erst später, als sie die beiden Fotografen vom Dach holten. Den Beamten wurden die Fotos gezeigt. Auf einigen war zu erkennen, wie der Kollege im Haus gegenüber seine Pistole herausholt und in die Richtung der Fotografen hält.

Ich war sprachlos. Das hätte man definitiv eleganter lösen können, er hätte einfach über Funk Verstärkung auf das Dach schicken können. Es handelte sich um zwei brasilianische Reporter, die den Kollegen übrigens tatsächlich nicht als Polizisten erkannt hatten. Einer der Reporter sagte verwundert: „Bei uns trägt die Polizei bei solchen Einsätzen immer Sturmgewehre." Er habe gedacht, das sei halt irgendein Typ, der mit einer Spielzeugwaffe herumfuchtele.

Während die Hinterbliebenen der Opfer und die Ehrengäste Zutrittsberechtigungen für den Dom besaßen, musste sich die normale Bevölkerung in Höhe der Kreuzblume in eine Warteschlange einreihen. Ein paar Meter weiter, neben dem Römerbogen, waren Zelte aufgebaut, in denen jeder einzelne Besucher und jede Besucherin kontrolliert wurde, bevor sie die Kirche betreten durften.

Eine Viertelstunde, bevor die Kanzlerin eintreffen sollte, gab mir der Kollege des Innenschutzes im Dom den Hinweis auf eine Person, die einen „komischen Eindruck" mache. Eine blonde Frau, auffallend groß, in einer Pilotenuniform der Lufthansa. Sie sitze in einer Zuschauerbank im rechten Seitenschiff – genau an einer Stelle, an der alle Ehrengäste vorbeigehen mussten. Die Frau hatte nichts Falsches getan oder gesagt, schon gar nichts Bedrohliches oder Gefährliches. Sie war aber bereits mehreren Kollegen aufgefallen, unter anderem, weil sie trotz ihrer Aufmachung als Pilotin merkwürdig grobschlächtig wirkte.

Ich beschloss, mir die Dame persönlich anzusehen. Es musste jetzt schnell gehen, keine Zeit mehr für lange Beratungen. Bei mir war „Hombre", mit dem ich schon bei der Geiselnahme in Deutz 1995 eng zusammengearbeitet hatte. „Hombre" hatte mir den ganzen Tag den Rücken freigehalten. Es war wie immer kein Wort der Verständigung nötig zwischen uns, es herrschte blindes Vertrauen.

Die Frau trug eine blaue Uniformmütze, ein blaues Sakko mit Abzeichen, und sie hatte ein Dokument dabei, das sie tatsächlich als Pilotin auswies. Ich bat sie: „Stehen Sie bitte auf, wir gehen mal kurz hier um die Ecke." Ich wollte kein großes Aufsehen erregen, ich war bereit, notfalls alle erforderlichen Maßnahmen konsequent – aber diskret – anzuwenden.

Sie stand auf und folgte mir. „Legen Sie mal alles, was Sie in den Taschen haben, da auf den Tisch." Das Erste, was mir auffiel, war ihr außergewöhnlich dickes Portemonnaie. Es steckten dutzende Karten darin. Visitenkarten, Karten verschiedener Tabledance-Bars und Clubs, aber auch eine Karte mit dem Logo einer Lottogesellschaft. Ich bat einen Kollegen, den Pilotenausweis den Personenschützern des Lufthansa-Vorstands vorzulegen, der vorne in der ersten Reihe saß. Kurzer Dienstweg. Ich wollte wissen, ob das Dokument echt war.

Fliegendes Personal und Schalterpersonal ist ja vom Auftreten her eher auffällig unauffällig gepflegt, dezent, zurückhaltend. Profis eben. Nach meinem Eindruck war das hier aber nicht der Fall. Mir fiel auf, dass die Frau relativ dicke Waden hatte. So dick, dass sie nicht in die Stiefel passten, der Reißverschluss ging überhaupt nicht zu. Kein Wunder, es waren sehr kräftige, sehr behaarte Männerbeine.

„Welches Flugmuster fliegen Sie?", wollte ich von unserer „Pilotin" wissen. Aber das konnte sie nicht beantworten, zählte stattdessen irgendwelche blödsinnigen Flieger auf. Das alles ergab überhaupt keinen Sinn.

Ich rief die Wache an, bestellte einen Streifenbulli und kündigte der Frau an: „Wir gehen jetzt mal gemeinsam raus." Wir hatten schließlich nicht die geringste Ahnung, was diese Person vorhatte. Ich wollte auf Nummer sicher gehen, informierte auch die Abteilung Staatsschutz.

Wie sich später herausstellte, handelte es sich um einen Menschen, der an einer Persönlichkeitsstörung litt. 55 Jahre alt, aus Oberhausen. Was er geplant hatte, ob er überhaupt irgendetwas Strafbares geplant hatte, ist nie geklärt worden.

Eine Pilotin war es jedenfalls nicht, bei der Lufthansa kannte man die Frau nicht. Sie bekam eine Anzeige wegen Urkundenfälschung und konnte die Polizeiwache nach der Trauerfeier wieder verlassen. Die Zeremonie im Dom verlief ohne Zwischenfälle.

„Wenn es um den Dom geht, ist eben nicht mit allen Kollegen gut Kirschen essen."

18

Karneval in Kölle

Ausnahmezustand

Ungemütlich ist es an diesem Rosenmontag in Köln. Ein paar Grad über Null, eisiger Wind bläst Regentropfen ins Gesicht. Die Füße und die Finger frieren zuerst, aber allmählich breitet sich die Kälte im ganzen Körper aus. Nach ein paar Stunden im Stehen schmerzt der Rücken. Eine Toilette in der Nähe wäre ganz gut, ginge aber sowieso nicht, solange der Zug noch läuft. Schunkeln wäre okay, aber in Grenzen, Mitfeiern ist tabu, Alkohol sowieso. Und trotzdem: Für viele Kölner Polizistinnen und Polizisten ist der Einsatz entlang der Strecke des Rosenmontagszugs jedes Jahr ein Highlight.

In 43 Jahren bei der Polizei habe ich fast jeden Rosenmontag in Köln gearbeitet. Und ich habe es jedes Mal genossen. Ich bin ohnehin immer gerne zur Arbeit gegangen und an den Karnevalstagen besonders gern. Ich mag es, wenn viel los ist, wenn die Stadt brummt.

Ein paar Mal, vor allem als junger Beamter, war ich als uniformierte Fußstreife im Kölner Rosenmontagszug eingesetzt. Ich finde, diese Erfahrung muss man einfach mal gemacht haben, vor allem, wenn man in Köln Polizist ist – oder Polizistin. Es ist ein sehr spezieller Einsatz, einer, den es so bundesweit kein zweites Mal gibt. Vielleicht noch in Düsseldorf und Mainz, aber mit Abstrichen; den größten und ältesten Rosenmontagszug in Deutschland gibt es nun mal in Köln.

In Zahlen ausgedrückt heißt das: ungefähr 8 Kilometer Strecke, 300 Tonnen Kamelle, mehr als 3000 Fußgruppen, 1500 Tanzgruppen, fast 3000 Musiker und tausende ehrenamtliche Helfer. Um zehn Uhr geht's los, und das Dreigestirn auf dem letzten Wagen erreicht das Ziel am Dom erst in der einsetzenden Dämmerung. Um beste Sicht zu haben, stehen die ersten Jecken schon zwei oder drei Stunden, bevor der Zug beginnt, am Straßenrand und warten. Die Zeit vertreiben sie sich mit Singen, Schunkeln, Tanzen und Trinken.

Jede Beamtin, jeder Beamter bekommt ihren oder seinen eigenen Bereich unmittelbar am Zugweg zugewiesen, und für den ist man dann an diesem Tag verantwortlich. Stundenlang, mit wachem Blick, während die Persiflagewagen, Fußgruppen und Musikcorps vorüberziehen. Manche Kolleginnen und Kollegen freuen sich das ganze Jahr darauf, vor allem die, die aus Köln kommen. Man erlebt viele schöne und lustige Momente, führt nette Gespräche und erfährt auch jede Menge Wertschätzung von den Bürgerinnen und Bürgern. Das tut gut. Ich habe aber auch schon Einsatzkräfte aus Westfalen erlebt, die den ganzen Tag mit eingefrorenem Gesicht herumstanden. Ist halt nicht jedermanns Sache.

Was sind die Aufgaben? Platt gesagt: für Sicherheit sorgen. Konkret: da sein, wenn etwas Unvorhergesehenes passiert. Platz schaffen, wenn mal ein Pferd durchgeht. Jemanden notversorgen, der von einem Pferd getreten wurde oder aus anderen Gründen umgekippt ist, bis die Sanitäter kommen und übernehmen. Eine Straße absperren, wenn der Wind Dachziegel oder Gerüstbauteile hinunterweht. Und natürlich: eingreifen, wenn jemand zu viel getrunken hat und Streit sucht. All das kommt immer wieder vor, ist aber nicht die Regel. Es sind überwiegend eher Kleinigkeiten, um die man sich kümmern muss.

Selten überschatten schwere Straftaten den Rosenmontag. Vor vielen Jahren wurde auf der Albertusstraße/Ecke Magnusstraße einige Stunden vor dem Start des Umzugs nah am Zugweg die Leiche einer Frau gefunden; das Opfer war mit Stiefeln totgetreten worden. Der Fall ist bis heute nicht aufgeklärt. Zwei Stunden, nachdem die Leiche wegtransportiert war, ging der Zug da lang – in diesem Jahr dann hier aber ohne Zuschauer. Die Stelle sperrten wir ab. Das war eine Frage der Pietät. Ich hätte ein großes Problem damit gehabt, wenn dort, wo die Leiche lag, nur kurz darauf Menschen ausgelassen gefeiert hätten.

Als Fußstreife am Zugweg sollte man ein paar Verhaltensgrundregeln beherzigen. Eine lautet: möglichst wenig trinken. Du hast zwar irgendwo immer einen Versorgungspunkt um die Ecke, wo es Verpflegung für die Einsatzkräfte gibt und manchmal auch Toiletten, zum Beispiel in einer Schule. Vormittags kannst du auch die Toiletten in der nächsten Kneipe nutzen, aber später, wenn auf den Straßen und in den Gaststätten die Partys voll im Gange sind, kommst du nicht mehr so einfach durch, und du musst schließlich deinen Streckenabschnitt im Blick behalten. Manche Leute bieten einem auch an: „Sagen Sie Bescheid, wenn Sie mal müssen, wir wohnen da drüben." Das ist ganz praktisch.

In dem Jahr, in dem die junge Frau ermordet wurde, war ich als Zugführer im Bereich Albertusstraße/Magnusstraße eingesetzt. Mein Team und ich bekamen das freundliche Angebot, die Toilette in einer Wohnung in der dritten Etage nutzen zu dürfen. Und irgendwann winkten mir ein paar Kollegen plötzlich aus einem Fenster dieser Wohnung zu, im Gesicht bemalt und mit Luftschlangen behangen. Na ja, mehr als grenzwertig.

Ich habe mich im Dienst am Zugweg nie schminken lassen, auch wenn die Leute das sicher nett meinen. Aber es ist ja auch so: Je fortgeschrittener der Tag, desto unsauberer wird gemalt. Und dann siehst du nachher in deiner Uniform aus wie eine Lachnummer. Das muss ich nicht haben. Ausdrücklich untersagt ist es nicht, es gibt da keine Dienstanweisung; ich habe es meinen Mitarbeiterinnen und Mitarbeitern auch nie konsequent

Mittendrin im jecken Treiben: Volker Lange (gelbe Neonjacke, 4. Polizist von rechts) verschafft sich einen Überblick in der Altstadt.

verboten. Der eine macht das so, die andere so. Geregelt ist nur, dass man sich als Polizist auch im Karneval selbstverständlich „angemessen" verhalten soll. Dass man nicht unbedingt als Litfaßsäule herumläuft, die Taschen voll mit Strüßjer und Kamelle. Wer zwischendurch mitschunkeln will, kann das machen. Man sollte es nur nicht übertreiben. Denn wenn etwas passiert, muss man sofort funktionieren.

Eine zweite Grundregel lautet: nicht aus fremden Flaschen trinken, die dir angeboten werden, und schon mal gar keinen Alkohol. Auch das ist ja oft gut gemeint von den Menschen. Man steht mit ihnen schließlich ab dem frühen Morgen zehn Stunden lang in derselben Seitenstraße herum, und in dieser Zeit lernt man sich ein bisschen kennen. Man weiß, wer schon von Anfang an da war, und wer versucht, sich erst kurz vor Zugbeginn noch dazwischen zu drängeln. Das gibt immer Theater. Da muss man dann schon mal eingreifen und die Neuankömmlinge bitten, ein Stück weiterzugehen, und zwar immer in Zugrichtung. Die allermeisten sind gut gelaunt. Es gibt sogar durchaus welche, die drücken dir ihre Handynummer oder ihre Visitenkarte in die Hand.

Strüßjer und Kamelle, die mir von Fußgruppen oder von den Persiflagewagen herunter zugesteckt wurden, habe ich immer gleich weiterverschenkt, du hast ja auch nicht viel Platz in deiner Uniform. Die Strüßjer kamen später in eine große Vase auf dem Wachtisch. Das Einzige, das ich mal mit nach Hause genommen habe, war ein Paket Katzenzungen.

2004 hat meine Dienststelle, die Bereitschaftspolizei, den Einsatz Rosenmontagszug geführt und verantwortlich geplant. Die Vorbereitungen begannen schon Monate vorher. Im Grunde ist es immer derselbe Ablauf: Man setzt sich frühzeitig mit den Verantwortlichen der Stadt zusammen, prüft: Hat sich die Streckenführung in diesem Jahr bewährt? Gibt es nächstes Jahr Änderungen? Vielleicht eine große Baustelle am Zugweg? Die muss dann im Zweifel eigens für den Rosenmontagszug speziell gesichert oder zurückgebaut werden. Man macht Besichtigungstouren, fährt mit dem Festkomitee und der Stadt die Strecke ab. Wie ist der Radius in den Kurven? Können die großen Karnevalswagen da abbiegen?

Und manchmal kämpft man auch gegen das Anspruchsdenken eines Zugleiters. Ordnerpersonal kostet jeden Veranstalter Geld, und da denkt sich der eine oder andere Zugleiter schon mal: Nehmen wir doch lieber Polizei oder Absperrgitter, um die Strecke zu sichern, das ist billiger. 2004 rief mich der Zugleiter an und trug mir auf: „Notieren Sie sich mal folgende Nummer, darunter meldet sich jemand von der Bundespolizei, bei dem müssen Sie Gitter besorgen. Die müssten aber nochmal gestrichen werden, weil die nicht mehr so gut aussehen."

Ich antwortete: „Damit Sie Geld sparen? Das mache ich sicher nicht, das ist nicht meine Aufgabe."

Und das war noch nicht alles. Der Zugleiter setzte außerdem voraus, dass die Polizei Rosenmontag um vier Uhr morgens zur Wagenbauhalle am Maarweg kommt, um die Persiflagewagen zum Aufstellort in die Innenstadt zu begleiten – in Kolonne und über rote Ampeln, damit die unterwegs auch ja nicht anhalten müssen. Ich lehnte das ab: „Das ist nicht erforderlich."

Daraufhin hieß es: „Das machen wir aber immer so, Ihre Motorradfahrer kriegen dafür auch einen Orden vom Festkomitee."

Trotzdem, ich blieb bei meiner Weigerung.

Und was passierte? Um 4 Uhr waren trotzdem Motorradfahrer von der Polizei an der Wagenbauhalle, man hatte sie entgegen der Absprachen einfach angerufen, und sie wollten helfen. Aus alter Verbundenheit. Das war aber nicht ihre Aufgabe. So etwas muss man einfach anders planen; wir als Polizei müssen auf unsere Ressourcen achten.

Und es ging noch weiter: Vier Wochen vor Rosenmontag erfuhr ich, dass die Polizei auch Absperrmaterial in der Stadt aufstellen sollte. Ich war verdutzt, das ist eine klassische, städtische Aufgabe. Doch die Stadt winkte ab mit der Begründung: „Rosenmontag um 4 Uhr sind wir gar nicht im Dienst."

Ich zuckte mit den Schultern und erwiderte: „Ich auch nicht."

Mal ehrlich: Ich kann doch keine bewaffneten Oberkommissare damit beauftragen, Absperrungen aufzustellen. In einer Notsituation geht das natürlich. Aber der Rosenmontagszug ist keine Notsituation, der ist monatelang planbar. Da muss es andere Lösungen geben. Diese Selbstbedienungsmentalität hat 2004 nicht unseren Segen gefunden, wir sind hart geblieben. Letzten Endes haben dann die Männer und Frauen von den Abfallwirtschaftsbetrieben die Absperrungen aufgestellt. Tja, man kennt sich, man hilft sich.

Zur Planung gehörte in den vergangenen Jahren notgedrungen immer auch der Blick auf die weltpolitische Lage. Verschiedene terroristische Attentate in Europa hatten und haben jeweils auch Auswirkungen auf die Einsatz- und Sicherheitskonzepte für den Karneval in Köln – allen voran die Anschläge auf die Satirezeitschrift Charlie Hebdo in Paris im Januar 2015 sowie die Amokfahrten in Nizza im Sommer 2016 und auf dem Berliner Breitscheidtplatz im Winter 2016. Danach überlegten wir auch in Köln, wie man Menschenmassen grundsätzlich besser schützen kann. Hundertprozentig geht das nicht. Aber man kann es den Tätern planerisch wenigstens ein bisschen schwerer machen. So gilt zum Beispiel in Köln bei Großveranstaltungen wie Karneval oder den Kölner Lichtern seit 2017 ein punktuelles LKW-Fahrverbot. An besonders schützenswerten Orten ließ die Stadt außerdem schwere Poller im Boden versenken, um die Zufahrten zu erschweren.

Für die Polizei ist der eigentliche Großkampftag im Straßenkarneval – neben der Sessionseröffnung am 11.11. – Weiberfastnacht. Einerseits schön und bunt, andererseits viel Arbeit. An Weiberfastnacht müssen wir Jahr für Jahr ungefähr hundert Leuten die Freiheit entziehen, die sich wirklich richtig schlecht benehmen. Es fängt mit Pöbeleien und Sachbeschädigungen an und endet in Streits und Schlägereien mit Verletzten.

Hinzu kommen Taschendiebe, für die die Karnevalstage ein Fest sind. Ich habe mal in einem Präventionsvortrag gesagt: Wer mit *Freunden* ausgeht, ist einigermaßen sicher. Wer mit neuen *Bekanntschaften* ausgeht, findet sich vielleicht irgendwann betrunken, vollgekotzt und mit der Hose auf den Knien in einer Passage wieder. Muss nicht so kommen, klar. Wichtig ist einfach zu wissen, dass es Leute gibt, die den Karneval ausnutzen, um Straftaten zu begehen, Leute zu beklauen und zu belästigen und ihre Aggressionen auszuleben. Denn auch das gehört leider zum Karneval in Köln.

In manchen Jahren haben mich Fernsehteams im Einsatz begleitet. Am 11.11. wollten Journalisten aus nächster Nähe berichten, womit die Polizei im Karnevalstrubel so alles zu tun hat. Ich bekam ein verdecktes Mikro angesteckt, ein Kamerateam folgte mir unauffällig über den Alter Markt. Ein Stück voraus sah ich einen glatzköpfigen Mann in Springerstiefeln – weiße Schnürsenkel, hochgerollte Jeans, schwarze Bomberjacke und darüber ein Polizeidiensthemd mit dem Landeswappen von Nordrhein-Westfalen.

Ich sprach ihn an: „Bist du Kollege?"

„Nö."

„Wegen des Hemdes."

„Soll ich das ausziehen?"

„Nein, kannst du anlassen, aber ich nehme das Wappen raus." Ich zog ein Messer, nahm sein Hemd in die Hand und schnitt das Wappen heraus. Kurzer Prozess.

In dem TV- Beitrag hieß es später: „Kleinere Probleme löste der Einsatzleiter selbst vor Ort."

Wie in anderen Behörden und Unternehmen in der Stadt wird auch bei der Polizei Köln an Weiberfastnacht gefeiert – eine klassische Terminkollision, eigentlich müssen wir ja arbeiten; an Karneval gibt es auch normalerweise eine Urlaubssperre. Aber jedes Jahr an Weiberfastnacht von 11 bis 20 Uhr steigt eine interne Feier im Präsidium in Kalk. Viele Kolleginnen und Kollegen stoßen nach dem Frühdienst dazu, andere schauen vor dem Spätdienst vorbei, viele Gäste kommen auch aus anderen Polizeibehörden im Land. Organisiert wird die Party vom Sozialwerk der Kölner Polizei, dessen Vorsitzender ich einige Jahre war – ein gemeinnütziger Verein, der sich satzungsgemäß um drei Dinge kümmert: um das Ansehen der Polizei insgesamt, um unverschuldet in Not geratene Polizistinnen und Polizisten in Köln und darum, dass unsere Pensionäre auch im Ruhestand eine Anbindung an die Polizeifamilie behalten.

Das Sozialwerk ist zudem Gastgeber der jährlichen Polizei-Karnevalssitzung im Kölner Maritim. Die 1500 Karten sind immer schnell ausverkauft. Es gibt ein aufwändiges Bühnenprogramm mit Stars, die im Karneval Rang und Namen haben. Im Sitzungskarneval ist die Veranstaltung ein Geheimtipp. Unter den Gästen sind jedes Jahr Kolleginnen und Kollegen aus der Polizei, der Justiz und aus den Ministerien.

Aber zurück zum Straßenkarneval. Eines der größten Probleme am 11.11. sowie zwischen Weiberfastnacht und Aschermittwoch war viele Jahre lang: Glas. Besonders gefährlich, wenn es kaputtgeht. Viele lassen ihre Bierflasche oder das Kölschglas aus der Kneipe achtlos auf den Boden fallen oder stellen es neben die überfüllten Mülleimer. Der nächste tritt das Glas um, der dritte kickt es weg – und irgendwann zerbricht es. Und das passiert mit hunderten, tausenden Gläsern und Flaschen auf engstem Raum. Ganz zu schweigen von denen, die Flaschen vorsätzlich durch die Gegend werfen, gegen Autos, Gebäude oder in Menschengruppen. Auch ich wurde an Karneval schon von einer Glasflasche getroffen. In den Feierhotspots wie im Zülpicher Viertel oder in der Altstadt watete man ab dem frühen Nachmittag vielerorts knöchelhoch durch Scherben.

Einsatz- und Rettungsfahrzeuge kamen nicht durch oder fuhren sich die Reifen kaputt. Tage später noch konnten in ganzen Bereichen der Altstadt

Unter dem Motto „Mehr Spaß ohne Glas" kann der Kölner Straßenkarneval in der Feierzone Altstadt und Zülpicher Viertel künftig ohne Scherben gefeiert werden. Das Mitführen und Verkaufen von Glas und Glasflaschen ist dort zeitlich befristet verboten.

keine Fahrräder fahren. Ein Bekannter von mir, der im Rollstuhl sitzt, sagte, er konnte jahrelang an den Karnevalstagen gar nicht raus, weil er sich einen Platten fuhr. Es gab Verletzte mit Schnittwunden durch Stürze im Gedränge. Auch Polizistinnen und Polizisten, die Leute festnehmen wollten, sich mit denen rollten und dabei zu Boden gingen, wurden verletzt. Die sahen nachher aus wie Fakire. Das konnte so nicht weitergehen.

Stadt und Polizei setzten sich zusammen und überlegten: Was können wir tun? Der damalige Stadtdirektor Guido Kahlen und ich machten uns für ein Glasverbot in den Feierzonen stark. Mir fiel das passende Motto ein: „Mehr Spaß ohne Glas." Manchmal bin ich daher in den Medien als „der Erfinder des Glasverbotes" bezeichnet worden, aber das ist so nicht ganz richtig. Die Idee entsprang einfach einer sehr guten Zusammenarbeit zwischen Stadt und Polizei.

Die Stadt fuhr große Werbekampagnen, fast alle Karnevalsgrößen machten mit, überall hingen Plakate. 2010 wurde das Glasverbot dann erstmals umgesetzt – mit dem erhofften Ergebnis: deutlich weniger Verletzte, kaum noch Schnittwunden, auch nicht im Kollegenkreis. Es war plötzlich ein ganz anderes, ein viel ruhigeres Arbeiten.

Natürlich zogen ein paar Schlauberger gegen das Glasverbot vor Gericht, die meinten, es sei grundgesetzwidrig, nicht mit einer Glasflasche Bier in der Hand herumlaufen zu dürfen – aber unterm Strich bestätigten die Juristen am Oberverwaltungsgericht in Münster die Entscheidung.

Inzwischen hat sich das Glasverbot nicht nur in Köln, sondern auch bundesweit bei Veranstaltungen durchgesetzt.

19

Immer im Dienst

Festnahme in der Freizeit

Der schmächtige Mann liegt wehrlos auf dem Gehweg der Altstadtgasse, das Gesicht nach oben. Drei andere schlagen und treten auf ihn ein. Einer hockt sich hin und klemmt den Kopf des Opfers zwischen seine Knie – wie in einen Schraubstock.

In diesem Moment entscheidet sich Volker Lange zu handeln. Der Polizeidirektor ist in seiner Freizeit auf dem Fahrrad unterwegs, und er ist allein. Aber es muss jetzt schnell gehen. Lange befürchtet: „Die hauen den sonst kaputt."

Ein schöner sonniger Tag im Oktober 2015. Nicht viel los heute, deshalb beschließe ich um die Mittagszeit, ein bisschen früher Feierabend zu machen als sonst und den restlichen Tag zu genießen. Ich ziehe mir meine Fahrradklamotten an, kaufe mir eine Zeitung in einem Kiosk neben der Wache auf der Venloer Straße und klemme sie auf den Gepäckträger meines Mountainbikes. Bis nach Hause ist es eine gute Dreiviertelstunde: quer durch Ehrenfeld, mitten durch die Innenstadt und das letzte Stück immer am Rhein entlang.

Ich fahre ein gemütliches Tempo. Nach ein paar Kilometern erreiche ich die Altstadt. In der Wehrgasse, einer schmalen Straße parallel zum Rheinufer, rangiert vor mir ein Lieferwagen mit Anhänger und dem Schriftzug eines Stahlbau-Unternehmens. Der Fahrer will abbiegen, aber die Kurve ist ziemlich eng. Ich halte an, um ihm beim Rangieren zu helfen. Oskar, der freundliche Polizist. Ich lotse den Fahrer um die Ecke und erkenne im Seitenspiegel seinen nach oben gereckten Daumen.

Ich will gerade weiterfahren, da bremst der Lieferwagen schon wieder ab. Ist er irgendwo gegen gefahren? War das meine Schuld? Ich schaue rechts an der Fahrerkabine vorbei und sehe schräg vor mir drei junge Männer auf dem Gehweg, vielleicht 30 Meter entfernt. Sie stehen um einen vierten, schmächtigen dunkelhäutigen Mann herum, drücken ihn gegen eine Hauswand, halten ihn fest und durchsuchen seine Taschen.

Na ja, denke ich spontan: hellichter Tag, 15 Uhr, Altstadt – das könnten Kollegen von mir sein, die jemanden festnehmen wollen. Plötzlich Gebrüll, es wird hektisch. Irgendetwas, wohl ein Handy, fliegt durch die Luft. Das Opfer wird umgetreten. Die drei, augenscheinlich nordafrikanischer Herkunft, schlagen auf den wehrlosen Mann am Boden ein und treten ihn. Einer kniet sich hin und klemmt die Ohren des Mannes zwischen die eigenen Knie, um zu verhindern, dass er wegläuft. Spätestens jetzt wird mir klar: Das sind keine Polizisten, oder: Das ist definitiv nicht die Art und Weise, wie Polizisten jemanden festnehmen würden.

Es sind nur wenige Sekunden, in denen dies alles passiert. Wollte man denjenigen am Boden nur an der Flucht hindern, müsste man das anders tun, denke ich. Der Gesamteindruck lässt auf Straftäter schließen, die hier gerade einen Raub begehen. Ich muss dazwischengehen, sofort. Die schlagen den sonst kaputt.

An meinem Fahrrad habe ich einen sehr starken Scheinwerfer, hell wie eine Höhlenforscherlampe. Den schalte ich ein. Ich trete kräftig in die Pedale, fahre auf die Männer zu und rufe: „Hey, Polizei!" Mein Rad ist grün, ich trage eine schwarz-grüne Radhose, eine dünne Windjacke, Handschuhe und einen Helm. Vielleicht wirke ich auf den ersten Blick tatsächlich wie ein Fahrradcop.

Einer der drei Schläger blickt genau in das grelle Licht der Fahrradlampe; er dreht sich um und rennt davon. Der zweite springt über das Opfer am Boden hinweg und folgt seinem Kumpel. Nur der dritte, der den wehrlosen Mann mit seinen Knien fixiert, braucht offenbar einen Moment, um zu realisieren, was hier abgeht. Er steht auf, weiß nicht genau, was er machen soll – und dann treffe ich ihn auch schon. Fahre ihn unter Gebrüll einfach über den Haufen. Der Mann hat keine Chance. Ihn treffen 12 Kilo Fahrrad und 110 Kilo Volker Lange. 110 – Schutzmannsgewicht. Der Vorderreifen schlägt zwischen seinen Knien ein, der Lenker erwischt ihn am Rumpf, die Lampe verpasst ihm einen kleinen Cut über dem Auge.

Ich lege mein Rad ab und halte den Typen fest. Wickele meine Hand um seinen Kapuzenpulli, drücke ihn nach unten und lasse ihn nicht mehr aufstehen. Er liegt auf dem Bauch. In Fußballersprache würde man wohl sagen: schnelle Ballannahme, gute Verarbeitung. Hemdsärmelig ausgedrückt: Ich habe ihn einfach gefällt und an den Boden genagelt.

Das Opfer – ein 30 Jahre alter Mann aus Bangladesch – richtet sich auf, steht sichtlich unter Schock. Stakkatomäßig wiederholt er in einem fort: „Money money knife knife phone phone." Ein Messer habe ich bisher gar nicht bemerkt – weder bei dem Mann, den ich gerade festhalte, noch bei seinen beiden geflüchteten Komplizen. Hätte ich eines gesehen, hätte ich womöglich nicht alleine eingegriffen.

Und noch etwas schießt mir durch den Kopf: Was, wenn die beiden anderen Täter zurückkommen, um ihren Freund zu befreien? Diese Sache hier ist noch nicht vorbei, denke ich. Ich muss aus dieser engen Gasse heraus, die ist mir zu weit vom Schuss. Der Lieferwagen ist inzwischen langsam an uns vorbeigerollt. Ich zerre meinen Gefangenen ein paar Meter weiter bis vor die Kneipe „Kölner Treff".

Auf Französisch, Englisch und Deutsch sage ich ihm – einem 25 Jahre alten Marokkaner, wie sich später herausstellt –, dass ich Polizeibeamter bin. Ich packe ihn und setze ihn auf den Hintern. Strecke seine Beine aus und teile ihm mit, dass er festgenommen ist. Mein Schienbein presse ich gegen seine Wirbelsäule und drücke es ein Stück nach vorne, so dass der Mann etwas gebeugt und unter leichter Spannung vor mir sitzt. Auf diese Weise kann er zwar gut atmen, sich aber nicht so leicht aufrichten. Außerdem merke ich, wenn er sich bewegt und abhauen will.

Das Raubopfer folgt uns, wirkt noch immer komplett neben der Spur. Es hat mein Fahrrad aufgehoben und schiebt es neben sich her.

Der Täter ruft: „My phone, my phone." Während ich ihn über den Gehweg geschleift habe, ist sein Handy aus der Tasche gerutscht. Es liegt auf dem Asphalt und vibriert.

Ich sage zu ihm: „Wir holen jetzt die Polizei."

Die ersten Leute bleiben stehen. Einem älteren Ehepaar, das uns anstarrt, erkläre ich: „Ich bin Polizeibeamter, ich habe gerade jemanden festgenommen."

Aus meiner Bauchtasche nehme ich mein Handy, um die Leitstelle anzurufen. Genau in diesem Moment greift mir der Täter von unten zwischen die Beine und will aufstehen. Ich schlage seine Hand und seinen Kopf weg und verletzte ihn dabei an der Augenbraue; Blut läuft über sein Gesicht.

Ich greife für alle Fälle zum Pfefferspray, das ich immer bei mir trage, und starte einen zweiten Anrufversuch, als der Schläger erneut weglaufen will. Ich halte ihn fest und sprühe ihm aus geringer Entfernung Pfeffer ins Gesicht. Reflexhaft kneift er die Augen zusammen. Eine Restaurantangestellte eilt herbei und reicht mir eine Stoffserviette, vermutlich weil sie sieht, dass der Festgenommene über dem Auge blutet. Ich nehme die Serviette, stille damit aber zunächst nicht die Blutung, sondern reibe dem 25-Jährigen das aus seinen Augen laufende Pfefferspray wieder sauber in seine Augen zurück. Ich will sicherstellen, dass er nicht ein drittes Mal versucht, abzuhauen.

Es gelingt mir, die 110 ins Handy zu tippen. Es meldet sich ein Kollege von der Leitstelle. Ich nenne ihm meinen Funkrufnamen: „Arnold 1310, Volker Lange. Ich brauche Unterstützung, habe hier einen Raub TO." Das Kürzel TO steht für „Täter am Ort" und sorgt dafür, dass der Notruf priorisiert behandelt wird. Andere, nicht so dringend erscheinende Hilfeersuchen, die gerade parallel bearbeitet werden, stellt man dann im Zweifel ein paar Minuten zurück. „Ich brauche einen Rettungswagen für ein Überfallopfer und einen für den Täter", berichte ich dem Kollegen am Telefon. „Der blutet und hat Pfeffer im Gesicht. Zwei weitere Täter sind flüchtig in Richtung Parkhaus Philharmonie; ich habe keine Beschreibung."

Kurz darauf kommen drei Streifenwagen die kleine Anhöhe über das vom Reinigen noch nasse Kopfsteinpflaster zum „Kölner Treff" hinuntergehämmert. Ich hocke mit dem Täter in einer Straßenkurve hinter schweren Steinen aus Waschbeton, die den Fahrbahnrand begrenzen. „Super", denke ich spontan, als ich die Kollegen kommen sehe. „Das läuft gleich wie beim Eisstockschießen: Der erste Streifenwagen bremst, rutscht über das Pflaster gegen den Stein, und dann fliegt mir das Ding um die Ohren." Ich überlege sogar noch, in welche Richtung ich mich am besten wegdrehe: Wird er den Stein eher rechts oder links oder mittig anfahren? Es ist schon irre, was einem in diesen Sekunden durch den Kopf geht.

Aber: Der Kollege bremst sauber ab, das ABS greift ein, und er kommt kurz vor dem Stein zum Stehen. Drei Schutzleute steigen aus, einer von ihnen ein Student ohne Schulterklappen. Eine Kollegin sagt zum Täter: „Steh mal auf." Ich widerspreche: „Nee, leg dem erst 'ne Acht an, der wollte schon zweimal abhauen." Eine Acht – Handschellen. Bei der Durchsuchung des Mannes finden die Kollegen das geraubte Handy.

199

Ich schildere den Kolleginnen und Kollegen kurz, was passiert ist. Dass der Typ zweimal nach mir geschlagen hat. Dass ich zurückgeschlagen habe, um seinen Widerstand zu brechen und ihn dabei mit dem Handrücken im Gesicht getroffen habe.

Die Kollegin zückt ihr Notizbuch: „War das denn erforderlich?", fragt sie mich.

„Ja, sonst hätte ich es nicht gemacht. Und bevor du weiterschreibst: Ich schreibe dazu gleich einen Vermerk."

Das kann ich übrigens aus Erfahrung allen Kolleginnen und Kollegen, die in eine vergleichbare Situation geraten, nur empfehlen. Der erste Vermerk ist der wichtigste. Und falls man Gewalt angewendet hat, sollte man das auch erwähnen und begründen. Denn tut man es nicht, und es kommt später zur Diskussion, sieht es meistens blöd aus. Dann heißt es nicht ganz zu Unrecht: Warum haben Sie das denn nicht gleich gesagt?

Während wir auf die Rettungswagen warten, meldet sich über Funk unsere Leitstelle: „Der Express hat gerade angerufen. Die wollen wissen, ob es stimmt, dass der Polizeichef von Ehrenfeld einen Räuber umgehauen hat." Bis heute habe ich keine Ahnung, wie der Express so schnell davon erfahren hat. Jedenfalls haben sie es genau so auch in ihrer Abendausgabe getitelt: „Chef der Polizei Ehrenfeld haut Räuber um."

Der erste Rettungswagen kommt, die Besatzung will sich zuerst um den blutenden Täter kümmern, und ich sehe mich gezwungen, in die Triage einzugreifen: „Erst ihn hier", sage ich zu den Rettungskräften, „er ist das Opfer, er wurde zusammengeschlagen."

Wie sich später herausstellt, hat der 30-Jährige durch die Schläge und Tritte dauerhaft einen Teil seines Gehörs verloren. Mit dem zweiten Rettungswagen wird auch der Täter schließlich ins Krankenhaus gebracht, wo man ihm seine Wunde über dem Auge tackert und das Pfeffer aus den Augen spült. Anschließend geht es für ihn zur Vernehmung auf die Wache und tags darauf mit richterlichem Beschluss in Untersuchungshaft.

Den Streifenkolleginnen und -kollegen berichte ich vor Ort, dass es Zeugen für den Überfall gibt. Ich hatte mir den Namen der Metallbaufirma auf dem Lieferwagen gemerkt. Und noch während sich die Rettungskräfte um die beiden Verletzten kümmern, google ich die Firma auf dem Handy – ein Betrieb in Ehrenfeld. Ich rufe an, und es meldet sich eine Frau, sie spricht

breitestes Kölsch. Ich frage sie: „Habt ihr eine Baustelle in der Altstadt?"
„Ja, da war mein Mann heute mit dem Gesellen."

„Da gab es eine Schlägerei. Die beiden haben das vielleicht gesehen. Die Kripo will gleich mal mit ihnen sprechen."

„Was? Die Kripo?"

„Geben Sie mir bitte mal die Handynummer von Ihrem Mann."

Ich bedanke mich, lege auf und rufe den Metallbauer an; er sitzt mit dem Gesellen in der Werkstatt. „Wir sind hier gleich fertig", sagt er am Telefon, „wir haben gerade eine Flasche Bier aufgemacht."

„Bier trinken einstellen", fordere ich ihn auf, „die Kripo kommt gleich. Haben Sie vorhin etwas mitbekommen von der Schlägerei?"

„Da haben sich so ein paar junge Fetze geprügelt", antwortet der Mann. Ich kläre ihn auf: „Das war ein Raub, die haben den überfallen."

Der Schlosser erinnert sich weiter: „Dann kam plötzlich so ein grüner Blitz, der ist gegen die gefahren, das sah aus wie bei einem geplatzten Sack Mehl: Alle sind in alle Richtungen davongelaufen."

„Der grüne Blitz war ich."

„Ach so", antwortet der Schlosser, „hätten wir gewusst, dass das ein Polizist war, wären wir ausgestiegen und hätten geholfen. Wir sind Metallbauer, wir hätten den Typen eine Kette um die Beine gelegt und sie im Rhein versenkt, das Pack."

Ich muss schmunzeln und bitte ihn: „Wenn die Kripo gleich kommt, sagen Sie bitte nur, was Sie gesehen haben – und nicht, was Sie denken."

Der Chefin der Kriminalwache im Präsidium gebe ich die Handynummer des Metallbauers durch. „Volker", sagt sie und lacht, „du machst mich arbeitslos."

Ich richte mein Fahrrad wieder auf und schnalle den Helm fest. „Es muss ja vorangehen", sage ich ins Telefon, „ich habe Feierabend."

Am nächsten Morgen finde ich eine nette Mail vom Leiter der Kripo in meinem Postfach: „Das war ja ein Bravourstück", schreibt er. Und obwohl der Tatort eindeutig in der PI Mitte liegt, verspricht er, die Festnahme der Statistik der Polizeiinspektion Ehrenfeld zuzurechnen.

Nur eine Woche später, am 4. November, ist die Anklage gegen den Marokkaner fertig. Der Prozess vor dem Amtsgericht wird auf den 13. Januar

2016 terminiert. Was nun niemand ahnen konnte: Zwischen dem Überfall und der Verhandlung lag die Kölner Silvesternacht 2015/2016. Zahllose Männer aus den so genannten Maghreb-Staaten in Nordafrika standen im Verdacht, vor allem Frauen vor dem Hauptbahnhof belästigt, bedroht und beraubt zu haben, ja, sie regelrecht gejagt zu haben, ohne dass die Polizei der Lage in der Nacht Herr werden konnte.

Das Kürzel „Nafri" ging in den folgenden Tagen durch die Medien. „Nafri" war ein polizeilicher Arbeitsbegriff für kriminelle Menschen nordafrikanischer Abstammung. Vergewaltiger, Messerstecher oder Gewalttäter – Männer, die den ganzen Tag nichts anderes zu tun haben, als Straftaten zu begehen. Ein Kürzel, das eigentlich ausschließlich zur polizeiinternen Verwendung gedacht war. Aber nun sah sich die Polizei Köln einem mächtigen Shitstorm ausgesetzt.

Als in diesen aufgeregten Tagen die Anklage gegen den Räuber aus der Wehrgasse öffentlich wird und klar ist, dass es sich hier um einen Angeklagten aus Marokko handelt, steigt das öffentliche Interesse am anstehenden Prozess plötzlich gewaltig an. Immer mehr Medienvertreter kündigen ihr Kommen an. Die Verhandlung wird in einen größeren Saal verlegt. RTL fragt mich für eine Talkshow an, aber ich sage ab. Ich will nicht in einer Livesendung sitzen, ohne zu wissen, wie diese Diskussion anmoderiert wird oder in welchen Zusammenhang sie womöglich gestellt wird. Ich will diesen Überfall, meine Festnahme, sachlich halten. Und ich nehme mir vor, das Gerichtsurteil auf keinen Fall öffentlich zu kommentieren – egal, wie es ausfallen sollte.

Am Morgen der Verhandlung bin ich der Erste im Saal. Meine Frau begleitet mich und nimmt im Zuschauerraum Platz. Als der Richter den Raum betritt, sieht er mich an; ich erwidere seinen Blick kurz und schaue dann wieder aus dem Fenster. Der Richter hatte erst kürzlich beim Spiel 1. FC Köln gegen Bayer Leverkusen bei der Polizei im Rhein-Energie-Stadion hospitiert – und hatte sich sichtlich beeindruckt gezeigt, was wir in einem solchen Einsatz so alles erleben.

Das Opfer, der 30-jährige Mann aus Bangladesch, erscheint mit sozialpsychologischer Betreuung vor Gericht. Er wirkt Monate nach der Tat noch immer sichtlich mitgenommen. Dem Richter und den beiden Schöffinnen schildert er, dass er seit der Tat Albträume habe und sich nicht mehr allein nach draußen traue. Er berichtet, wie er an jenem Nachmittag auf dem Boden liegend in Panik gezappelt hätte. Man hätte ihn eingeklemmt, festgehalten, ein Messer ans Auge gehalten und gedroht: „Wenn du nicht aufhörst, steche ich dir das Auge aus." Dann erst hätte er aufgehört zu strampeln.

Erneut schießt mir durch den Kopf: Hätte ich das in diesem Moment alles gewusst, wäre ich wohl nicht alleine dazwischengegangen. Ein Messer hat man nie gefunden, das Gericht hält es dennoch für plausibel, dass die Täter eines verwendet haben – auch wenn der angeklagte Asylbewerber das bis zum Schluss abstreitet.

Der 25-Jährige war am 15. Juli über Spanien nach Deutschland eingereist. In Marokko hat er Frau und Kind, verdiente als Koch in Casablanca umgerechnet 250 Euro im Monat. Nach Deutschland habe er reisen wollen, so erzählt er es dem Richter, um seine „Situation zu verbessern".

Am 27. Oktober 2015 sei er aus Hilden nach Köln gefahren und habe dort einen Bekannten und dessen Kumpel getroffen – angeblich eine Zufallsbegegnung. An jenem Tag habe er Bier, Haschisch und Psychopharmaka konsumiert. In der Wehrgasse sei man dem Opfer begegnet. Seine beiden Kumpels hätten schauen wollen, „ob der Geld hat". Man habe ihn durchsucht und geschlagen.

Das Schöffengericht verurteilt den 25-jährigen Ersttäter schließlich zu drei Jahren Haft. Der Richter begründete sein Urteil laut „Kölner Stadt-Anzeiger" mit den Worten: „Man sollte keine Angst haben müssen, dass man Opfer einer Straftat wird, wenn man durch die Kölner Altstadt geht." Und deshalb seien „empfindliche Sanktionen" notwendig.

Die Rechtsmedizinerin, die den Angeklagten nach der Tat untersucht hatte, wertete mein Eingreifen in ihrem Bericht wörtlich als „robuste Festnahme". Dem würde ich nicht widersprechen. Aber anders ging es nicht. Ich hatte ehrlich gesagt ein bisschen darauf spekuliert, dass mir die Handwerker aus dem Lieferwagen zur Hilfe kommen würden. Aber die hatten offenbar ihren Feierabend im Kopf.

Wenn so etwas gut ausgeht, neigt man schnell dazu zu sagen: alles richtiggemacht. Im kritischen Rückblick hätte ich natürlich auch erst die 110 rufen, dann dazwischengehen und das Handy mit dem laufenden Gespräch in meine Tasche stecken können. Dann hätte die Leitstelle live mitgehört und schneller für Unterstützung sorgen können. Andererseits hatte ich eben auch nicht viel Zeit zu überlegen. Im schlimmsten Fall wäre ich eben wieder abgehauen.

Die beiden anderen Räuber und die Geldbörse des Opfers hat man nie gefunden.

... Einfach machen!

Kurz-Lebenslauf
Volker Lange

1978–1981	Ausbildung bei der Polizei NRW in Bochum
ab 1981	Streifendienst in Köln-Nippes als Fußstreife, Motorradfahrer, Zivilfahnder
1985–1988	Studium zum Kommissar/Diplomverwaltungswirt Fahnder und Dienstgruppenleiter in Köln-Nippes
1988–1990	Leitung eines Einsatztrupps von Zivilfahndern in Köln-Sülz
1990–1999	Kommandoführer Spezialeinsatzkommando (SEK)
1999–2001	Studium höherer Polizeivollzugsdienst in Münster-Hiltrup
2001–2007	Bereitschaftspolizei/Polizeisonderdienste (Hundertschaften, technische Einheiten, Reiterstaffel, Gewahrsam, Personenschutz, Verkehrsdienst, Hundestaffel)
2007–2010	Stellvertretender Inspektionsleiter in der PI Mitte/Kölner Innenstadt
2010–2021	Leiter Polizeiinspektion 3 in Köln-Ehrenfeld, somit u. a. auch zuständig für die Sicherheit bei Fußballspielen und anderen Großveranstaltungen im Rhein-Energie-Stadion

Danke ...

... an meine Familie
Ihr seid immer meine Stütze, mein Rückgrat – von der Berufswahl 1978 bis zum Schreiben dieses Buches und darüber hinaus.

... an meine Polizei
In 516 Monaten Polizeidienst durfte ich tolle Erfahrungen im Kollegenkreis sammeln. Ich habe verlässliche, tapfere Mitstreiterinnen und Mitstreiter kennen gelernt und vorbildliche und mitreißende Vorgesetzte. Ihr überwiegt klar gegenüber den (dienstlich betrachtet) faulen Äpfeln, Kleingeistern und Marionetten, deren Namen ich aktiv vergessen werde.

... an meine Haie
Jedem von euch habe ich mein Leben anvertraut – und würde das immer wieder tun. Jeden Tag.

... an die Medienvertreter
Zu einer freien Gesellschaft gehört eine freie Presse. Das professionelle und kritische Hinterfragen von Strukturen und Personen ist wichtig und unabdingbar für unser aller friedliches Zusammenleben. In diesem Buch ist deutlich geworden, so hoffe ich jedenfalls, dass ich immer für den offenen Dialog eingetreten bin – auch und gerade mit Journalisten. Damit bin ich immer gut gefahren. In 43 Dienstjahren wurde ich kein einziges Mal von einem Medienvertreter hintergangen. In einem Land, in dem Journalisten nur unter Drohungen, Zensur und Repressionen ihrer Aufgabe nachkommen können, wäre ich nicht Polizist geworden.

... an das Bücherteam
An Tim Stinauer, der vorbildlich seine „Wächterrolle" als Journalist wahrnimmt und dafür u.a. wegen seiner Berichterstattung über die Kölner Silvesternacht 2015/16 ausgezeichnet wurde. Als ungewöhnliches Duo sind wir gemeinsam als Referenten bei der Fortbildungsstelle für Spezialeinheiten des Landes NRW aufgetreten, um zukünftige Einsatzführer und

Einsatzführerinnen für die schwierige Schnittstelle Polizei und Presse in herausragenden Einsatzlagen zu qualifizieren.

Danke auch an Antje Heel, Eva Weigelt und Philipp Gierenstein von der Edition Lempertz für die professionelle und unermüdliche Begleitung.

... an alle

Ich bin dankbar dafür, spannende Menschen mit unterschiedlichsten Hintergründen getroffen zu haben; herzliche Menschen geprägt von Güte und Lebenserfahrung, engagierte Mitarbeiterinnen und Mitarbeiter in Behörden, Verwaltungen, Gewerkschaften, aus dem Kulturbereich, der Politik und ganz allgemein: aus der Bevölkerung. Unsere Gesellschaft ist so gut und liebenswert, wie das Engagement der Einzelnen für eine friedliche und freie Welt ausgeprägt ist.

Volker Lange

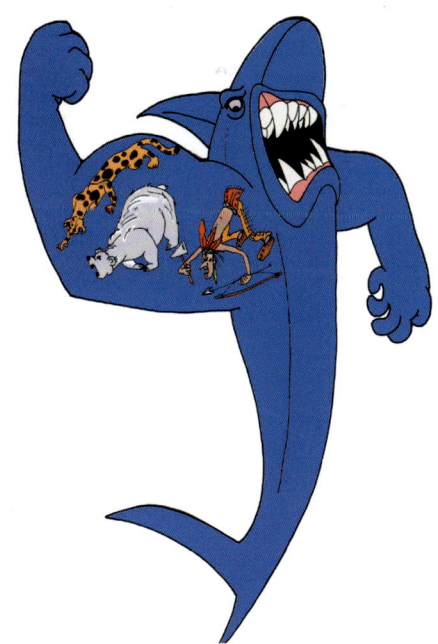

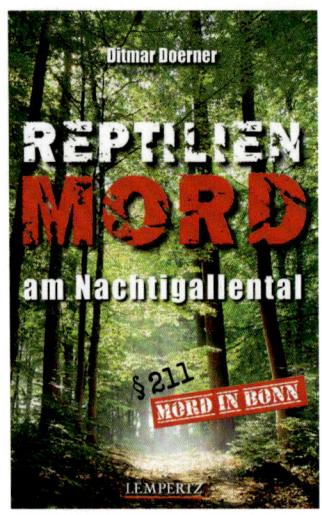

Ditmar Doerner
Reptilienmord am Nachtigallental

Softcover, 256 Seiten, Format: 12,5 x 19 cm
ISBN: 978-3-96058-354-7
12,99 €

Margot Lukas und Fabian Faust ermitteln bei einem Todesfall in einem „Echsengarten" im Siebengebirge. Dort hat ein Python einen der beiden Pfleger erwürgt. Das Tier war aus seinem Terrarium entwichen, wahrscheinlich mit fremder Hilfe.
Gleichzeitig müssen die beiden Bonner Ermittler einen Fall klären, der sich im Parkhaus der Bonner Oper ereignet hat. Dort ist der junge Drogendealer Amir Essa erstochen worden. Wenig später stirbt auf ähnliche Weise einer seiner Freunde. Die Kripo befürchtet eine Serie.
Margot, Fabian und die anderen Kollegen sind rund um die Uhr in Bonn und dem Rhein-Sieg-Kreis unterwegs, um weitere mysteriöse Todesfälle zu verhindern.

Tobias Baum
Jeläufs in Kölle – 19 City-Sport-Touren mit Varianten für den Kölner Stadtliebhaber

Softcover, 152 Seiten, Format: 12,5 x 19 cm
ISBN: 978-3-96058-298-4
9,99 €

Unternimm die schönsten Touren innerhalb der (vielleicht) schönsten Stadt Deutschlands. Mit Hilfe dieses Buchs kannst du 19 tolle Routen (samt Varianten) mit einer Länge von bis zu 19,5 Kilometern einschlagen.
Sportstudent Tobias Baum fordert uns zum Mitmachen auf und zeigt, dass sich den Bewohnern der Großstadt Köln schöne Plätze und Routen bieten, die zu unterschiedlichsten Formen der Betätigung einladen: zu einem Spaziergang, zum Joggen, Skaten oder Fahrradfahren. Mit kölschem Humor erzählt er Anekdoten aus seiner Studienzeit, verrät Geheimtipps und gibt kleine Erzählungen aus der Geschichte der Stadt zum Besten. Besondere Streckenmerkmale wie Länge, Beleuchtung oder Bodenbeschaffenheit sind jeweils angemerkt.
Kombiniert werden können die Routen mit anderen Freizeitaktivitäten wie Klettern, Slacklining, Bötchenfahren, dem Trimm-Dich-Pfad, einem Spielplatz - oder aber einfach nur mit einem kühlen Kölsch im Brauhaus. Na, dann los!